Leben
LERNEN
Klett-Cotta

Mit dem von Angelika Wagner-Link entwickelten und an verschiedenen Gruppen vielfach erprobten und 2009 erneut evaluierten Breitbandprogramm wird hier ein effektiver Ansatz zur Stressbewältigung und Stressprävention vorgestellt.

Individuelle Stressoren erkennen, Stressenergie positiv nutzen, kurzfristige Erleichterungstechniken einüben und auf langfristige Stressbewältigungspraktiken hinarbeiten – das sind die wichtigsten Schwerpunkte des verhaltenstherapeutisch orientierten Programms. Bedarf an systematischen Stressbewältigungstechniken besteht heute sowohl im Therapie- und Rehabilitationsbereich (z. B. psychosomatische Beschwerden, Depressionen, Ängste, Rückenbeschwerden) als auch in der Prävention (z. B. betriebliche Gesundheitsförderung, Präventionsprogramme der Krankenkassen für die Versicherten, Coaching und in der Personalentwicklung).

Angelika Wagner-Link ist Diplom-Psychologin und Psychologische Psychotherapeutin, niedergelassen in München (Verhaltenstherapie). Dozentin und Lehrsupervisorin in diversen Ausbildungsinstituten. In ihrem »Institut für Mensch und Management« bietet sie gemeinsam mit ihren KollegInnen Managementtraining, Coaching und Supervision, besonders im Bereich der Prävention an. Seit einigen Jahren engagiert sie sich berufspolitisch in der Psychotherapeutenkammer Bayern und im Berufsverband Deutscher Psychologinnen und Psychologen.

Alle Bücher aus der Reihe »Leben Lernen« finden sich unter
www.klett-cotta.de/lebenlernen

Angelika Wagner-Link

Verhaltenstraining zur Stressbewältigung

Arbeitsbuch für Therapeuten und Trainer

Klett-Cotta

Leben Lernen 231

Klett-Cotta
www.klett-cotta.de
© 2010 by J. G. Cotta'sche Buchhandlung
Nachfolger GmbH, gegr. 1659, Stuttgart
Alle Rechte vorbehalten
Printed in Germany
Umschlag: Hemm & Mader, Stuttgart
Titelbild: Kerr-Xavier Roussel: »Le Pêcheur«
© VG Bild-Kunst, Bonn 2010
Gesetzt aus der Minion von Kösel, Krugzell
Auf säure- und holzfreiem Werkdruckpapier gedruckt
und gebunden von Kösel, Krugzell
ISBN 978-3-608- 89095-2

Sechste, vollständig überarbeitete Neuausgabe

Bibliografische Information der Deutschen Nationalbibliothek
Die Deutsche Nationalbibliothek verzeichnet diese Publikation in der
Deutschen Nationalbibliografie; detaillierte bibliografische Daten
sind im Internet über <http://dnb.d-nb.de> abrufbar.

Inhalt

Vorwort und Danksagung

Seit über 40 Jahren ist das Thema Stress sowohl sehr populär als auch Gegenstand intensiver Forschung. In den letzten Jahren haben die Stressbelastungen der Menschen in unserer Gesellschaft und die daraus resultierenden Folgen durch unseren Lebens- und Arbeitsstil sogar zugenommen – trotz all des Wissens über das Phänomen Stress. Wissen alleine reicht nicht, wesentlich ist der individuelle, eigenverantwortliche positive Umgang mit Stress.

Der hier beschriebene Kurs entspricht den Richtlinien der Spitzenverbände der gesetzlichen Krankenkassen gemäß §20 SGB V und kann dementsprechend von den GKVen bezuschusst werden.

Auch Therapeuten und Trainer können bei der Lektüre durchaus zunächst die Methoden selbst ausprobieren: Wir alle sind mehr oder minder Stressprofis, nach der Arbeit mit diesem Buch hoffentlich auch Stressbewältigungsprofis.

Ich wünsche allen Lesern und deren Kursteilnehmern/Klienten recht viel Erfolg bei der praktischen Anwendung.

Danksagung

Mein Dank gilt den vielen KollegInnen, die mich beispielsweise bei Fortbildungsveranstaltungen durch ihre Fallberichte, Beiträge, Fragen und Verbesserungsvorschläge zum Nachdenken und letztendlich zur kompletten Überarbeitung und Ergänzung des Buches veranlasst haben.

Ebenso meinen Patienten, den Coachingklienten und zahlreichen Kurs-, Workshopteilnehmern des Instituts für Mensch und Management, denn durch ihr Interesse, ihre Lernbereitschaft und durch ihre Erfolge, die gleichzeitig auch meine und unsere Erfolgserlebnisse waren, wurden meine KollegInnen und ich stets aufs Neue motiviert.

Besonderer Dank gilt Laura Neutzer und ihrer Betreuerin Dr. Andrea Fuchshuber für die Evaluation des Trainings in Form einer Diplomarbeit.

Danken möchte ich nicht zuletzt meinen sehr stressbelastbaren Helfern, vor allem Patrick Link und Ariane Hornig.

Angelika Wagner-Link
Juli 2010

1. Voraussetzungen für Stressbewältigungstrainings

1.1 Grundlagen des Konzepts

Stressprävention und -bewältigung haben in den letzten Jahren zunehmend an Bedeutung gewonnen. So besteht heute sowohl im Therapiebereich (z. B. Behandlung von psychosomatischen Beschwerden, Leistungsstörungen, Burnout) als auch in der Prävention (z. B. Managementschulung, betriebliche Gesundheitsförderung, Präventionsprogramme der Krankenkassen, Gesundheitszirkel) deutlicher Bedarf an systematischen Stressbewältigungstechniken.

Im vorliegenden Buch wird ein verhaltenstherapeutisches Breitbandprogramm vorgestellt, das in der Praxis mit verschiedenen Zielgruppen und unterschiedlicher Dauer durchgeführt und auf seine Effizienz geprüft wurde. Es wurde auf der Basis des von Krauthan, G., und der Autorin unter der Leitung von Brengelmann (1983) erarbeiteten Stressbewältigungstrainings – ursprünglich für Polizeibeamte – laufend weiterentwickelt und auf unterschiedliche Zielgruppen (z. B. Krankenkassen/Management-Training) übertragen.

Im Bausteinverfahren werden einzelne Methoden gezeigt und verschiedene Kombinationsmöglichkeiten für die jeweilige Zielgruppe (z. B. Einzel-/Gruppentherapie, Stresstrainings) und der vorhandenen Zeit entsprechend erarbeitet. Ein Zusatzmodul enthält aktuelle gesundheitspsychologische Ansätze, die bei Bedarf integriert werden können.

Ziele

dieses verhaltenstherapeutischen Gruppentrainings für den präventiven (und therapeutischen) Bereich sind:

→ Sensibilisierung bezüglich Stress am Arbeitsplatz und im Privatleben
→ Verbesserung des aktiven Umgangs mit alltäglichen Belastungen

→ Förderung bzw. Erhaltung des körperlichen und subjektiven Wohlbefindens
→ Prävention von Stressfolgeschäden
→ Erhaltung bzw. Verbesserung der Leistungsfähigkeit
→ Erlernen alltagstauglicher Stressbewältigungsmethoden

Zielgruppen

Alle Menschen, die eigenen Stress bewältigen und Stressschäden vorbeugen bzw. abbauen wollen. Das Programm kann präventiv oder therapeutisch eingesetzt werden.

Als Beispiele seien genannt:

- Mitglieder von Krankenkassen/Versicherungen
- Angehörige eines Betriebes, einer Organisation
- Interessierte an offen ausgeschriebenen Programmen im Rahmen von Gesundheitsberatung
- besonders belastete Berufs- und Personengruppen wie Lehrer, Vertriebsangehörige, Polizisten, Kundenservice-Mitarbeiter, Hausfrauen usw.
- Patienten/Klienten im Rahmen der Therapie.

TeilnehmerInnen werden als *Tn*, TrainerInnen als *Tr*, TherapeutInnen als *Th*, KlientInnen und PatientInnen als *Kl* bezeichnet – ohne Artikel, um beide Geschlechter einzuschließen.

Indikation

Häufiges oder gelegentliches subjektives Stresserleben mit Belastungsgefühlen, Hektik, Ärger etc. sowie alle Störungen, deren Ursachen und/oder Folgen ineffektiver Umgang mit Stress sind, z. B.

- Burnout
- Typ-A-Verhalten
- psychosomatische Störungen wie
  - Bluthochdruck
  - Spannungskopfschmerz
  - Ulceri
  - Gastritis
- Erschöpfung
- Leistungsabfall
- emotionale Unausgeglichenheit.

Kontraindikation/Ausschlusskriterien

Alle schweren psychischen und körperlichen (auch funktionelle) Störungen, insbesondere

- akute Suchtprobleme
- schwere neurotische Störungen
- laufende Psychotherapie, es sei denn, Th hat die Teilnahme am Kurs empfohlen
- extreme Erregung
- Ängste und starke soziale Hemmungen, wenn sie eine Integration in die Gruppe erheblich erschweren
- akute existenzielle Belastung
- Suizidgefährdung.

Gerade wenn es sich um ein Stresspräventionsprogramm mit »Gesunden« handelt, sind problembeladene Tn/Kl (z.B. direkt nach einem Todesfall in der Familie) meist schwer in die Gruppe integrierbar, zudem belasten sie die anderen Tn/Kl und behindern den Ablauf durch Aufmerksamkeitsstörungen, da sie ihre Wahrnehmung und die der anderen Gruppenmitglieder verständlicherweise auf ihr akutes Problem lenken. Hier empfiehlt es sich, entsprechende Gruppen, z.B. Rehabilitationsgruppen, bzw. eine Psychotherapie anzubieten oder darauf zu verweisen.

Ein Vorgespräch – eventuell kombiniert mit einem Kurzvortrag über Stress und die Vorgehensweise im Kurs – ist sinnvoll, z.B. um unrealistische Erwartungen abzubauen, die persönliche Motivation zu erfassen und Kontraindikationen auszuschließen. Zusätzlich können Interessierte sich auf Tr/Th einstellen bzw. sich gegen ihn/sie entscheiden.

Training in Gruppen

Eine Gruppe bietet viele Vorteile gegenüber Einzeltrainings:

- Die Arbeit und das Erlernen von Entspannungsmethoden in der Gruppe macht den meisten Tn/Kl mehr Spaß als allein.
- Die eigenen Probleme relativieren sich, wenn man sieht, dass andere Menschen auch stressbelastet sind.
- Die Bereitschaft, die eigenen Bewertungen zu hinterfragen, nimmt zu, wenn beobachtet werden kann, dass ähnliche Situationen ganz unterschiedlich wahrgenommen werden.
- Speziell bei homogenen Gruppen können Tn/Kl einige Copings anderer Tn/Kl übernehmen.

- Heterogene Gruppen entwickeln kreativere Möglichkeiten zur Stressbewältigung.
- Wie die Studie von Neutzer (2009) belegt, profitieren Personen mit gering ausgeprägtem Bewältigungsrepertoire besonders von heterogen zusammengesetzten Gruppen im Seminar, da sie von den unterschiedlichen Bewältigungsstrategien anderer lernen.
- Die Tn/Kl motivieren und helfen sich gegenseitig, z. B. durch positives Feedback, Lernpartnerschaften und konkrete Unterstützung.
- Die Zahl der zur Verfügung stehenden Übungspartner, z. B. in der Handlungsprobe, erhöht sich, so kann mehr Feldnähe erzeugt werden, besonders wenn mehrere Partner gleichzeitig benötigt werden.
- Es besteht die Möglichkeit, an vielfältigen Modellen zu lernen.
- Transfer wird für Tn/Kl durch andere Gruppenmitglieder unterstützt, umfangreich kontrolliert, und der Verstärkungswert ist deutlich größer, wenn eine ganze Gruppe gelungener Umsetzung applaudiert.
- Die Fixierung auf Tr/Th reduziert sich durch die Vielzahl von Ansprechpartnern.

Tn/Kl-Zahl

Bewährt hat sich eine Anzahl von sechs bis zwölf Teilnehmern; sind zwei Tn/Th verfügbar, kann sich die Anzahl der Tn/Kl auf 14 erhöhen. Wenn kein Vorgespräch stattgefunden hat, ist erfahrungsgemäß mit einem Dropout von ca. 25 Prozent zu rechnen. In diesem Fall kann die Zahl der Anmeldungen bis zu 16 Personen gehen.

Bei der Gruppenzusammenstellung müssen die üblichen Kriterien beachtet werden, wie sie z. B. auch für Therapiegruppen gelten. Extreme Minderheitenpositionen bezüglich Alter, Geschlecht, Bildungsstand und Hierarchie sind zu vermeiden. Es sollte sich also beispielsweise nicht ein Abteilungsleiter unter lauter Sekretärinnen oder Sachbearbeitern befinden oder ein junger unter vielen erheblich älteren Teilnehmern. Wichtig ist es auch, direkte Abhängigkeiten unter den Tn/Kl zu vermeiden, wie sie etwa bei Vorgesetzten und deren Mitarbeitern gegeben sind. Auch bei (Ehe-) Paaren müssen Vor- und Nachteile reiflich überlegt werden.

Trainer/Therapeutenverhalten

Im Rahmen dieses verhaltenstherapeutischen Programmes ist eine Kombination von freundlich-direktiv-strukturierendem Tr/Th-Verhalten besonders effektiv *(siehe Kap. 11 Effekte)*.

Phasenweise, etwa bei einzelnen Schritten der Einstellungsänderung, Problemlösung, sind zusätzlich non-direktiv-annehmende Tr/Th-Fertigkeiten erforderlich.

Wesentlich ist auch angstreduzierendes und konstruktives Vorgehen. Dies bedeutet, dass alle Ansätze im Verhalten der Tn/Kl, die in Richtung Auseinandersetzung mit eigener Belastung, Stressbewältigung, Kooperation bzw. Unterstützung anderer Tn/Kl gehen, verbal oder nonverbal positiv verstärkt werden. Unerwünschtes Verhalten wird nicht beachtet (gelöscht) oder freundlich-direktiv, aber behutsam, modifiziert.

Tr/Th hat immer Modellfunktion – auch in Bezug auf seinen eigenen Umgang mit Stress! Die Bereitschaft, selbst Handlungsproben und Übungen vorzuführen, gehört dazu: auch Vermeidungsverhalten wird imitiert! Sinnvoll ist sicher, dass Tr/Th seine Modellfunktion und seine Fähigkeit, belastende Situationen umzustrukturieren (z. B. mit Humor und Provokation), bewusst einsetzt.

Qualifikation der TrainerInnen bzw. TherapeutInnen

Geeignet sind DiplompsychologInnen, ÄrztInnen und andere Berufsgruppen aus dem Gesundheitsbereich mit Vorerfahrung im präventiven und/oder therapeutischen Bereich und guten Kenntnissen in verhaltenstherapeutischen Methoden. Wichtig sind auch fundiertes Wissen über Stresstheorie sowie Erfahrungen mit Gruppenverfahren und Entspannungstechniken.

Eine derart hohe Qualifikation ist wichtig, um:

- den Tn/Kl gerecht werden zu können. Ein Stressverhaltenstraining ist zwar keine Therapie, aber Ängste (z. B. bei Entspannungsübungen), tief liegende Probleme (z. B. bei Einstellungsänderung) können aktiviert werden, und das muss der/die TrainerIn auffangen können.
- sich in der Durchführung sicher und kompetent zu fühlen.
- sich auf dem breiten Markt der Prävention zu etablieren und positiv von anderen, hierfür nicht ausreichend qualifizierten Berufsgruppen abzuheben und entsprechend selbstbewusst auftreten zu können und das auch zu tun!
- dem Berufsstand der Psychologen und Ärzte nicht zu schaden.
- die beschriebenen Techniken im Bedarfsfall auch in Therapie und Rehabilitation anwenden zu können.

Bei zielgruppenspezifischen Seminaren/Trainings (wie z. B. von der Autorin für Führungskräfte, Vertriebsbeauftragte, Polizisten, Lehrer durchgeführt) ist zusätzliches Know-how über Zielgruppe bzw. Betrieb/Organisation, deren Aufgabenfeld, Probleme sowie Habitus und Kommunikationsstil etc. hilfreich. Bei groß angelegten Projekten empfiehlt sich eine Pilotstudie oder aber zumindest die Durchführung von Vorgesprächen und/oder Feldbeobachtungen.

Als geeignete Weiterbildung zu den beschriebenen Methoden bieten sich die entsprechenden Stresskurse des Berufsverbandes Deutscher Psychologen (BDP), des Instituts für Therapieforschung (IFT) oder bei der Autorin (Institut für Mensch und Management) an.

Zum allgemeinen Rahmen

- möglichst legere Kleidung ist zu empfehlen
- warme Socken (sind für Entspannungsübungen wichtig)
- leichte, gesundheitsbewusste, aber schmackhafte Verpflegung
- Kaffeeangebot reduzieren, da Koffein aktiviert und so die Entspannungsfähigkeit behindert
- störungsarme, ruhige Umgebung unterstützt das Arbeits-/Entspannungsklima

Ideal ist ein Hotel, eine Tagungsstätte (o. Ä.) mit Sportmöglichkeiten (Schwimmen, Sauna, Fitnessraum) oder bei über mehrere Wochen verteilte Trainings eine psychotherapeutische Praxis, Weiterbildungsstätte, firmeninterne Weiterbildungsräume etc.

Raumausstattung

Auch die Raumausstattung ist für Stressbewältigungstrainings wichtig. Benötigt werden:

Ein Raum:

- mit Flipchart
- mit Pinnwänden
- mit Overheadprojektor oder Beamer
- evtl. mit Video
- ohne Tische

möglichst zusätzlich ein Entspannungsraum:

- ohne Telefon
- gut beheizt, mit warmem Boden
- ruhig!

- ohne Stühle und Tische
- Matten oder Decken für die Übungen
- »Bitte-nicht-stören«-Schild an der Tür

Bei mehr als 6 Tn/Kl sollte ein zusätzlicher Raum oder eine ruhige Ecke für Kleingruppenarbeit organisiert werden.

Methoden

An Lehr-/Trainingsmethoden empfiehlt sich ein Wechsel von

- Powerpoint-Präsentationen, Filmen
- Referaten, Demonstrationen, Diskussionen und Brainstorming
- Entspannungsübungen und Handlungsproben
- Kleingruppenarbeit, Lernpartnerschaft und Einzelarbeit.

Arbeitsunterlagen/Medien

Bei der Arbeit mit Gruppen, insbesondere bei firmeninternen Seminaren und Präventionsprogrammen, z. B. für Krankenkassen, sollte die Grundausstattung folgendermaßen aussehen:

- Flipchart
- Pinnwände
- Moderationskarten
- Computer/Laptop
- USB-Stick
- Beamer oder Overheadprojektor
- Powerpoint-Präsentationen oder vorgefertigte Folien (auch Cartoons etc. zur Auflockerung) und evtl. Schaubilder, z. B. zum vegetativen Nervensystem
- evtl. ein Stressfilm oder -video
- evtl. Biofeedbackgerät(e)
- Kassetten, CDs oder MP3s für Entspannungsübungen
- Decken oder Matten für Entspannungsübungen
- Seminar-Unterlagen oder Handouts für die Teilnehmer.

Dauer

(Siehe dazu auch die detaillierten Ausführungen in Kapitel 10.)

Das hier beschriebene Programm geht auf ein 3-wöchiges Intervall-Training (je 1 Woche Training, 4 Wochen Pause) zurück, wie es u. a. bei der Polizei Nordrhein-Westfalen, Niedersachsen und Rheinland-Pfalz seit 1983 durchgeführt wird. In der 4. Woche wurden z. T. zusätzlich zielgruppenspezifische Kommunikationstechniken trainiert.

Die einzelnen Bausteine wurden auch separat eingesetzt (z. B. bei verschiedenen Industrieunternehmen) in 3 – 4-Tages-Seminaren oder in mehrwöchigen Kursen mit je 2 – 4 Wochenstunden und 1 – 2 Wochenend-Blöcken, insgesamt ca. 30 – 40 Stunden (z. B. bei Krankenkassen).

Sämtliche Techniken können auch als Einzelmaßnahmen geübt oder in andere verhaltenstherapeutische Verfahren integriert werden.

1.2 Aufbau des Verhaltenstrainings

Das Programm basiert unter anderem auf dem Stressmodell nach Lazarus sowie einigen Grundgedanken Selyes und der Integration des Typ-A-Verhaltens nach Glass. Bei der Einstellungsänderung werden auch kognitive Techniken bzw. Methoden der Rational-Emotiven Therapie (Ellis, 2008) angewandt.

Auswirkungen

Die Evaluation (Bruns, G., 1986) des 3-wöchigen Trainings konnte nachweisen, dass zahlreiche positive Effekte erzielt worden waren, z. B. Reduzierung von Stressreaktionen, Veränderung Stress reduzierender Bewertungen und deutlicher Rückgang der Reizbarkeit (siehe auch Kapitel 11).

Aktuell liegt eine neue Evaluation des Programms vor, die im Rahmen der Durchführung des Seminars an der Bundesfinanzakademie erfolgte (siehe Neutzner, 2009). Aus der Arbeit lässt sich ableiten, dass das vorliegende Verhaltenstraining zur Stressbewältigung hinsichtlich der Zielsetzungen wirksam ist. Im Einzelnen bedeutet das eine Verbesserung in den Bewältigungskompetenzen, eine Verringerung negativ bewerteter Symptome – insbesondere auf kognitiver und emotionaler Ebene zeigten sich positive Veränderungen – und der Transfer des Trainingsinhalts in den Alltag.

Das Seminar gliedert sich in zwei ineinandergreifende Blöcke:

Stressanalyse und Stressbewältigung

Das in diesem Buch vorgestellte Stressbewältigungstraining basiert auf einem Stressanalysemodell, das an das S-O-R-K-Modell von Kanfer & Saslow (1974) angelehnt ist.

Im Modell von Kanfer & Saslow wird das problematische Verhalten (R) in Abhängigkeit zu seinen aufrechterhaltenden Bedingungen (S, O) und im Hinblick auf dessen Konsequenzen (C), nämlich das Einsetzen einer Verstärkung oder Bestrafung als Folge des Verhaltens, im Sinne einer operanten Konditionierung untersucht.

Da Stressreaktionen (hier als R bezeichnet) unwillkürlich auf den Verhaltensebenen erfolgen, sind sie primär nicht operant konditioniert. Die Konsequenzen (hier als K bezeichnet) werden im S-O-R-K-Stressanalyse-Modell als langfristige Reaktionen auf lang anhaltende Dauerbelastungen beschrieben. Die Vorhersagbarkeit von Konsequenzen, die durch ein Verhalten bestimmt wird, die Kontingenz (K bei Kanfer), entfällt. Die Teilnehmer können das S-O-R-K-Modell mithilfe des Kursleiters selbstständig herleiten, was die Transparenz des Vorgehens und das Zutrauen in die eigenen Kompetenzen der Teilnehmer erhöht.

Um das eigene Stresserleben besser verstehen zu können (vgl. Verstehbarkeit von Antonovsky), ist das S-O-R-K-Schema für die Teilnehmer eine plausible Hilfestellung, das im Verlauf des Kurses noch vertieft wird. Insbesondere sollen die Teilnehmer ihre Gedanken und Überzeugungen in schwierigen Situationen kennenlernen. Eine wichtige Erkenntnis für die Teilnehmer ist, dass Stress individuell ist, *denn die persönliche Bewertung entscheidet, was als Stressor erlebt wird* (Brengelmann, 1988; Lazarus, 1984).

Ausgehend vom transaktionalen Stressmodell (Lazarus) und in Anlehnung an das Analysemodell von Kanfer werden hier nun bezeichnet:

- Stress auslösende Bedingungen als *Stressoren (S)* (z. B. Konflikte, »daily hazzles« wie Zeitnot, zu viele Anforderungen auf einmal)
- Als intervenierende Variable die Person selbst, hier bezeichnet als *Organismus (O)*
- *Reaktionen als Stressreaktionen (R)* auf vier Verhaltensebenen:
  1. subjektiv-kognitiv (z. B. Konzentrationsstörungen)
  2. emotional (z. B. Angst, Wut)
  3. autonom-vegetativ (z. B. Herzklopfen, feuchte Hände)
  4. muskuläre (z. B. Verspannungen, Zähneknirschen).

Zusätzlich zu diesen vier Verhaltensebenen können auch verhaltensbezogene Reaktionen in Erscheinung treten (z. B. Rückzug, Angriff, Schreien, lautes Reden)

- und langfristige Konsequenzen in Form von Stressfolgen und Schädigungen *(K)* (z. B. Gereiztheit, Herz-Kreislauf-Störungen, Magen-Darm-Störungen, Schlafstörungen, Leistungsschwäche).
- Die Transaktion zwischen Person *(O)* und Umwelt *(S)* wird durch *Bewertungen* (appraisal) beeinflusst (Lazarus, Laumier). Die (primären, sekundären, tertiären) Bewertungsprozesse führen dazu, dass Stress individuell betrachtet werden muss.

Ablauf

Nach Vermittlung von Grundwissen erfolgt die individuelle Stressanalyse nach dem S-O-R-K-Schema (siehe Abb. 1, S. 19).

Vom ersten Tag an werden Entspannungsübungen (obwohl Ansatzpunkt O, auf den sich nur langfristige Techniken beziehen) trainiert, um einen hohen Übungseffekt und damit bessere Transfermöglichkeiten (auch als Grundlage für weitere Entspannungstechniken) sowie eine entspannte, erholsame Atmosphäre zu schaffen. Diese Vorgehensweise fördert zusätzlich Reflexion und Offenheit der Tn/Kl.

Anhand des S-O-R-Schemas (ohne K) werden Ansatzmöglichkeiten zur Stressbewältigung diskutiert:

Die Copings der Tn/Kl werden frühzeitig gesammelt, um die tatsächlich vorhandenen Kompetenzen und Defizite unbeeinflusst von im Seminar vermitteltem Stresswissen zu erfassen.

Der nächste Schritt ist Training der kurzfristigen Stressbewältigungstechniken, weil sie schnell und relativ einfache Reduktion der Stressbelastung herbeiführen (siehe Abb. 2, S. 20).

Zuletzt werden, je nach zur Verfügung stehender Zeit und Zielgruppe, einige oder alle langfristigen Techniken vermittelt, da diese im Allgemeinen deutlich komplizierter sind und tiefer gehen.

Ein wichtiger Punkt ist außerdem eine in das Training integrierte Transferplanung.

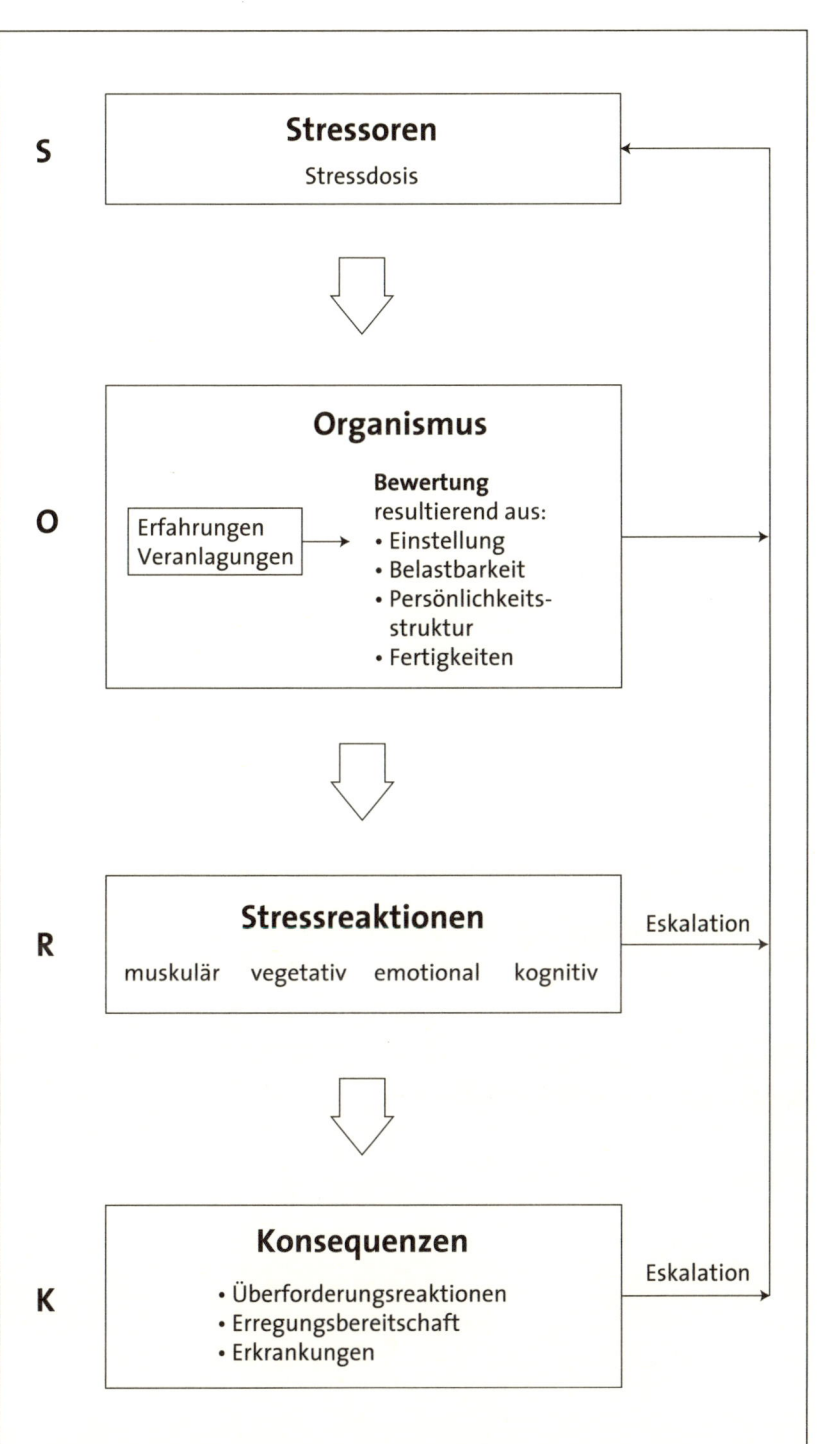

S

Stressoren

Stressdosis

O

Organismus

Bewertung
resultierend aus:
• Einstellung
• Belastbarkeit
• Persönlichkeits-
  struktur
• Fertigkeiten

Erfahrungen
Veranlagungen

R

Stressreaktionen

muskulär   vegetativ   emotional   kognitiv

Eskalation

K

Konsequenzen

• Überforderungsreaktionen
• Erregungsbereitschaft
• Erkrankungen

Eskalation

Abb. 1: S-O-R-K-Modell zur Stressanalyse und -bewältigung

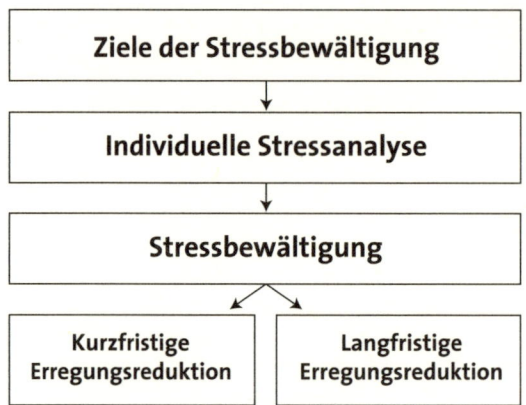

Abb. 2: Ziele des Stressbewältigungstrainings

Zum Aufbau des Buches

Um Tr/Th die Anwendung zu erleichtern, ist das Buch so aufgebaut, dass jeder Unterpunkt der einzelnen Kapitel 2 – 7 eine zusätzliche Untergliederung enthält in:

- Hintergrundinformationen
- Lernziele
- Ablauf
- Hinweise für Tr/Th
- Informationen für Tn/Kl
- z. T. wörtliche Anweisungen
- Arbeits- und Informationsblätter für Tn/Kl (bei Bedarf).

Dementsprechend ändern sich auch jeweils Sprachstil und Anspruchsniveau der Ausführungen. Beispielsweise werden Vorschläge für Informationen an Tn/Kl wörtlich ausformuliert.

2. Einstieg in das Verhaltenstraining

2.1 Hintergrundinformationen

Bereits beim Start in das Verhaltenstraining werden wesentliche Akzente bezüglich Tr/Th-Stil, Umgang der Tn/Kl miteinander und Herangehensweise an das Thema Stress gesetzt. Transparenz (roter Faden) und freundlich-direktiv-strukturierendes Verhalten auf der einen Seite und die Durchführung einer kleinen Übung (Ankommübung) sowie die erste Möglichkeit, eigenen Stress zu reflektieren auf der anderen Seite, bewähren sich zum Angstabbau und zur Steuerung der Erwartung der Tn/Kl.

2.2 Lernziele

Die Tn/Kl

→ stellen sich auf Tr/Th ein
→ schalten um, werden ruhig und konzentrieren sich auf das Seminar
→ gewöhnen sich an die Stimme von Tr/Th
→ reflektieren über den Tag der Anreise / evtl. ihren Lebensstil
→ lernen Tr/Th und andere Tn/Kl kennen und sehen, dass alle stressbelastet sind (Erleichterung)
→ reflektieren ihren eigenen Stress
→ kennen die Erwartungen und Befürchtungen der Gruppe
→ wissen, was schwerpunktmäßig bearbeitet wird
→ erkennen die Vorgehensweise im Kurs und »unterschreiben« gemeinsam die Gruppenregeln
→ sind auf ein übungsintensives Seminar eingestellt.

2.3 Ablauf

Zur Eröffnung des Seminars stellt sich Tr/Th den Tn/Kl vor und berichtet über ihre/seine Qualifikation und über Erfahrungen als Tr/Th zum Thema. Wenn genügend Zeit zur Verfügung steht, empfiehlt es sich, bereits beim 1. Treffen/am 1. Halbtag im Plenum eine Ankommübung mit ruhiger Stimme zu instruieren.

Ankommübung

Dazu werden die Tn/Kl aufgefordert, es sich auf den Stühlen bequem zu machen und in Gedanken den (Ankunfts-)Tag Revue passieren zu lassen. Die Übung wird ruhig und langsam gesprochen. Nach der Übung können die Tn/Kl, die dazu Lust verspüren, sich zu ihren Reflexionen äußern.

Anleitung

(auf die jeweilige Situation bezogen variieren!)

Schließen Sie die Augen. Setzen Sie sich bequem hin. Rücken Sie sich zurecht, bis Sie eine angenehme Position gefunden haben. Lassen Sie Ihre Muskeln locker fallen und entspannen Sie sich.

Gehen Sie nun in Gedanken zurück zum heutigen Morgen.

- Wann sind Sie aufgewacht?
- Wie fühlen Sie sich beim Aufwachen?
- Sind Sie ruhig oder gestresst?
- Was nehmen Sie wahr?
- Sie stehen auf. Was tun Sie als Nächstes?
- Vergegenwärtigen Sie sich alle einzelnen Schritte …, Ihre Empfindungen …, Ihre Gedanken.
- Nun verlassen Sie Ihre Wohnung, Haus. Erleben Sie, wie die Tür ins Schloss fällt …
- Wie fühlen Sie sich?
- Sind Sie ruhig oder gestresst?
- Was nehmen Sie wahr?
- Sie begeben sich auf Ihrem Weg hierher, im Auto – mit öffentlichen Verkehrsmitteln – zu Fuß?
- Wie fühlen Sie sich?
- Sind Sie ruhig oder gestresst?

- Was sehen Sie um sich herum?
- Was hören Sie?
- Was riechen Sie?
- Nun kommen Sie hier im Hause an …
- Wie fühlen Sie sich?
- Sind Sie ruhig oder gestresst?
- Was nehmen Sie wahr?
- Sie betreten den Raum. Vielleicht sehen Sie andere Tn/Kl.
- Wie fühlen Sie sich?
- Sind Sie ruhig oder gestresst?
- Was sehen Sie um sich herum?
- Was hören Sie?
- Was riechen Sie?
- Sie sind angekommen.
- Entspannen Sie sich noch ein wenig.
- Räkeln Sie sich nun und öffnen Sie die Augen.

Vorstellungsrunde Tn/Kl

Tn/Kl stellen sich kurz vor und erzählen möglicherweise bereits jetzt eine kleine, persönliche Stressgeschichte »Ich und Stress«.

Tr/Th kann daraus Beispiele für die spätere Stressanalyse bzw. -definition notieren und den Tn/Kl zur späteren Identifizierung vorlesen, z.B. *Mein Stress* (Abbildung nächste Seite).

Wenn die Beispiele zu klischeehaft sind, sollte Tr/Th nachfragen und die persönliche Bewertung der Tn/Kl (als Vorbereitung auf Einstellungsänderung) erarbeiten.

Wenn genügend Zeit zur Verfügung steht bzw. die Tn-Gruppe klein ist, kann diese 1. Stressanalyse auch über Anfertigung von Bildern und nachfolgender »Vernissage« erfolgen. So erhalten die Tn bereits erste Rückmeldungen, welche Assoziationen durch ihre bildliche Darstellung der eigenen Stressbelastung bei den anderen Tn/Kl ausgelöst werden. Meist sind die Zeichnungen sehr beeindruckend und öffnen die Teilnehmer.

Zusätzlich hinterfragt Tr/Th und schreibt Moderationskarten (S. 24).

Erwartungscheck

Tn/Kl werden aufgefordert, ihre Erwartungen zu nennen und auf einer Karte zu notieren, z.B. indem sie den Satz »Dieses Seminar wäre ein Gewinn für mich, wenn …« beenden. Pro Erwartung sollten Tn/Kl je eine Ex-

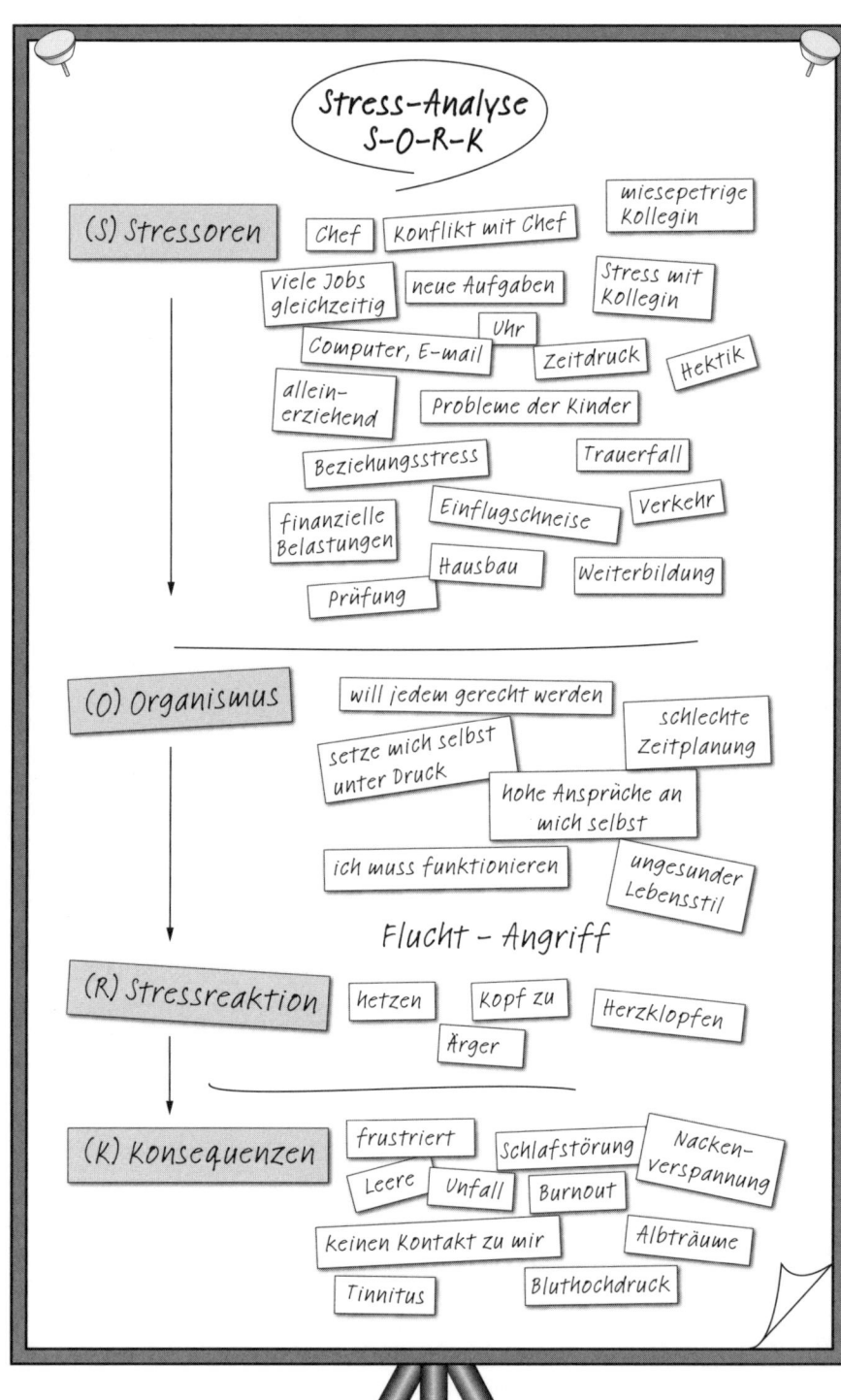

Abb. 3: Beispiel aus einem firmeninternen Seminar

trakarte verwenden. Dann werden die einzelnen Erwartungen, z.B. der Metaplanmethode, entsprechend in Erwartungsfelder/-wolken geordnet. Erwartungen, die im Seminar sicher nicht erfüllt werden können, nimmt Tr/Th ab und begründet, warum diese Erwartung nicht realisiert werden kann (z.B. »... wenn ich nie mehr Stress haben werde«).

Transparenz

Anschließend sollte Tr/Th eine Kurzübersicht über Inhalt, Methoden und Vorgehensweise des Kurses geben, um gleich zu Beginn Transparenz für die Tn/Kl zu schaffen.

Offenheit und Praxisbezug

Dann wird Tn/Kl vermittelt, dass sie selbst bestimmen können, wie offen sie während des Kurses über sich selbst, ihre persönlichen Probleme, ihre Stressbelastungen und ihren Umgang mit Stress sprechen wollen. Außerdem ist es ihnen selbst überlassen, wie tief sie in ihrer persönlichen Stressanalyse gehen wollen. Ein höherer Grad an Offenheit ermöglicht allerdings eine intensivere Arbeit und wirkungsvolleres Erlernen von Möglichkeiten der Stressbewältigung.

Ein individueller Praxisbezug der Trainingsmaßnahmen kann nur durch »echte« Beispiele der Tn/Kl erfolgen. Vorgefertigte Fallbeispiele von Tr/Th können zwar die jeweiligen Inhalte erläutern, sie bieten aber für Tn/Kl nur bedingt Transfermöglichkeiten in den eigenen Handlungsbereich.

Die persönliche Sichtweise aller Tn/Kl zu Stressproblemen und zur Stressbewältigung ist von Bedeutung. Situationen werden individuell unterschiedlich erlebt und bewertet; daher gibt es zunächst kein »falsches« Stresserleben, das von anderen Personen im Kurs abgewertet oder nicht ernst genommen werden sollte.

Gruppenregeln

Bereits beim 1. Treffen sollten auch Gruppenregeln (freundlich-direktiv) festgelegt werden, um die beabsichtigte Vorgehensweise transparent zu machen. Am wichtigsten sind:

1. Regelmäßige, pünktliche Teilnahme
2. Handy ausschalten
3. Schweigepflicht bezüglich aller persönlichen Informationen

4. Hausaufgaben sind Transferübungen und deshalb natürliche Konsequenz der Treffen. Sie werden von den Tn/Kl selbst festgelegt.
5. Gegenseitige Unterstützung, d. h.
   - Kommunikationsregeln, wie ausreden lassen, zuhören usw., werden eingehalten.
   - Jeder stellt sich bei Übungen/Handlungsproben als Partner zur Verfügung, wenn er dazu aufgefordert wird.
   - Feedback wird konstruktiv formuliert (hier auf Lerngesetze hinweisen): Positives Verhalten wird rückgemeldet, »Fehler« werden weitgehend »gelöscht« bzw. Verbesserungsvorschläge formuliert Positiver Nebeneffekt ist dabei, dass die Beobachter Wahrnehmungslenkung und positive Umstrukturierung damit als Stressbewältigungstechniken üben und dass die Kursatmosphäre entspannt und angstfrei ist.
6. Sitzordnung ist der offene Kreis. Handlungsproben finden stets in der Kreismitte statt. Dadurch ist die Übung für die übrigen Kursteilnehmer am besten zu beobachten. Außerdem ist es für die Übenden einfacher, sich in die Übungssituation zu versetzen, wenn sie bewusst ihren normalen Sitzplatz verlassen.

Konstruktives Feedback

Anschauliche Beispiele für konstruktives Feedback und welche Effekte es hat, können je nach Tn/Kl-Gruppe aus den Bereichen Sport, Kindererziehung usw. verwendet und etwa so vermittelt werden:

Informationen für Tn/Kl

»Vor einigen Jahren beschloss ich nach langer Zeit nur sehr sporadischen und entsprechend ineffektiven Tennisspielens zielorientiert vorzugehen und Tennisunterricht zu nehmen. Der erste Trainer schüttelte mir markig die Hand und fragte: ›Na, wo hapert's denn?‹ Dann spielte er in die Ecken des Spielfeldes scharfe Bälle und erzählte auf der Gegenseite: ›Tennis ist ein Bewegungssport.‹ Nach einiger Zeit brach er das ›Spiel‹ mit einem Stöhnen und der Bemerkung ab: ›Das ist ja furchtbar.‹ Daraufhin erklärte er mir, dass ich mit dem Schläger hektisch herumfuchtele wie mit einem Kochlöffel im Topf, aushole wie anno dazumal und den Ball nicht anschaue und wie ein hektisches Huhn über das Feld hüpfe. Zur Verdeutlichung führte er mir meine sinnlosen Bewegungen vor. So gestärkt, ging die Lektion in der Praxis weiter. Bei jedem Ball rief er nun, wenn ich starten wollte, ›nicht fuchteln, nicht …‹ usw. Wen wundert es, dass ich nach einer weiteren Stunde, in der ich kaum einen Ball getroffen hatte, abbrach. Nach kurzer Überlegung, ob ich diese Sportart wohl besser aufgeben sollte, da ich offensichtlich völlig unbegabt sei oder mich vielleicht an meinem Trainer tätlich rächen sollte oder doch noch einen Versuch mit einem neuen Trainer starten sollte, entschied ich mich für die dritte Lösung.

Dieser Lehrer arbeitete mit der Methode des Innercoaching. Er zeigte mir Wertschätzung, begrüßte mich freundlich, fragte, was ich denn lernen wolle, und beruhigte mich, als ich ihm mitteilte, ich würde überhaupt keinen Ball mehr treffen. Dann servierte er mir ganz sanft eine Serie Bälle, sagte, es sei völlig egal, wo ich hinspiele, ich solle nur kurz ausholen und den Ball spielen. Laufen sei vorerst völlig unwichtig. Nach dem 15ten (!) getroffenen Ball spielte er etwas schärfer und holte mich dann ans Netz. ›Also‹, meinte er, ›du reagierst ja blitzschnell, bist sehr aufmerksam und kannst ganz schön schnell rennen.‹ Ich war sehr stolz auf mich. ›Damit du den Ball besser anschaust und so sicherer triffst, machen wir jetzt eine kleine Übung. Immer wenn der Ball am Boden aufspringt, sagst du laut HOP, und immer wenn du ihn mit dem Schläger triffst, HIT, und atmest dabei aus.‹ Die Übung funktionierte wunderbar, und im Laufe der Zeit wurde ›HOP und HIT‹ systematisch ausgebaut, z.B. sollte beim ›T‹ von HIT die rechte Hand auf der linken Schulter ankommen. Seither spiele ich sehr gerne Tennis, und das viel besser als früher.

Was hat der zweite Trainer getan? Er hat mir nicht gesagt, was ich falsch mache, d. h., er hat mir kein *destruktives* Feedback gegeben. Er hat z.B. nicht erwähnt, dass ich den Atem beim Schlagen anhalte und dabei völlig verspannt bin usw. Er hat meine falschen Verhaltensmuster gelöscht.

Stattdessen hat er mir *konstruktiv* gezeigt, wie ich mit meinem derzeitigen Können/Nichtkönnen meine Fertigkeiten ausbauen kann. Er hat meine Wahrnehmung auf kleine, für mich maßgeschneiderte Schritte zur Problemlösung gelenkt *(konstruktives Feedback)*, und er hat positives Verhalten gelobt *(positives Feedback*, Verstärkung).

Dieser Weg ist nicht nur angstfrei und macht mehr Spaß als Lernen über Ausmerzen und Ausdiskutieren von ›Fehlern‹, er ist auch nachgewiesenermaßen erheblich *effektiver*.«

Genauso werden wir im Kurs vorgehen. Wir werden den anderen Tn/Kl sagen, was wir für sie aus ihrem Verhalten konkret als effektiv erachten und was sie möglicherweise tun können, um ihre Technik weiter zu verbessern.

3. Stresstheorie

3.1 Hintergrundinformationen zur Stresstheorie

Die Weltgesundheitsorganisation (WHO) hat Anfang 2000 Stress zur größten Gesundheitsgefahr unseres Jahrhunderts erklärt, nachdem sie in den 1980/90er-Jahren von der Krankheit unseres Jahrhunderts gesprochen hatte. Mit Beginn des 21. Jahrhunderts hat sich offensichtlich die Stressbelastung unserer westlichen Gesellschaft nicht einfach in Luft aufgelöst.

Hans Selye (1936) gilt als der erste Forscher, der die physiologischen Stressreaktionsprozesse systematisch beschrieben hat. Dazu gehören die Erhöhung der Pulsrate und des Blutdrucks, beschleunigte Atmung und Krankheiten wie Hochdruck, Herzkrankheit oder Ulcus.

Üblicherweise wird Stress als physiologische oder psychologische Reaktion des Individuums auf eine Anforderung definiert. Dabei wird zwischen den »Stressoren« als Auslöser von Verhaltensstörungen oder Krankheiten und den »Stressreaktionen«, dem »Belastet-Sein« oder »Sich-gestresst-Fühlen« als Konsequenzen der Belastung unterschieden (Fletcher, 1991).

Seit Einführung des »Stress«-Begriffs entwickelte sich die interdisziplinäre Stressforschung zu einem kaum noch überschaubaren Feld.

Reaktionsorientierte Ansätze erklären Stress über Reaktionen des Individuums. Z. B. versteht Selye unter Stress eine unspezifische, nicht situationsbezogene Reaktion des Organismus auf jede Anforderung, die an ihn gestellt wird. Die Auslöser von Stress sind in diesem Modell unbedeutend.

Im Gegensatz hierzu fokussiert eine Richtung der Stressforschung in den 1960er-Jahren gerade auf die Stress auslösenden Reize. So konzentriert sich die Life-Event-Forschung (z. B. Holmes & Rahe, 1967) auf die Wirkung einschneidender Lebensereignisse. Demgegenüber befassten sich weitere Forschungsgruppen mit der Wirkung von Alltagswidrigkeiten, den »Daily Hassles«. Die individuell unterschiedliche Wertung von Ereignissen wird in dieser reizzentrierten Perspektive jedoch stark vernachlässigt.

Persönlichkeitstheoretische Ansätze wiederum suchen nach inter-

mittierenden Variablen, die interindividuelle Unterschiede in der Reiz-Reaktions-Abfolge erklären: z. B. das Typ-A-Konzept von Friedman und Roseman (1974), das Repression-Sensitization-Konstrukt von Bell und Byrne (1978) und das Konzept des Kontrollverlustes von Rotter (1966) sowie das Persönlichkeitsmodell von Brengelmann (1993).

Die physiologische Stressreaktion ist immer durch einen psychischen Zustand vermittelt, d. h., die von Selye konzipierte, direkte Verknüpfung von physischem Stressor (z. B. Kälte, Hitze, Nahrungsmangel) und physiologischer Stressreaktion gibt es nicht (vgl. Frankenhaeuser, 1986, S. 195 ff.). Selyes Unspezifitätshypothese wird in der gegenwärtigen Stressforschung nicht mehr vertreten.

Stress ist zunächst ein Kampf- und Fluchtmechanismus (vgl. dazu Cannons »emergency function theory«), d. h., Stress disponiert zu körperlichem Kampf oder Flucht. Doch Stress versorgt nicht nur die Skelettmuskulatur verstärkt mit Energie, sondern auch das Gehirn; er disponiert somit auch zu gesteigerter geistiger Problemlösung. Ferner dient die Energieversorgung für die Skelettmuskulatur nicht nur möglichem Kampf- und Fluchtverhalten, sondern auch expressivem kommunikativem Verhalten, und stellt damit eine Bewältigungsmöglichkeit für soziale Stressoren bereit. Bei vielen in Gruppen lebenden Säugetierarten werden soziale Stressoren nicht nur durch Kampf und Flucht, sondern auch durch starke expressive Akte bewältigt. Aufgrund dieser vielfältigen Funktionen ist der Stressmechanismus auch in modernen Gesellschaften sinnvoll.

Nach dem *transaktionalen Ansatz* der Stressforschung (Lazarus, 1984) ist die Stressentstehung auf das Zusammenspiel zwischen situativen Anforderungen und der individuellen Beurteilung der eigenen Ressourcen und Fähigkeiten zurückzuführen. Die entscheidende Rolle kommt dabei den individuellen Bewertungsprozessen zu.

Nach Lazarus (1966) resultiert nicht aus jeder Anforderung auch ein subjektives Belastungsgefühl, die persönliche primäre, sekundäre und tertiäre Bewertung entscheidet darüber, ob Stress als **Herausforderung** (positiv), **Überforderung** (negativ) oder gar als **Schädigung** (sehr negativ) erlebt wird.

Die Studien machen deutlich, wie wichtig die individuelle Einschätzung der Situation und der eigenen Bewältigungsmöglichkeiten für die Entstehung von Stress sind. Je nachdem, wie das Individuum die eigenen Möglichkeiten wahrnimmt, sowohl die gegebenen (»äußeren«) als auch die eigenen (»inneren«) Anforderungen zu erfüllen, beeinflusst dies maßgeblich das Stressgeschehen.

Unter diesen Vorgaben entsteht eine Stressreaktion dann, wenn eine bestimmte situative Anforderung vor dem Hintergrund lebensgeschichtlich erworbener Personenmerkmale als aversiv bewertet, also zum Stressor deklariert wird und die jeweilige Person die ihr zur Verfügung stehenden Bewältigungsmöglichkeiten als zu gering bzw. ineffizient erachtet. Das sind Bewältigungsversuche, die sich auf eine Dämpfung der Stressreaktion (palliative Funktion) oder auf eine Aufhebung der stressbezogenen Transaktion durch Veränderung von Stressor- und/oder Personenmerkmalen (instrumentelle Funktion) beziehen.

Sind die Bewältigungsversuche erfolgreich, ist der Stress zunächst beseitigt. Wenn nicht, hält die Stressreaktion an und führt möglicherweise zu schädlichen chronischen Folgen in Form von körperlichen und psychischen Störungen, die dann ihrerseits als zukünftige potenzielle Stressoren wirken können.

Der Erfolg der Bewältigungsbemühungen wird zurückgemeldet und führt zu Neubewertungen, d. h. einer Änderung der ursprünglichen primären und sekundären Bewertung.

In diesem Zusammenhang wird Stress als eine Störung des Gleichgewichts zwischen den Anforderungen an die Person und deren subjektiven Möglichkeiten empfunden, die verhindert, dass mit diesen Anforderungen gut umgegangen wird.

Während sich Stress durch die Aktivierung und den Ansporn z. T. auch positiv auswirken kann, stehen die negativen Wirkungen im Zusammenhang mit lang anhaltendem Stress im Fokus des Forschungsinteresses. Auch bei der Wirkung von Stress ist ganz wesentlich, dass sich diese individuell verschieden ausgestaltet.

Akute Reaktionen auf Stress manifestieren sich auf kognitiver, emotionaler, vegetativer und muskulärer Ebene sowie im Verhalten einer Person. Diese Symptome werden an anderer Stelle ausführlich beschrieben. Sie sind zunächst noch nicht schädlich für den Organismus, sondern sichern seine Reaktionsbereitschaft. Mangelt es jedoch an der körperlichen Nutzung der zusätzlich bereitgestellten Energie, fehlen nötige Erholungspausen. Tritt der Stress permanent auf, so ergeben sich für Physis und Psyche verschiedene nachhaltige Konsequenzen.

Als mögliche pathologische Folgen von chronischem Stress werden u. a. Wirkungen auf das Herz-Kreislauf-System, Spannungskopfschmerzen, Magen-Darm-Beschwerden, erhöhtes Diabetesrisiko, verminderte Immunkompetenz, Allergien, verringerte Schmerztoleranz, Zyklusstörungen und Impotenz aufgeführt. Zusammenhänge zu psychosomatischen und psychischen Erkrankungen wurden mehrfach empirisch bestätigt. Hier gilt dem Burnout-Syndrom ein besonderes Augenmerk, da hier die theoretischen Grundlagen eng mit Stresskonzepten verknüpft sind. Auch ein negativer Einfluss auf die Leistungsfähigkeit wird angenommen (siehe auch Kapitel 4.5).

Die Folgen von chronischer Stressbelastung manifestieren sich auch in gesellschaftlichen Kosten. Gesundheitssysteme haben stark mit den Kosten für chronische Erkrankungen zu kämpfen, die sich zum Großteil direkt auf verhaltensbedingte Risikofaktoren zurückführen lassen (WHO, 2009). In Deutschland werden 10,9% des Bruttoinlandsprodukts für Gesundheitsleistungen verwendet. Zwei Drittel davon entfallen auf Gesundheitsleistungen für chronische Erkrankungen (Maaz, Winter & Kuhlmey, 2007). Aufgrund krankheitsbedingter Fehlzeiten, die insbesondere angesichts psychischer Erkrankungen stark zunehmen bzw. deutlich länger werden, und verminderter Produktivität am Arbeitsplatz schlagen sich die Konsequenzen von Stress auch in der wirtschaftlichen Leistung nieder.

Im Extremfall kann Stress auch zum Tod führen. Beispielhaft dafür ist der Karoshi-Tod. Der japanische Arzt Uehata beobachtete in den 70er-Jahren bei japanischen Arbeitern einen Zusammenhang von Arbeitsumgebung (Tieste, 2003), Stress und plötzlich eintretendem Tod. Fehlende normale Arbeits- und Lebensrhythmen, chronische Überarbeitung, permanente und übermäßige psychische Belastungen und Stresssituationen sind die Ursachen für einen physischen Zusammenbruch mit möglicher Todesfolge. Bei mehr als der Hälfte der von Uehata untersuchten Fälle lagen vor dem Tod kardiovaskuläre Symptome vor.

3.2 Lernziele

Die Tn/Kl

→ sind über die Bedeutung von Stress früher und heute informiert
→ wissen, dass Stressempfinden individuell ist
→ erkennen Eigenverantwortung für persönlichen Stress und Stressbewältigung
→ kennen die aktuelle Stressdefinition
→ kennen das S-O-R-K-Schema
→ können analysieren, was Stress im Alltag bedeutet
→ wissen um die Bedeutung von Wechselwirkungsprozessen von Auslösern und persönlicher Bewertung.
→ kennen typische Stresskreisläufe
→ wissen, welche Konsequenzen Stress haben kann.

3.3 Ablauf

Bereits bei der Vorstellungsrunde nannten die Tn/Kl erste Belastungsfaktoren. Nach der gemeinsamen Erarbeitung und/oder Kurzinput (z. B. durch Folie, Filme etc.) von Tr/Th wird das S-O-R-K-Schema erarbeitet. Hervorgehoben wird die Aussage: »Stress ist individuell, die Bewertung entscheidet.« Wichtig ist auch die Verdeutlichung, wie im Stress Körper und Psyche zusammenwirken und welche (psycho-)somatischen Störungen entstehen können: Verstehen ermöglicht Selbstverantwortung.

Zunächst werden die Tn/Kl über Stress, seinen Stellenwert in unserem Leben, unserer Gesellschaft und die gesundheitlichen Folgen im Allgemeinen informiert. An dieser Stelle möglicherweise nur kurz, da sich bei der Stressanalyse nochmals Gelegenheit dazu ergibt, und zwar detailliert auf das S-O-R-K-Modell bezogen.

Im nächsten Schritt ist es sinnvoll, eine vorläufige Stressdefinition zu erarbeiten.

Stressdefinition

Die detaillierte Definition wird im Verlauf des Kurses auf dem Flipchart S-O-R-K-Schema ergänzt.

Wichtig ist das Ergebnis: *Stress = individuell*, d.h., die persönliche Bewertung entscheidet, welcher Art die Anforderungen sind und welche persönlichen Reaktionskapazitäten vorhanden sind (transaktionales Modell nach Lazarus). Hier kann Tr/Th bereits humorvoll-provokativ hinterfragen, um Einstellungen der Tn/Kl bewusst zu machen. Wenn Stress individuell ist, bedeutet das auch Eigenverantwortung zu übernehmen. und das kann unbequem sein. Einige Tn/Kl könnten daher dazu tendieren, Diskussionen über »unsere Gesellschaft« etc. zu initiieren. Hier nicht diskutieren, sondern bestätigen und dann behutsam (oder humorvoll-provokativ) die persönliche Bedeutung/Bewertung nachfragen.

Nach der Vermittlung von Grundwissen über den biologischen Sinn des Stressmechanismus erfolgen jeweils

- Wissensvermittlung
- persönliche Analyse
- Bewältigungsmöglichkeiten,

zunächst bezogen auf Stressoren (S), dann Organismus (O) mit Bewertung und Belastbarkeit und danach Stressreaktionen (R) und Konsequenzen (K).

Information für Tn/Kl

Stress wird häufig die Krankheit der Gegenwart genannt. Jeder kennt Situationen, in denen man sich beruflich oder privat überfordert fühlt, überlastet, gereizt, hektisch oder nervös ist. Man ärgert sich, ist wütend oder fühlt sich ohnmächtig und niedergeschlagen. Alle sind mehr oder minder Betroffene: Wir sprechen von Arbeits-, Freizeit-, Schul-, Familien-, Verkehrs-, Behörden-, Prüfungsstress, es gibt kaum einen Lebensbereich, der nicht mit dem Begriff »Stress« in Zusammenhang gebracht wird.

Stress ist untrennbar mit Leben verbunden, fördert die Leistungsfähigkeit, aber zu viel Stress kann krank machen. Zahlreiche Statistiken zeigen, dass die ursprünglichen biologischen Abwehrkräfte oft nicht mehr ausreichen oder manchmal sogar ungeeignet sind, den Organismus vor Dauerschäden zu bewahren. Die sogenannten »Zivilisationskrankheiten«, vor allem Herz-Kreislauf-, Krebs- und psychische Erkrankungen kosten jährlich viele Hunderttausende von Menschen das Leben und verursachen erhebliche Kosten. Es handelt sich dabei vorwiegend um chronische Erkrankun-

▶

gen, die nicht allein durch biologische, sondern auch in wesentlichen Teilen durch soziale und persönlichkeitsspezifische Faktoren und durch ungünstige Formen der Lebensführung entstehen und aufrechterhalten werden.

Nach Auswertung der AU-Daten (Arbeitsunfähigkeit) der Krankenkassen zeigt sich, dass die Krankheitstage aufgrund psychischer Erkrankungen ansteigen. Sie stehen mittlerweile an 4. Stelle aller gesundheitlichen Beeinträchtigungen, mit steigender Tendenz. Besonders Depressionen und Ängste haben zugenommen. Sie sind der wichtigste Grund für Frühverrentung. Die Bedeutung psychischer Erkrankungen – auch als kostenintensiver entropischer Faktor für unsere Gesellschaft – wurde lange Zeit deutlich unterschätzt.

Dauerstress verursacht nicht nur zahlreiche Erkrankungen, auch indirekt kann er sich negativ auswirken: So verhalten sich viele Menschen in Belastungssituationen, wenn sie sich unter Druck fühlen, gesundheitsschädlich: Sie rauchen mehr, ernähren sich ungesund oder steigern ihren Alkoholkonsum. Zudem steigt das Unfallrisiko, die Leistungsfähigkeit nimmt ab, es werden mehr Fehler gemacht, und man fühlt sich häufig unwohl.

Stress wird oft als von außen kommend angesehen, und der Einzelne fühlt sich den Belastungen hilflos ausgeliefert. Wie man mit Belastung an-

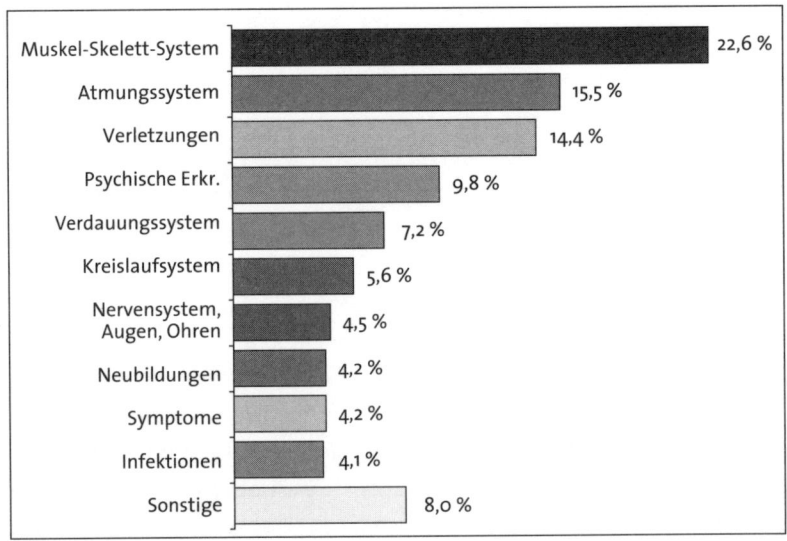

Beschwerdebilder (DAK Krankheitstage)

Muskel-Skelett-System	22,6 %
Atmungssystem	15,5 %
Verletzungen	14,4 %
Psychische Erkr.	9,8 %
Verdauungssystem	7,2 %
Kreislaufsystem	5,6 %
Nervensystem, Augen, Ohren	4,5 %
Neubildungen	4,2 %
Symptome	4,2 %
Infektionen	4,1 %
Sonstige	8,0 %

Anteile der zehn wichtigsten Krankheitsarten an den Arbeitsunfähigkeitstagen der DAK-Versicherten im Jahr 2004 (Quelle: DAK Gesundheitsreport 2005) gemessen umgeht, kann man lernen. In den letzten Jahren ist eine Reihe sehr wirksamer verhaltenstherapeutisch orientierter Stressbewältigungsprogramme entwickelt worden, deren Effektivität in vielen Untersuchungen bei einer Fülle von psychischen und somatischen Erkrankungen bestätigt wurde, z. B. bei Angststörungen, essenzieller Hypertonie (Bluthochdruck), Spannungskopfschmerzen, Schlafstörungen, Magen-Darm-Problemen oder chronischen Schmerzen. Vorbeugen ist auch hier besser als Heilen.

Sinnvollerweise sollte Stressbewältigung nicht erst dann gelernt werden, wenn sich eine Störung schon eingestellt hat, sondern der richtige Umgang mit Belastung sollte vorbeugend praktiziert werden. Je gesünder man zu Beginn der Stressbewältigung ist, desto einfacher und effektiver sind die Bewältigungsmaßnahmen zu erlernen, sodass sie bald wie selbstverständlich angewendet werden können.

Wir behandeln unseren Körper bisweilen wie einen klapprigen alten Gaul, den wir ohne Rücksicht auf steile Berge jagen, ihm die Sporen geben und ihn antreiben – bis er zusammenbricht. Doch wir *sind* unser Körper. In dieser Metapher sind wir tatsächlich Zentauren: Wir treiben *uns* an, quälen *uns*, bis wir zusammenbrechen. Diese ganzheitliche Betrachtung ist vielen von uns abhandengekommen.

Typische Stressverläufe sind:

1.

$$Stress$$

Versagensgefühle ←——— Aktivismus (explosive Hektik)

2.

$$Stress$$

Hilflosigkeit ←——— Passivität (hilfloses Erleiden)

»Wenn wir schon kein Ziel haben, sollten wir uns wenigstens beeilen.«

Mark Twain

»Ich bin ein kleines Pinkerl und steh' in meinem Winkerl, und weil ich nichts kann fang ich nichts an.«

Kinderreim

Was passiert bei der Stressbelastung?

Zunächst wird ein Stressor über die Sinnesrezeptoren, z. B. mit den Augen, aufgenommen und an das Gehirn weitergeleitet. Ein Teil der Information geht sofort in das dafür zuständige Kortex-Areal. Wenn wir einen Stressor also vor Augen haben, geht visuelle Information sofort in den visuellen Kortex, damit im Gehirn tatsächlich auch ein Bild des Stressors entstehen kann.

Ein Teil der aufgenommenen Information wird parallel dazu in tiefer liegende Hirnstrukturen, in das Limbische System, geleitet. Es gewährleistet, dass Information wahrgenommen und bewertet wird. Zugleich wird der phylogenetisch älteste Teil des Gehirns, der Hirnstamm, umgangssprachlich »Reptilienhirn«, aktiv. Dieser Teil des Gehirns liegt unter dem Bereich des Limbischen Systems auf dem Weg zur Wirbelsäule.

Wird eine Information als Stressor bewertet, wird der zum Großteil im Bereich des Hirnstammes vorhandene Transmitterstoff Noradrenalin ausgeschüttet.

Das Noradrenalin aktiviert den Sympathikus, der wiederum mit peripheren Organen in Verbindung steht und im Nebennierenmark die Ausschüttung von Adrenalin bewirkt. Eine Sympathikus-Nebennierenmark-Achse ist also für die Ausschüttung von Adrenalin und Noradrenalin ins Blut und die akute Aktivierung bei Stress verantwortlich.

Indem die Nebennieren Adrenalin ins Blut schießen, wird Energie in Muskeln und Gehirn freigesetzt. Es erfolgt eine blitzartige Mobilmachung aller Körperreserven. Puls, Blutdruck und Atemfrequenz steigen, der Magen-Darm-Bereich stellt die Verdauungsarbeit ein, aus den Blutreserveräumen werden sofort rote Blutkörperchen zum Einsatz geschickt, die eine Sauerstoffaufnahme und Kohlendioxydabgabe erleichtern sollen; die Blutgerinnung nimmt zu.

Innerhalb kürzester Zeit ist der Mensch *kampf-* oder *fluchtbereit*. Man spricht von der *Alarmreaktion* des Körpers, die auf jede Art möglicher Gefährdung des Wohlergehens automatisch erfolgt. Diese Aktivierung ist eine Bereitstellung von Energie. Erst im zweiten Schritt erfolgt dann die spezifische Stressreaktion: Man löst eine schwierige Denkaufgabe, bremst bei einem plötzlichen Hindernis das Auto, verbirgt seinen Ärger vor einem wichtigen Gesprächspartner etc.

Hält der Stress länger an, kommt es in der Hypothalamus-Hypophysen-Nebennierenrinden-Achse zur Freisetzung des Corticotropin-Releasing-Faktors. Dieser wiederum stimuliert die Ausschüttung des adrenokortikotropen Hormons und führt letztlich über die Nebennierenrinde zu einer

Alarm in Haupt und Gliedern

Stressreaktionen und ihre Auswirkungen auf den Organismus

SOFORTIGE REAKTION

Als Reaktion auf eine gegenwärtige Bedrohung mobilisiert der Körper seine Kraft- und Schnelligkeitsressourcen.

Gehirn
Das Schmerzempfinden wird abgeschwächt. Denk- und Erinnerungsvermögen sind geschärft.

Augen
Die Pupillen weiten sich, um mögliche Bedrohungen zu erkennen.

Lungen
Die Bronchien dehnen sich. Die Atmung wird schneller. Die Lungen nehmen mehr Sauerstoff auf.

Herz
Puls und Blutdruck steigen. Das Herz pumpt zusätzliche Mengen Sauerstoff und Glukose in den Körper.

Leber
In Form von Glykogen gespeicherter Zucker wird in Glukose umgewandelt – zusätzlicher Treibstoff für die Muskelzellen.

Nebennieren
Diese Drüsen produzieren die „Angriff-oder-Flucht"-Hormone, die Katecholamine.

Milz
Damit mehr Sauerstoff zu den Muskeln transportiert werden kann, stößt die Milz vermehrt rote Blutkörperchen aus, die sie wie ein Schwamm gespeichert hatte.

Darm und Harnblase
Die Verdauung setzt aus, die so eingesparte Energie wird den Muskeln zugeführt.

Muskeln
Zur besseren Energieversorgung weiten sich die Blutgefäße in den großen Muskeln.

Blut
Die Blutungsneigung nimmt ab. Das Blut gerinnt schneller (für den Fall von Verletzungen).

Haare
Weil es Tiere größer und damit gefährlicher aussehen lässt, richten sich die Körperhaare auf (Gänsehaut).

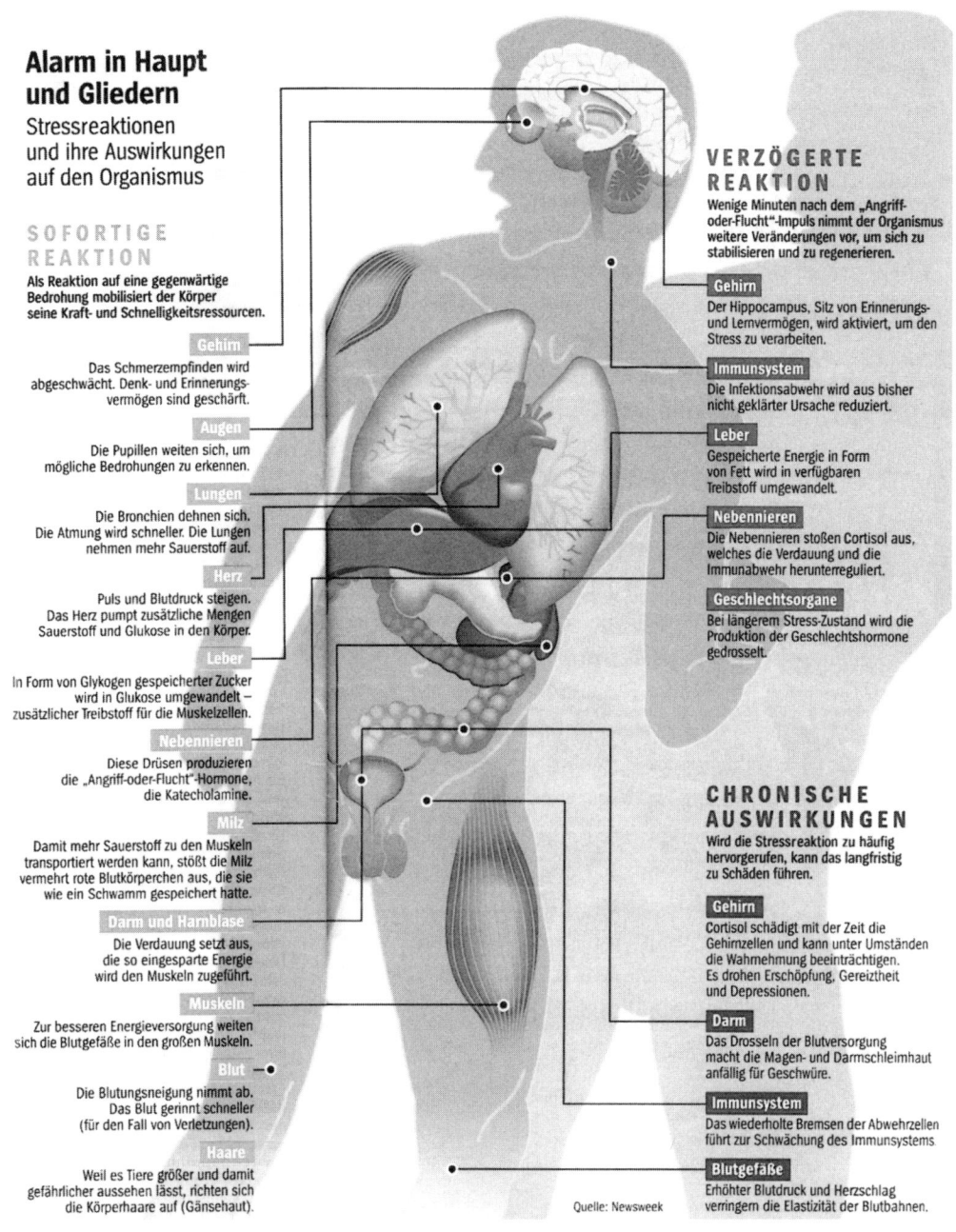

VERZÖGERTE REAKTION

Wenige Minuten nach dem „Angriff-oder-Flucht"-Impuls nimmt der Organismus weitere Veränderungen vor, um sich zu stabilisieren und zu regenerieren.

Gehirn
Der Hippocampus, Sitz von Erinnerungs- und Lernvermögen, wird aktiviert, um den Stress zu verarbeiten.

Immunsystem
Die Infektionsabwehr wird aus bisher nicht geklärter Ursache reduziert.

Leber
Gespeicherte Energie in Form von Fett wird in verfügbaren Treibstoff umgewandelt.

Nebennieren
Die Nebennieren stoßen Cortisol aus, welches die Verdauung und die Immunabwehr herunterreguliert.

Geschlechtsorgane
Bei längerem Stress-Zustand wird die Produktion der Geschlechtshormone gedrosselt.

CHRONISCHE AUSWIRKUNGEN

Wird die Stressreaktion zu häufig hervorgerufen, kann das langfristig zu Schäden führen.

Gehirn
Cortisol schädigt mit der Zeit die Gehirnzellen und kann unter Umständen die Wahrnehmung beeinträchtigen. Es drohen Erschöpfung, Gereiztheit und Depressionen.

Darm
Das Drosseln der Blutversorgung macht die Magen- und Darmschleimhaut anfällig für Geschwüre.

Immunsystem
Das wiederholte Bremsen der Abwehrzellen führt zur Schwächung des Immunsystems.

Blutgefäße
Erhöhter Blutdruck und Herzschlag verringern die Elastizität der Blutbahnen.

Quelle: Newsweek

Abb. 4: Übersicht Stressbelastung

© Newsweek

Freisetzung von Cortisol. Dieses Hormon ermöglicht durch Energiebereitstellung eine gute Stressanpassung.

Stress ist ein uraltes Programm unserer Gene. Wir verhalten uns heute noch ähnlich wie unsere Vorfahren und viele andere Säugetiere. Sinn der Stressreaktion ist ursprünglich die *Lebenserhaltung* durch einen reflexhaften Angriffs- und Fluchtmechanismus. Der heutige Mensch kann, im Gegensatz zum Tier und zum Urmensch, oft weder fliehen noch kämpfen. Die frei werdenden Energien richten sich, wenn sie nicht genutzt werden, häufig gegen den eigenen Körper. Geht die Stresssituation schnell vorüber, fängt der Körper die Auswirkungen der Mobilmachung auf. Bei Daueralarm entsteht aber eine ständige Alarmbereitschaft. Dieser Daueralarm wird häufig auch durch unterschwellige Stressoren wie ein Überangebot an Reizen oder durch psychische Situationen wie Frustration, Ärger oder Angst ausgelöst.

Bei starker Stressbelastung werden Stresshormone ausgeschüttet, die unser Erleben, Fühlen, Denken und Handeln stark beeinflussen.

- Im Gehirn wird über Sinnesrezeptoren die aufgenommene Information (Stressor) bewertet
- Ausschüttung von Noradrenalin v. a. im Bereich des Hirnstammes
- Tätigkeit des Sympathikus-Nervs wird gesteigert
- Nebennieren schütten Stresshormone aus (u. a. Adrenalin und Noradrenalin), Energien werden in Muskeln und Gehirn freigesetzt
- Es erfolgt eine blitzartige Mobilmachung aller Körperreserven
- Puls, Blutdruck und Atemfrequenz steigen
- Der Magen-Darm-Bereich stellt die Verdauung ein
- Rote Blutkörperchen aus Blutreserveräumen erleichtern Sauerstoffaufnahme und Kohlendioxydabgabe
- Blutgerinnungsfaktor nimmt zu

Durch andauernde Stressoren erfolgt eine ständige Alarmbereitschaft des Körpers!

Der biologische Sinn des Stressmechanismus:

Der biologische Sinn hinter diesen Prozessen ist ursprünglich, wie bereits erwähnt, die Lebenserhaltung durch einen reflexhaften Angriffs-und-Flucht-Mechanismus zu sichern. Durch die physiologischen Prozesse kommt es zu einer immensen Kraftbereitstellung der Alarmreaktion des Körpers. So ist Stress ursprünglich ein lebenswichtiger Vorgang und ein ganz natürlicher Verteidigungsmechanismus, wenn es ein »Notfallprogramm« bleibt. In unserer Zivilisation hat dieses Notfallprogramm allerdings weitgehend seine frühere Funktion verloren.

Stress ist ein lebenswichtiger Vorgang und ein ganz natürlicher Verteidigungsmechanismus.

Der Stressablauf im ursprünglichen Sinn wird in etwa so geschildert:

Ein Urzeit-Jäger sitzt am Waldrand und ruht sich aus. Plötzlich knackt es hinter ihm. Was passiert?

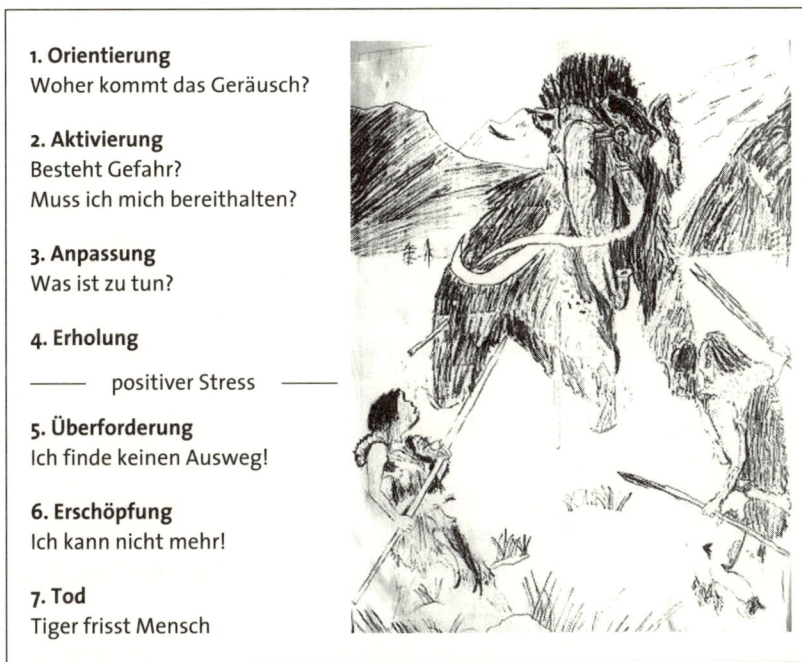

1. Orientierung
Woher kommt das Geräusch?

2. Aktivierung
Besteht Gefahr?
Muss ich mich bereithalten?

3. Anpassung
Was ist zu tun?

4. Erholung

——— positiver Stress ———

5. Überforderung
Ich finde keinen Ausweg!

6. Erschöpfung
Ich kann nicht mehr!

7. Tod
Tiger frisst Mensch

Abb. 5: Stressablauf beim Vorzeitmenschen

1. Orientierung	Das Ohr leitet den Reiz (Knacken) ans Gehirn. Der Jäger wendet den Kopf, um zu sehen, woher das Geräusch kommt. Er sieht einen Säbelzahntiger auf sich zukommen.
2. Aktivierung	Blitzschnell wird im Gehirn entschieden, ob der Reiz lebenswichtig und bedrohlich ist; wenn ja, erfolgt die **Alarmreaktion**, die den Jäger optimal auf Angriff oder Flucht vorbereitet. Seine Wahrnehmung engt sich möglicherweise auf stressrelevante Reize ein, er sieht z. B. einen Stock, den er als Waffe verwenden kann, oder das dichte Gebüsch, in das er fliehen kann, nicht aber die Pflanzen im Hintergrund. Das vegetative Nervensystem des Urmenschen arbeitet auf höchster Stufe. Adrenalin, Noradrenalin und Cortisol werden ausgeschüttet Die Muskeln sind angespannt, um optimal für Angriff oder Flucht vorzubereiten.
3. Anpassung	Solange die Bedrohungssituation besteht, bleibt sein Organismus »auf dem Sprung« – optimal ausgerüstet für kraftvolles Angreifen des Säbelzahntigers oder sofortiges Fliehen, z. B. durch wegrennen, auf einen Baum klettern, zur Seite springen. All das gelingt dem Urmenschen jetzt sehr viel besser als in neutralen Situationen.
4. Erholung	Hat der Urmensch die Situation bewältigt (konnte er z. B. fliehen oder den Säbelzahntiger erlegen), hat er Gelegenheit, sich zu erholen.

Bis hierher ist Stress positiv: Der Mensch entwickelt sich weiter, lernt und wird ein immer besserer Säbelzahntigererleger oder -flieher. Der Überlebensmechanismus nach dem Motto »raufen oder laufen« befähigt ihn dazu.

5. Überforderung	Gelingt ihm die Anpassungsleistung nicht (mehr) oder wird er aufs Neue gefordert, ohne sich ausreichend erholt zu haben, »schaltet« sein Körper auf Daueralarm – er reagiert so, als ob er ständig von Raubtieren umgeben wäre. In der sog. **Widerstandsphase** ist der Körper bemüht, eine Gegenreaktion einzuleiten, um die Alarmreaktion abzuschwächen. Unter anderem werden der

Speichelfluss sowie die Magen-, Darm- und Blasentätigkeit vermehrt. Gleichzeitig bleibt die Adrenalin-, Noradrenalin- und Cortisolausschüttung hoch.

6. Erschöpfung Dauert dieser Zustand zu lange an, erschöpft sich der Widerstand, und er ist nicht mehr fähig, sich angemessen zu verhalten. Durch die hohe Ausschüttung energierelevanter Stoffe entstehen Energiebereitstellungsprobleme. Eine Anpassung wird unmöglich, die Funktion des Immunsystems und der Geschlechtsdrüsen lässt nach, er hat kaum mehr Appetit und seine Fortpflanzungs- und Wachstumsprozesse sind gestört.

7. Tod Dieser Zustand kann zum Tod führen. Im geschilderten Beispiel kann der Urmensch nicht mehr schnell genug fliehen und wird gefressen.

Der Stressablauf beim modernen Menschen

Egal, ob Urzeit-Jäger oder moderne Führungskraft: Wird ein bedrohlicher Reiz erkannt, läuten im Gehirn die Alarmglocken. Es laufen bei beiden die gleichen körperlichen Reaktionen ab. Um die vermeintliche Gefahr zu kontrollieren, sucht das Gehirn ein Nerven-Verschaltungsmuster mit dazugehörendem Bewältigungsprogramm. Ist die Suche erfolgreich, wird der Alarm abgeblasen. Findet es kein passendes Verhaltensmuster, um die Bedrohung routiniert zu meistern, wird eine Kettenreaktion ausgelöst, die den Körper optimal auf die unbekannte Gefahr einstellt.

1. Orientierung ist häufig nicht ausreichend möglich, da zu viele Stressoren gleichzeitig wirksam sind: Natürlich haben wir es heute sehr selten mit direkt lebensbedrohlichen Stressoren wie Säbelzahntigern zu tun. Aber wir sind vielen Belastungen gleichzeitig ausgesetzt.

Dieser Daueralarm wird häufig auch durch unterschwellige Stressoren wie Lärm, Reizüberflutung oder durch psychische Situationen wie Frustration, Ärger und Angst ausgelöst.

Stellen wir uns nur einmal vor, man wacht morgens auf und stellt fest, dass man verschlafen hat, dann ist das schon ein kleiner Säbelzahntiger, mit dem man sich jetzt nicht auseinandersetzen kann. Man springt auf und rennt ins Bad. Vielleicht steigt man dabei auf einen spitzen Legostein, den das Kind liegen gelassen hat. Das ist der nächste kleine Säbelzahntiger. Man verbrüht sich die Zunge am zu heißen Kaffee, weil man ihn in Eile austrinkt, und auf dem Weg durchs Treppenhaus hält einen die Nachbarin auf, um mitzuteilen, dass man wohl vergessen habe, dass man mit der Treppenhausreinigung an der Reihe sei. Im Auto fallen einem die Kontoauszüge ein, die derzeit nicht besonders gut aussehen, usw. All das sind kleinere Stressoren, denen wir uns aber nicht ausreichend widmen können, weil wir zum Arbeitsplatz fahren müssen. Was machen wir mit diesen Stressoren?

Wir stecken alle diese kleinen »Säbelzahntiger« in einen Rucksack, und dort fauchen, beißen und kratzen sie. Wenn man nun an seinen Arbeitsplatz kommt, wünscht sich wahrscheinlich der Vorgesetzte, dass man diesen »Privatstress-Rucksack« vor dem Arbeitszimmer abstellt, aber das funktioniert nicht: Man trägt ihn den ganzen Tag auf dem Rücken. Genau wie man den »Arbeitsstress-Sack« mit nach Hause nimmt in die Familie.

2. + 3. Aktivierung Der heutige Mensch kann, im Gegensatz zum Tier und zum Urmenschen, oft weder fliehen noch kämpfen.

1. Wir können heutzutage nur noch wenige Stresssituationen, unserem biochemischen Alarmplan gemäß, mit Angriff oder Flucht bewältigen:

Wenn ein Auto auf uns zurast, retten wir uns durch einen blitzschnellen Sprung auf den Bürgersteig – ohne erst nachzudenken, wie wir uns verhalten sollen *(Flucht)*.

Auch beim sportlichen Wettkampf, z. B. Rudern, Radfahren, Sprint, Kampfsport, kann die Stressenergie im ursprünglichen Sinn genutzt werden: Der Läufer, der im Nacken den immer näher kommenden Gegner spürt, wird durch die »Kraftspritze« Stress neu mit Energie versorgt und beflügelt – es sei denn, er ist bereits überfordert und hat resigniert.

Für solche und ähnliche Situationen sind wir also hervorragend gerüstet. Doch wie häufig geschehen derartige Ereignisse in unserem Alltag?

Wer kann schon unangenehme Erlebnisse im Berufsalltag durch fluchtartiges Verlassen des Arbeitsplatzes oder aggressives Angehen des Widersachers (die unerledigte Akte, der schlechtgelaunte Chef) lösen? Was nutzt uns hier die Kraft in der Faust?

2. Die bei der Alarmreaktion bereitgestellten Energien werden zudem meist nicht ausreichend abgeführt und können in der Folge zu körperlichen Schäden führen (z. B. Erhöhung des Cholesterinspiegels, Herz-Kreislauf-Störungen usw.).

4. Erholung   Es ist leider kaum üblich, am Arbeitsplatz Erholungspausen einzulegen. In fernöstlichen Ländern ist das beispielsweise eine ganz normale Angelegenheit. Die Leistungsfähigkeit ist auf jeden Fall sehr viel besser, wenn man sich zwischendurch immer wieder kurz oder auch mal etwas länger erholt.

5. Überforderung   Die frei werdenden Energien richten sich aber, wenn sie nicht genutzt werden, oft gegen den eigenen Körper. Geht die Stresssituation schnell vorüber, fängt der Körper die Auswirkungen der Mobilmachung auf. Bei Daueralarm jedoch entsteht eine ständige Alarmbereitschaft wie in der **Widerstandsphase** beim Steinzeitmenschen. Die Folgen sind z. B. eine geschwächte Schilddrüsenfunktion und die Förderung entzündlicher Prozesse.

6. Erschöpfung   Diese führt bei zu hoher Intensität und/oder Dauer der Überforderung zu Erkrankungen, Fehlleistungen, Burnout etc. Es laufen dieselben biochemischen Prozesse ab wie beim Steinzeitmenschen. Langzeitfolgen können schwere Erkrankungen wie Hypertonie, Herz-, Kreislauf- und Nierenerkrankungen, Stoffwechselstörungen, Allergien und Entzündungskrankheiten oder psychische Erkrankungen sein.

7. Tod

Stressbedingte Todesursachen sind heute in erster Linie Herz-Kreislauf-Versagen, aber auch Unfälle sowie vorzeitiger Tod durch ungesunde Lebensweise im Dauerstress

In Japan ist es beispielsweise ein bekanntes häufiges Phänomen, dass Firmenangestellte im mittleren Alter u. a. aufgrund der extremen Loyalität gegenüber ihrem Unternehmen und daraus resultierender totaler Überarbeitung im Beruf einen plötzlichen Tod erleiden (Karoshi).

1. Orientierung
Oft nicht möglich, da zu viele,
überdauernde Stressoren wirken

2. Aktivierung
Körperliche und geistige Energien werden
nicht abgeführt

3. Anpassung
durch Angriff oder Flucht ist meistens eine
wenig sinnvolle Reaktion

4. Erholung
Ist in den Alltag wenig oder gar nicht integriert

———— positiver Stress ————

5. Überforderung
Entsteht durch ungenutzte frei gewordene Energien oder Dauerstress

6. Erschöpfung
Kann zu Burnout, Erkrankungen, Fehlleistungen führen

7. Tod
Durch Herz-Kreislauf-Versagen, Unfälle, ungesunde Lebensweise

Abb. 6: Stressablauf beim modernen Menschen

4. Individuelle Stressanalyse

4.1 Handlungsabläufe

4.1.1 Hintergrundinformationen

Wirksame Stressbewältigung erfordert zunächst eine Analyse des eigenen Verhaltens, auf das dann gezielt neue Handlungsmuster aufgebaut werden können. Deshalb wird zunächst die Fähigkeit zur individuellen Stressverhaltensanalyse trainiert. In persönlich relevanten Belastungssituationen wird das jeweilige Verhalten mit seinen Auslösern und Konsequenzen betrachtet.

4.1.2 Lernziele

Die Tn/Kl

→ wissen, dass erfolgreiche Stressbewältigung eine präzise persönliche Stressanalyse erfordert,
→ können eigene Handlungsabläufe nach dem S-O-R-K-Schema grob skizzieren,
→ beobachten sich selbst,
→ wissen, dass weitere Selbstbeobachtung wichtig ist.

4.1.3 Ablauf

Tn/Kl werden darüber informiert, wie wichtig eine umfangreiche Stressanalyse als Grundlage zu gezielter persönlicher Stressbewältigung ist.

Die wichtigsten Schritte der Verhaltensanalyse sind:

1. Erkennen der Belastungssituationen
2. Auswahl einzelner Situationen zur genaueren Analyse
3. Erarbeiten konkreter Situationsbeschreibungen mit Informationen wie:
   – Ort, Zeit, Handlung

- Häufigkeit, Konstanz bestimmter Elemente, Zusammenhang mit anderen Problemen
4. Beobachten und rechtzeitiges Erkennen von
   - Kognitionen und emotionalen Reaktionen
   - muskulären, vegetativen und verhaltensbezogenen Reaktionen
5. Identifizieren von
   - Nachwirkungen der Belastung (Konsequenzen)

Tn/Kl erarbeiten eigene Stressbeispiele, erstellen individuelle Stressoren-listen (S) (evtl. nach Priorität geordnet) und reflektieren ihre typischen Stressreaktionen (R) auf den Verhaltensebenen und eventuelle langfristige Stressfolgen (K). Die Tn/Kl werden ermuntert, sich selbst zu beobachten und weitere Stressoren sowie Reaktionen, aber auch Vermutungen über eigene Bewertungsmuster zu sammeln.

4.2 Persönliche Stressoren

4.2.1 Hintergrundinformationen

Stress ist eine **Aktivierungsreaktion** des **gesamten Organismus** mit seiner aktuellen Belastbarkeit, seinen Erfahrungen, seinen Motiven und Denk-mustern auf **Stressoren**, also auf alles, was individuell als Anforderung, als Bedrohung oder als Schaden **bewertet** wird.

Stressreaktionen variieren in Abhängigkeit von der jeweiligen Belas-tungssituation. Je nachdem, ob eine Situation Ärger, Furcht oder depressive Gefühle auslöst, werden die beteiligten Hormonsysteme in unterschied-lich starker Weise aktiviert. Außerdem wird die Art der Stressreaktion entscheidend durch die subjektive Kontrollierbarkeit der jeweiligen Be-lastungssituation bestimmt.

Nach dem **transaktionalen Ansatz** der Stressforschung (Lazarus, 1984) ist die Stressentstehung auf das Zusammenspiel zwischen Anforderungen und der individuellen Beurteilung der eigenen Ressourcen und Fähigkei-ten zurückzuführen. Die entscheidende Rolle kommt dabei den individuel-len Bewertungsprozessen zu.

Die Studien von Lazarus machen deutlich, wie wichtig die individuelle Einschätzung der Situation und der eigenen Bewältigungsmöglichkeiten für die Entstehung von Stress sind. Je nachdem, wie das Individuum die eigenen Möglichkeiten wahrnimmt, sowohl die gegebenen (»äußeren«) als die eigenen (»inneren«) Anforderungen zu erfüllen, wirkt sich maßgeblich auf das Stressgeschehen aus. Die Wirkung eines Stressors hängt von seiner Bewertung ab, d. h., Stress ist individuell.

Stressoren können (primär) bewertet werden als:

■ *Herausforderung:*

Man sieht die Chance einer erfolgreichen Bewältigung, eine evtl. schwer erreichbare, vielleicht risikoreiche, aber mit positiven Folgen verbundene Bewältigung der Anforderung bzw. deren Nutzen.

■ *Bedrohung:*

Mögliche negative Konsequenzen werden zu Recht oder Unrecht befürchtet.

■ *Schaden/Verlust:*

Diese Bewertung bezieht sich auf eine bereits eingetretene Schädigung, z. B. eine beeinträchtigende Kränkung.

Während Bedrohung und Schaden/Verlust mit negativen Emotionen (Angst, Ärger, Depression) einhergehen, ist Herausforderung durch ein eher positives emotionales Befinden gekennzeichnet; Energien werden

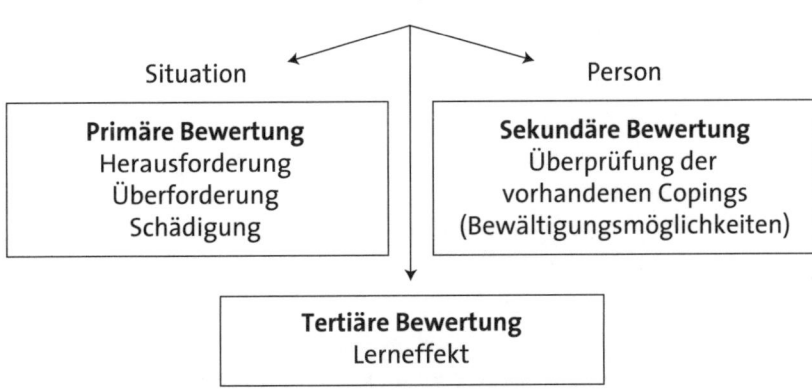

Abb. 7: Transaktionales Stressmodell

bereitgestellt und auf die Bewältigung des jeweiligen Stressors gerichtet. Gleichzeitig überprüft der Mensch die ihm zur Verfügung stehenden Bewältigungsmöglichkeiten (sekundäre Bewertung). Danach erfolgt die tertiäre Bewertung, was habe ich daraus gelernt, wie werde ich die gleiche Situation beim nächsten Mal beurteilen.

Aber auch Herausforderung – als zunächst positiver Anreiz – kann zur Gefahr werden. Das gilt für Personen, die sehr viele Situationen als Herausforderungen definieren und letztlich erleben, beispielsweise das Tennisspielen am Abend zunächst unter dem Gesichtspunkt des Gewinnenwollens, später dann des Gewinnenmüssens (Gefahr) oder des Verlierens (Schaden, Verlust). Es entsteht eine chronische Überforderungssituation, und es entwickelt sich das Muster des »Immer-gewinnen-Müssens«. Auf diesem Weg kann diese Herausforderung langsam zur Schädigung führen.

Die meisten Forscher gehen davon aus, dass Belastung die Leistung bis zu einem gewissen Grad fördert, zusätzliche Belastung jedoch zum Leistungsabfall führt. Diese kurvilineare Funktion ist als die neuropsychologische Dimension der Aktivierung von Malmo (1959) bekannt geworden und wird als »umgekehrte U-Funktion« bezeichnet. Sie geht auf das Gesetz von Yerkes & Dodson (1908) zurück, wonach der Nutzeffekt einer Leistung eine kurvilineare Funktion der Belastung darstellt. Brengelmann (1967) weist auf die Existenz qualitativ unterschiedlicher Belastungsfunktionen hin, die von der Art der Persönlichkeit abhängen. Manche Personen produzieren neben der invertierten U-Funktion auch lineare und sogar aufrechte U-Funktionen. Wichtige Persönlichkeitsdimensionen wie Extraversion, Neurotizismus und Leistungsmotivation spielen hier eine besondere Rolle.

♂ ♀ Genderspezifische Stressoren

Männer und Frauen unterscheiden sich oft hinsichtlich Stresserleben und -verhalten sowie im Umgang mit Stressoren.

Männer empfinden Stress am Arbeitsplatz und finanzielle Probleme als besonders belastend.

Sie leiden bei ungenügender Beförderung und unqualifizierter Tätigkeit. Stress wird bei ihnen auch häufig durch Konkurrenzverhalten, Zeitdruck sowie Karrierestreben ausgelöst. Männer sind obendrein belastenden Umgebungsfaktoren wie Lärm, Kälte, Hitze, grelles Licht, Erschütterungen, Rauch, Dämpfe häufiger ausgesetzt als Frauen. Von überlangen Arbeitszeiten sind vorwiegend Männer betroffen.

Sie haben häufiger als Frauen Stress, wenn sie sich eingeengt fühlen und eine Situation nicht unter Kontrolle zu haben, wie im Straßenverkehr oder als Beifahrer im Auto.

Neuerdings wird ein »**societal syndrome**« identifiziert, das als »Stressfaktor« hauptsächlich die männliche Population betreffe. Dieses Syndrom besteht aus den Faktoren Depression und Suizid, Aggression und Gewalt, psychosomatisch bedingter Herzerkrankungen, destruktiver Lebensstil hinsichtlich Sucht und Alkohol und riskanten Verhaltensweisen (im Straßenverkehr, am Arbeitsplatz, bei Sexualität). Besonders stark sei dieses Syndrom in Gesellschaften ausgeprägt, die (gravierende) Strukturveränderungen erfahren.

Vielen Studien entsprechend leiden **Frauen** – auch im internationalen Vergleich – stärker unter Stress und an Überforderungsreaktionen als Männer. Dieser Unterschied ist interessanterweise in mediterranen Ländern besonders ausgeprägt.

Doppelbelastung durch Familie und Beruf zählt zu den wichtigsten Stressoren von Frauen. Sie leiden besonders unter Problemen mit der Familie, z. B. durch die Pflege Angehöriger. Berufstätige Mütter kleiner Kinder (insbesondere Alleinerziehende), die wegen dieser Doppelbelastung ein schlechtes Gewissen haben, fühlen sich sehr belastet.

Zahlreiche Untersuchungen belegen, dass die Stressbelastung von verheirateten, berufstätigen Müttern am stärksten ist, wenn sie am Feierabend nach Hause kommen, während Männer (berufstätige Väter mit Kleinkindern) umgekehrt die Stressbelastung am Arbeitsplatz als am stärksten empfinden. Im häuslichen Bereich tradiert immer noch das alte Verhalten: Berufstätige verheiratete Frauen – mit und ohne Kinder – werden von ihren Männern im Haushalt nur unzureichend unterstützt. Stressfolgeerkrankungen und Angstattacken und Depressionen treten bei Müttern von kleinen Kindern häufig auf, ganz entgegen dem Klischee von der glücklichen Mutter mit ihrem wonnigen Baby. Berufstätige Mütter erwarten oft zu viel von sich selbst, versuchen, gleichzeitig Karrierefrau, fürsorgliche Mutter, attraktive und liebevolle Ehefrau und perfekte Hausfrau zu sein.

Auch Frauen im Management sind stärkerem Druck ausgesetzt, der aus beruflichen, familiären, sozialen und individuellen Bereichen stammt. Sie manifestieren mehr psychosomatische Symptome als männliche Manager. Wesentliche Gründe sind auch hier die Doppelbelastung Beruf/Familie durch rigide gesellschaftliche Bedingungen, mangelnde Kindertagesplätze, die Kitazeiten sind zusätzlich wenig kompatibel mit Arbeitszeiten, und nach wie vor zu geringe Unterstützung durch den Arbeitgeber (z. B. Firmenkindergärten, flexible Arbeitszeiten, attraktive Teilzeitarbeitsmodelle) sowie durch den Partner und die private Umwelt. Auch verheiratete Managerinnen übernehmen mehr Hausarbeit und Kinderversorgung als ihre Ehemänner.

Hausfrauen mit kleinen Kindern wiederum wird Stress kaum zugestanden; sie werden deshalb sogar belächelt und nicht ernst genommen.

Zusätzlich neigen viele Frauen dazu, bei beruflichen und privaten Missgeschicken sich selbst die Schuld (Selbstattribution) zu geben und dadurch unter Stress zu geraten.

Mangelndes weibliches Durchsetzungsvermögen und die Scheu, im Mittelpunkt zu stehen (z. B. bei Vorträgen), wirken sich ebenso belastend für diese aus.

Männer und Frauen unterscheiden sich auch hinsichtlich ihrer **Bewältigungsstrategien**. Im Vergleich zu Frauen fällt es Männern schwerer, sich soziale Unterstützung zu suchen. Vielmehr tendieren sie zu riskanten Verhaltensweisen, beispielsweise exzessivem Konsum von Alkohol, aggressiven Strategien oder Leugnen, um Belastungen zu begegnen. Frauen werden bei Stress oft passiv, ängstlich. Sie resignieren und ziehen sich zurück.

Spezifische Stressoren am Arbeitsplatz

Im neuesten Bericht der Europäischen Beobachtungsstelle für berufsbedingte Risiken (2008) wird erklärt, dass Stress das am zweithäufigsten genannte arbeitsbedingte Gesundheitsproblem in Europa ist. In der EU leiden bis zu 28 Prozent der Arbeitnehmer unter Stress am Arbeitsplatz (Merllie & Paoli, 2001). Über die Hälfte gibt an, unter hohem Zeitdruck zu arbeiten.

Stress am Arbeitsplatz nimmt zu. In Deutschland fühlt sich bereits jeder 4. Arbeitnehmer gestresst.

Für die Entstehung von dem heute bedeutendsten Stress – dem psychosozialen Stress – sind Angst vor Arbeitsplatzverlust (besonders bei Männern) und am Arbeitsplatz sowie geringere Handlungs- und Entscheidungsspielräume verantwortlich, die insbesondere Frauen in ihren (meist niederrangigen) Tätigkeiten zugestanden werden. Angst vor Arbeitsplatzverlust ist interessanterweise stressender als tatsächliche Arbeitslosigkeit (das Damoklesschwert). Als weitere Ursachen von psychosozialem Stress gelten:

Globalisierung, Beschleunigung der Arbeitswelt, fehlende Wertschätzung der Person und ihrer Arbeit, überlange Arbeitszeiten, hohe Anforderungen an Flexibilität und Mobilität, Termin- und Leistungsdruck, »Multiple-

Arbeit	▪ Globalisierung
	▪ Fusionierungen
	▪ Drohender Arbeitsplatzverlust
	▪ Fehlende Wertschätzung der Person und ihrer Arbeit
	▪ Geringe Handlungs- und Entscheidungsspielräume
	▪ Hohe Anforderungen an Flexibilität und Mobilität
	▪ Überlange Arbeitszeiten
	▪ Termin- und Leistungsdruck
	▪ Informationsüberflutung (z. B. durch E-Mail)
	▪ Störungen bei der Arbeit
	▪ »Multiple-tasks«-Situationen und Jobenrichement
	▪ Großraumbüros oder das »mobile Büro«
	▪ Viele Kurzreisen, aber auch zunehmende Fernreisen mit anschließendem Jetlag
	▪ Telefon- und Videokonferenzen
	▪ Häufige Meetings ohne erkennbare Ergebnisse
	▪ Konkurrenzdruck
	▪ Nacht-/Schichtarbeit
	▪ Unterforderung
	▪ Überforderung
	▪ Existenzangst
	▪ Hektischer Arbeitsablauf
Familiäre und Beziehungsprobleme	▪ Finanzielle Belastungen
	▪ Unzufriedenheit in der Beziehung
	▪ Fehlende Rückzugsmöglichkeiten
	▪ Sexuelle Probleme
	▪ Streitigkeiten mit dem Partner
	▪ Rollenunklarheit
	▪ Pflege von kranken Angehörigen
	▪ Einsamkeit
	▪ Trauer
	▪ Scheidung
	▪ Schulprobleme der Kinder
Risikofaktoren	▪ Lärm
	▪ Einseitige Bewegungsabläufe
	▪ Mangelnde Bewegung
	▪ Unausgewogene Ernährung
	▪ Übergewicht
	▪ Unzureichender Schlaf
	▪ Rauchen
	▪ Hoher Alkoholkonsum
	▪ Regelmäßige Medikamenteneinnahme
	▪ Drogen

Abb. 8: Stressoren

tasks«-Situationen und Jobenrichement, Informationsüberflutung (z. B. durch E-Mail), Störungen bei der Arbeit, Großraumbüros oder das »mobile Büro«, Fusionierungen, viele Kurzreisen, aber auch zunehmende Fernreisen mit anschließendem Jetlag, Telefon- und Videokonferenzen, häufige Meetings ohne erkennbare Ergebnisse

Während körperliche Belastungen oder belastende Umgebungsbedingungen an spezifische Tätigkeiten und Arbeitsbereiche gekoppelt sind, können psychische Belastungen an jedem Arbeitsplatz auftreten.

Neuere Untersuchungen haben gezeigt, dass v. a. die sogenannten **Gratifikationskrisen** eine negative Wirkung haben. Der Soziologe Johannes Siegrist (Siegrist, 2005) versteht darunter ein Ungleichgewicht, das durch einen Mangel an Anerkennung, Karrierechancen und Gehalt gegenüber den gestellten Anforderungen, wie z. B. die eingebrachte Motivation und Leistung, gekennzeichnet ist. Zu Gratifikationskrisen kommt es häufig, wenn eine Arbeitsplatzalternative fehlt, wenn Arbeitsverträge aus strategischen Gründen zuungunsten für den Arbeitnehmer ausfallen und für einen längeren Zeitraum aufrechterhalten werden und wenn der Betroffene dazu neigt, sich zu verausgaben und dabei sowohl Anforderungen als auch Entlohnungen unrealistisch einschätzt. Beschäftigte, die ihre Situation als Gratifikationskrise erleben, erleiden häufig Burnout, haben ein stark erhöhtes Risiko, depressive Symptome zu entwickeln. Koronare Herzerkrankungen treten bei Personen mit Gratifikationskrisen deutlich häufiger auf.

4.2.2 Lernziele

Die Tn/Kl

→ erleben eventuell Stress im Seminar (z. B. durch Biofeedback-Demonstration)
→ wissen, was Stressoren sind
→ sind informiert über die möglichen Wirkungen von Stressoren
→ kennen einige ihrer persönlichen Stressoren und Stressreaktionen
→ wissen, worauf es bei der Selbstbeobachtung in Belastungssituationen ankommt
→ setzen sich kritisch mit eigenen typischen Belastungssituationen auseinander
→ wissen, in welchen Bereichen ihre Bewältigungsstrategien mangelhaft sind
→ kennen Situationen, in denen neue Verhaltensstrategien im Kurs oder als Hausaufgabe eingeübt werden können

→ können sich mit anderen kritisch darüber auseinandersetzen

→ wissen, was die anderen Tn/Kl belastet

→ wissen, woran sie die »richtige« Stressdosis erkennen können

→ können Stress in der Interaktion analysieren

→ wissen, woran sie Unter-/Überforderung erkennen können

→ kennen den Zusammenhang Leistung – Stress

4.2.3 Ablauf

Bezugnehmend auf die bisher gesammelten Beispiele (z. B. beim S-O-R-K-Schema) wird das Thema Stressoren intensiver behandelt. Wenn vorhanden, können zur Demonstration Biofeedbackgeräte eingesetzt werden, indem man einzelne Tn/Kl mit Aufgaben (»Ich habe eine Aufgabe für Sie« etc.) oder unangenehmen Situationen (Ankündigung eines Nadelstichs) konfrontiert. Dadurch lässt sich zeigen, wie schnell Alltagsdinge als Stressoren bewertet werden.

Je nach Zielgruppe werden typische Stressoren kurz diskutiert (z. B. im Betrieb: Termindruck, Stellenabbau, Konkurrenz).

Auch die Interaktion zwischen Personen in der gegenseitigen Wechselwirkung bzw. Stressaufschaukelung kann kritisch beleuchtet werden (z. B. in der Familie, am Arbeitsplatz).

Stressdosis

Wichtig ist auch die Stressdosis als entscheidender Faktor stressfördernder oder überfordernder Wirkung. Kriterien sind Häufigkeit, Vielfalt, Dauer und Aversivität.

Von Bedeutung ist ebenso der Zusammenhang Stress – Leistung/ Stress – Wohlbefinden:

Da die Mehrzahl der Tn/Kl die besten Leistungen bei mittlerer Stressdosis zeigt, wird hierauf speziell eingegangen.

Mittlere Stressdosis bedeutet optimale Leistung und Wohlbefinden. Kriterien der Unter- und Überforderung werden diskutiert.

Informationen für Tn/Kl

Bei Stress wird durch das allgemeine Anpassungssyndrom sofort eine erhöhte Aufmerksamkeit und Reaktionsbereitschaft ausgelöst: auf der Gefühlsebene Wut oder Angst, auf der Neurohormonebene die Aktivierung

▶

der Sympathikus-Nebennierenmark-(Adrenalin und Noradrenalinausschüttung) und der Hypothalamus-Hypophysen-Achse (Ausschüttung der Stressbremse Cortisol), auf der systemischen Ebene die Stimulation von Kreislauf und Stoffwechsel.

Vereinfacht dargestellt reagieren zunächst die höheren Hirnfunktionen, die Frontallappen, die für alle exekutiven Funktionen zuständig sind, nämlich Ordnen und Priorisieren der Informationen, Planen, Entscheiden, all das, was ein vernünftiger Mensch so tut. In den tieferen Hirnzentren sind die entwicklungsgeschichtlich uralten Überlebensfunktionen angesiedelt, die Schlaf, Hunger, einfache Emotionen und andere vegetative Funktionen regulieren. Solange wir die Daten und Anforderungen im Kortex meistern können, entstehen diese positiven Emotionen, wir bleiben aufmerksam. Zusätzlich kommt es bei länger anhaltender Belastung zur Freisetzung von ACTH (adrenocortikotropes Hormon) aus der Hirnanhangsdrüse, das wiederum die Sekretion von Cortisol aus der Nebennierenrinde anregt. Wir sind somit gut gewappnet für vielfältige Anforderungen.

Stress im mittleren Ausmaß ist gesund und führt zu optimalen Leistungen, erst die Überdosis macht krank. Die Arbeitsergebnisse werden schlechter, Fehler häufen sich, man fühlt sich unwohl. Durch unser hyperaktives Umfeld entsteht oft ein nicht endendes Feuerwerk von Stressoren, obendrein muss unser Gehirn heute solche Datenmengen verarbeiten wie nie zuvor. Kann die Flut von gleichzeitig einströmenden Anforderungen vom Gehirn nicht mehr mit normalem Aufwand gelöst werden, gerät das Gehirn an seine Leistungsgrenze. Das sogenannte Hotsystem schaltet sich ein, die Reize werden noch vor der hormonellen Reaktion zu tiefer liegenden Hirnstrukturen geleitet und erzeugen Angst, Ungeduld, Wut oder Panik. Wir reagieren, als ob uns ein Säbelzahntiger gegenüberstünde und nicht der fünfte verschobene Termin nach vier Telefonaten mit sich widersprechenden Informationen und Forderung nach schnellen Entscheidungen. Wir sind auf aggressiven Angriff oder angstvolle Flucht programmiert. Dieser Überlebensmechanismus ist jedoch bei einer schwierigen Entscheidung, die eigentlich unsere kortikalen Fähigkeiten wie Intelligenz benötigt, kontraproduktiv. Die tieferen Hirnregionen steuern nun die höheren, diese wiederum sind damit beschäftigt, mit deren Warnsignalen fertig zu werden, und arbeiten noch intensiver: ein Teufelskreis.

Stressoren sind *innere und äußere Anforderungen*. Der Organismus teilt die auf ihn einwirkenden Reize in positive und negative ein. Alles, was vermutlich nützlich, angenehm, befriedigend ist, wird positiv gewertet; alles, was möglicherweise unangenehm, bedrohlich oder überfordernd ist, *nega-*

tiv als *Stressor*. Das können auch durchaus positive Reize sein, die zu plötzlich, zu massiv oder zu intensiv auftreten oder mit denen man momentan nicht umgehen kann bzw. das zumindest glaubt.

Man bewertet Situationen als Herausforderung (z.B. eine interessante, aber schwierige Aufgabe), als Gefahr (eine Schädigung wird befürchtet, z.B. eine öffentliche Blamage) oder gar als Schädigung (der Schaden ist eingetreten, z.B. Verlust des Auftrages).

Wie sich in den letzten Jahren gezeigt hat, sind gerade die kleinen täglichen Ärgernisse für die Entstehung von Stressfolgeschäden besonders bedeutend. Wer sich täglich am Arbeitsplatz mit Intrigen, Ärgernissen und schlechter Stimmung konfrontiert sieht oder sich in einer Dauerfehde mit dem Wohnungsnachbarn befindet, leidet unter chronischem Stress.

Da die Bewertung abhängig von den persönlichen Erfahrungen, der Konstitution und der Verfügbarkeit von Bewältigungsstrategien stark variiert, können ganz unterschiedliche Reize als Stressoren erlebt werden.

Stress ist individuell

Alle denkbaren Umweltsituationen, die vom Individuum als unangenehm und/oder bedrohlich erlebt werden, können Stressauslöser sein. Enttäuschungen, die Angst zu versagen, Überforderung, Unsicherheit in der Beurteilung der Situation sind meist besonders starke Stressoren.

Die Stressdosis wird bestimmt durch Häufigkeit, Vielfalt, Dauer, Intensität, mit der Stressoren auf den Organismus einwirken, und durch die individuelle Bewertung (Aversivität).

Stress fördert die Weiterentwicklung und spornt zu Leistung an. Solange wir uns in der Anpassungsphase befinden, kann Stress uns sogar zu Höchstleistungen bringen (Herausforderung). Jede körperliche oder geistige Anstrengung, jede Problemlösung benötigt ein gewisses Ausmaß an Stressenergie. Der Volksmund sagt ganz richtig: »Wer rastet, rostet.« Spitzenleistungen sind ohne kontrollierten Stress kaum möglich: Der Athlet, der sich psychisch auf den Wettkampf eingestellt hat und seine Stressreaktionen genau kontrolliert, setzt im richtigen Moment die bereitgestellte Energie zur Höchstleistung ein. Schauspieler sagen: »Ich spiele am besten, wenn ich etwas Lampenfieber habe.« Stress ist zunächst positiv, erst das Übermaß macht krank!

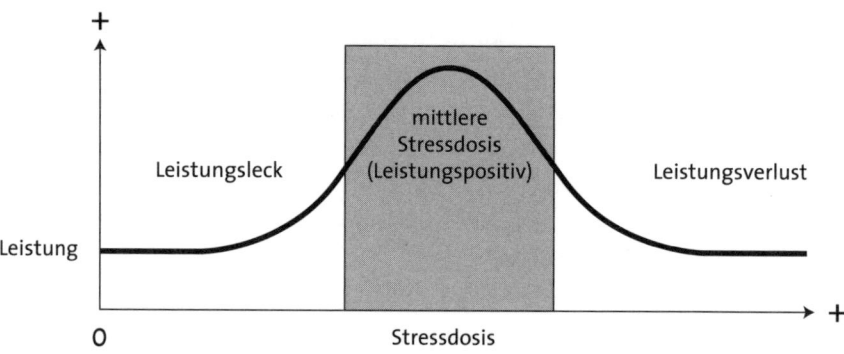

Abb. 9: Beziehung zwischen Leistung und Stress

Die Beziehung zwischen Leistung und Stress entspricht einer umgekehrt U-förmigen Kurve. Von dem durch Unterforderung erzeugten Leistungstief erhöht sich mit steigendem Stress die Nutzung der Erregung, bis zur optimalen Leistung bei einem mittleren Ausmaß von Stress. Bei weiterer Zunahme der Stressereignisse erfolgt dann Leistungsabbau bis hin zur Leistungsunfähigkeit.

Leistung und Stress

Anzeichen für *Unterforderung:*

- man fühlt sich häufig unwohl
- man ist gelangweilt und wenig motiviert
- die Leistung ist schlecht
- Leichtsinnsfehler treten auf
- man läuft »untertourig«
- ...

Im Bereich der mittleren Stressdosis:

- fühlt man sich wohl
- macht die Arbeit Spaß
- treten nur wenige Stressreaktionen auf
- fühlt man sich angespornt
- zeigt man gute Arbeitsergebnisse
- ...

Anzeichen für *Überforderung:*

- man fühlt sich überfordert
- man zeigt zunehmende Stressreaktion
- man wird planlos oder resigniert
- die Leistung wird immer schlechter
- Fehler häufen sich
- die Krankheitsanfälligkeit steigt
- …

Man kann Tn/Kl auffordern, eigene Stressorenlisten zu erstellen (kann auch mithilfe eines Stressfragebogens erfolgen; siehe Arbeitsblatt) und dabei die stressenden Merkmale zu erarbeiten. Sinnvoll ist (je nach Gruppe) bereits das Erstellen erster Handlungsketten sowie Vermutungen über eigene Bewertungsmuster.

Nach der Einzelarbeit tauschen sich Tn/Kl in »Kleingruppen« über ihre persönliche Stressanalyse aus. Durch den gegenseitigen Austausch sollen die Tn/Kl auch ihre Fähigkeiten verbessern, Stressoren anderer Personen zu erkennen und zu akzeptieren: Stress ist individuell!

In 3er-Kleingruppen kann das folgendermaßen ablaufen:

Person A berichtet über ihr Stressbeispiel, die anderen Personen hören zu, bewerten nicht und machen auch keinerlei Lösungsvorschläge, was den Tn/Kl häufig sehr schwerfällt. Einzige Aufgabe der anderen beiden Personen ist es, durch offen formulierte Schlüsselfragen der betroffenen Person zu helfen, ihr Stressbeispiel zu analysieren. Solche Schlüsselfragen könnten z. B. sein: Welche Personen sind dabei beteiligt? Seit wann besteht dieses Problem etc.?

Der Fragebogen, der im Laufe der Jahre aus Seminarerfahrungen der Autorin und ihres Teams von Mensch und Management mit Führungskräften und anderen Zielgruppen entstanden ist, kann eine Hilfestellung zur eigenen Stressanalyse sein.

Fragebogen zur persönlichen Stressanalyse

Dieser Fragebogen kann Ihnen dabei helfen, Ihre Stressoren zu erfassen. Entscheiden Sie, welche Situationen persönlich zutreffend sind, und ergänzen Sie die aufgelisteten Stressoren um weitere persönlich bedeutsame Situationen. Beurteilen Sie, wie unangenehm die jeweilige Stresssituation für Sie ist (Bewertung).

Arbeitsblatt 1: Stressorenfragebogen

Stressoren	Häufigkeit				x	Bewertung				= Belastung
	0	1	2	3		0	1	2	3	(Punkte)
	nie	selten	häufig	sehr oft		nicht störend	kaum störend	recht störend	stark störend	
1. Termin-, Leistungsdruck										
2. Multitasking										
3. Dienstreisen										
4. Ungenaue Anweisungen und Vorgaben										
5. Zunehmende Verantwortung										
6. Aufstiegswettbewerb/Konkurrenz-kampf										
7. Konflikte am Arbeitsplatz										
8. Bildschirmarbeitsplatz										
9. Ärger mit Kunden/Kollegen										
10. Ungerechtfertigte Kritik										
11. Ständige Erreichbarkeit										
12. Dauerndes Telefonklingeln										
13. Informationsüberflutung										
14. Geringe Wertschätzung										
15. Störungen, z. B. bei der Arbeit										
16. Umweltbelastungen wie Lärm oder Schmutz										
17. Mangelhafte Kommunikation										
18. Autofahrt in Stoßzeit										
19. Doppelbelastung Familie/Beruf										
20. Streiterei										
21. Fehlende Kontakte										
22. Schwierigkeiten bei Kontaktaufnahme										
23. Ärger mit Verwandten										
24. Krankheitsfall in der Familie										

Stressoren	Häufigkeit				x	Bewertung				= Belastung
	0	1	2	3		0	1	2	3	(Punkte)
	nie	selten	häufig	sehr oft		nicht störend	kaum störend	recht störend	stark störend	
25. Ärztliche Untersuchungen										
26. Hausarbeit										
27. Rauchen										
28. Alkoholgenuss										
29. Falsche Ernährung										
30. Bewegungsmangel										
31. Unerfreuliche Nachrichten										
32. Hohe laufende Ausgaben, Schulden										
33. Konflikte mit Kindern oder Partner										
34. Zu wenig Schlaf										
35. Fehlende Erholungszeiten										
36. Trennung vom (Ehe-)Partner / von der Familie										
37. Einkaufen in der Stoßzeit										
38. Misserfolge										
39. Sorgen										
40. Unzufriedenheit mit sich selbst										
Eigene Beispiele										
41.										
42.										
43.										
44.										
45.										

← Anzahl Stressoren

Gesamtpunkte →
Geteilt durch die Anzahl der Stressoren →
Gesamtergebnis →

Auswertung

Einzelne Stressoren

Jedes einzelne Produktergebnis mit einem Wert ab vier, insbesondere aber ab sechs, sollten Sie genauer analysieren – egal, wie Ihr Gesamtergebnis ausgefallen ist. Überlegen Sie: Lässt sich der Stressor dauerhaft – oder zumindest gelegentlich – in Häufigkeit oder Intensität reduzieren? Lässt er sich vielleicht ganz vermeiden? Gibt es eine Möglichkeit, die Anforderung anders zu bewältigen als bisher? Falls Sie derzeit wenig Chancen zur Veränderung der Umstände sehen: Können Sie an Ihrer Einstellung arbeiten? Ist der Stressor wirklich so wichtig und unerträglich? Oder schaffen Sie es, ihm gelassener zu begegnen?

Gesamtauswertung

bis 1,5:
Wunderbar, Sie befinden sich im grünen Bereich! Offensichtlich können Sie gut mit Ihren Anforderungen umgehen und bewerten viele typische Stressoren positiv als Herausforderung. Sie fühlen sich stresskompetent und gehen mit gesundem Optimismus an den Alltag heran.

In Situationen, in denen anderen alles über den Kopf wächst, bewahren Sie Gelassenheit, unterscheiden Wichtiges von Unwichtigem, wissen, was Sie ändern können und was nicht.

Gehen Sie weiter Ihren individuellen und bewährten Weg und reflektieren Sie von Zeit zu Zeit Ihre Bewältigungsstrategien. Dadurch erreichen Sie mehr Flexibilität in Ihrem Handeln, v. a. dann, wenn unerwartete oder neue Herausforderungen auf Sie zukommen.

1,6 bis 2,9:
Stress macht Ihnen immer wieder zu schaffen, aber er überrollt Sie nicht. Sie können mit den täglichen Anforderungen mehr oder weniger souverän umgehen. Lernen Sie von sich selbst: Wie unterscheiden sich die Situationen, in denen Sie stresskompetent sind, von denen, die Sie belasten? Was machen Sie anders? Versuchen Sie, Ihre vielleicht bisher gar nicht bewusst angewandten Stressbewältigungsmethoden auf Situationen zu übertragen, die Ihnen bislang noch zu schaffen machen. Achten Sie darauf, vor allem in bewegten Zeiten etwas für Ihr Wohlbefinden zu tun. Füllen Sie Ihre Energietanks täglich auf. Der morgendliche oder abendliche Spaziergang, eine kurze Entspannungsübung oder ein ausgleichendes Hobby können helfen, Sie in Balance zu halten.

3 bis 4,5:

Sie stehen zu stark unter Stress. Es ist Zeit, etwas zu verändern. Wahrscheinlich haben jahrelange Belastungen oder einzelne aktuelle Ereignisse Ihr Erregungsniveau erhöht: Sie ärgern sich öfter, sorgen sich mehr oder resignieren häufiger als früher. Ihre Leistungsfähigkeit ist gesunken, vielleicht machen Sie mehr Fehler oder sind nicht mehr so kreativ. Sie erholen sich langsamer und können nicht mehr so gut abschalten. All das sind typische Stressfolgereaktionen.

Analysieren Sie zunächst, was Sie besonders belastet: Sind es wenige stark störende Stressfaktoren oder ist es eine große Menge von Stressoren? Beides beeinträchtigt die persönliche Zufriedenheit und Gelassenheit. Können Sie den einen oder anderen Stressfaktor ausschalten oder reduzieren (siehe oben, einzelne Stressoren)?

Definieren Sie heute als belastend oder überfordernd, was Sie früher positiv als Herausforderung erlebt haben? Sind Sie insgesamt ungeduldiger und hektischer? Dann sollten Sie versuchen, sich mehr kleine Pausen und positive Rituale zu gönnen. Setzen Sie der emotionalen Bewegung, dem Ärger, mehr körperliche Bewegung entgegen und probieren Sie aus, ob Ihnen autogenes Training oder Übungen zur Muskelentspannung helfen. Analysieren Sie Ihre Gedanken in Stresssituationen: Welche bringen Sie weiter, welche verschlimmern Ihre Lage (»Das halte ich nicht mehr aus …«)?

über 4,5:

Gefahrenzone! Sie erleben viel zu häufig und viel zu massiv Stress! Wenn Sie ganz ehrlich sind, werden Sie wahrscheinlich feststellen, dass Sie sich verändert haben. Sie fühlen sich nicht mehr richtig wohl, der Alltag oder bestimmte Aufgaben strengen Sie viel mehr an als früher. Sie wissen, dass Sie zu wenig Erholungszeiten haben, und können sie vermutlich nicht richtig genießen. Vielleicht brauchen Sie »kleine Helfer« wie Alkohol, um überhaupt einmal abzuschalten, und leiden unter Beschwerden wie Kopfschmerzen, Schlafproblemen oder häufigen Infektionen. Es ist höchste Zeit, etwas zu unternehmen, sonst können Sie ernste Folgeschäden davontragen!

Analysieren Sie genau, was Sie besonders belastet, und erlernen Sie Methoden zur Stressbewältigung: Bei massivem Stress ist es oft sehr schwierig, ganz ohne Hilfe eine grundlegende Veränderung der Stressoren, des eigenen Lebensstils oder gar der persönlichen Einstellung zu sich selbst und zum Leben zu erreichen. Vielleicht hilft Ihnen die Unterstützung durch einen Psychotherapeuten oder ein Stress- und Entspannungskurs, wie ihn viele Krankenkassen oder Kureinrichtungen anbieten.

Machen Sie sich klar, dass Ihr Umgang mit Stress nicht nur Ihr eigenes Leben betrifft. Auch Freunde, Kollegen und vor allem die Familie haben zu leiden, wenn jemand permanent stark unter Druck steht!

4.3 Personenspezifische Faktoren (Organismus)

4.3.1 Hintergrundinformationen

Typ-A- und Typ-C-Verhaltensmuster

Die Stressforschung beschreibt zwei Stresstypen: Typ A und Typ C.

Stresstyp A: Friedman & Roseman (1959, 1974) haben zuerst eine Stress-Persönlichkeitstypologie geschaffen: Typ A weist Aspekte auf wie chronischen Zeitdruck, intensiven Ehrgeiz und Arbeitseinsatz, Abneigung gegenüber Ineffektivität und Trödelei, Übergenauigkeit und Ungeduld (Weber, 2005). Solche Menschen bestreiten einen unaufhörlichen Kampf, um eine unbegrenzte Anzahl schlecht definierter Ziele zu realisieren (Friedman, 1969). Jenkins (1978) und andere Autoren sprechen auch von einer Mischung von Feindseligkeit, Reizbarkeit, Ungeduld, Leistungsorientiertheit und hartem Stakkato-Sprachstil. Dies entspricht einer generalisierten Übererregtheit im Verhalten, die einer Übererregung des autonomen Nervensystems zugeschrieben wird.

Das Typ-A-Verhaltensmuster entspricht der Angriffskomponente des ursprünglichen Stressmechanismus (»Kämpfernatur«). Dieses Verhalten lässt sich am besten daran erkennen, wie eine Person auf herausfordernde oder frustrierende Situationen reagiert. Nach den Einschätzungen von Friedman und Roseman sind nur ca. 10% aller männlichen Angestellten Typ-A-Menschen, von Managern sind es laut einer kanadischen Studie 76%. Bei Führungskräften tritt dieses Verhaltensmuster oft auf. Da die beschriebenen Verhaltensweisen zunächst ein erfolgreiches Arbeitsverhalten fördern, ist dies auch nicht sonderlich erstaunlich. Möglicherweise wird durch bestimmte Arbeitsbedingungen auch ein Teil der obengenannten Verhaltensmuster produziert.

Neuerdings wird er auch als Adrenalintyp (wegen der sympathikotonen Übererregung, Aktivierung der Sympathikus-Nebennierenmark-Achse) beschrieben. Das Typ-A-Verhaltensmuster hat sich in mehreren epidemiologischen Studien als eigenständiger Risikofaktor für Erkrankungen des Herz-Kreislauf-Systems erwiesen: Das Risiko, an einem Herzinfarkt zu erkranken, ist doppelt so hoch wie für andere Menschen. Vor allen Din-

Abb. 10: Typ A

gen Feindseligkeit gilt als »der« Gesundheitsrisikofaktor (Mittag, 1999). Schon Brengelmann (1987) konnte einen engen Zusammenhang zwischen *hohem Erfolgsstreben* bei gleichzeitig intensiven *Stressreaktionen* und *vegetativen Erkrankungen, z. B. Herz-, Kreislaufbeschwerden,* zeigen. Diese Zusammenhänge wurden bei einigen tausend Managern und Polizeibeamten aus der BRD und der Schweiz nachgewiesen. Man verausgabt sich bis zum Schluss, aber der Leidensdruck ist meist gering. Oft tritt er erst nach jahrelangem Raubbau, z. B. wenn der erste Herzinfarkt ein Signal setzt, auf.

Neuere Untersuchungen zeigen, dass das Typ-A-Konzept nicht generell gültig ist. So ist die Überlebensrate von Typ-A-Personen nach einem Herzinfarkt höher als bei anderen Herzinfarkt-Patienten. Vermutlich ist das Typ-A-Verhaltensmuster hilfreich bei der Einhaltung der Rehabilitationsmaßnahmen. Es gilt also, spezifische gesundheitsschädigende Faktoren aus dem Typ-A-Verhaltensmuster herauszufinden. Neueren Untersuchungen zufolge sind besonders feindseliges Verhalten und Tendenz zu Ärger wichtige Prädiktoren für Koronarsklerosen. Besonders kritisch ist die Kombination von hohem Erfolgsstreben und intensivem Stress, wenn Situationen sich häufen, in denen einerseits ein hohes Ausmaß an Anstrengung erforderlich und andererseits der Misserfolg sehr wahrscheinlich ist.

Stress-Typ C: Dieser wird auch als Krebstyp (cancer) oder neuerdings in der Biochemie und Biopsychologie als Cortisoltyp bezeichnet, da er über die Aktivierung der Hypothalamus-Hypophysen-Nebennierenrinde-Achse die Adrenalinausschüttung frühzeitig durch die Freisetzung der Corticotropin-Releasing-Hormone (CRH) hemmt.

Typisch bei C-Verhalten sind z.B. Verleugnen von Gefahren, Vermeidung von Konflikten, kooperatives Verhalten, scheinbare Gelassenheit, Unterdrücken negativer Emotionen, Nachgiebigkeit (Temoshok, 1987). Sie gehen Konflikten aus dem Weg und versuchen sich anzupassen, stellen die eigenen Bedürfnisse hintenan. Bei Problemen, Streit oder Konflikten suchen sie bei sich selbst die Schuld.

Ein ähnlich starker Zusammenhang, wie er für den Typ A und einem erhöhten Risiko von Herz-Kreislauf-Beschwerden nachgewiesen wurde, ist für den Typ C und die Wahrscheinlichkeit von Krebserkrankungen eher fraglich. Vielmehr geht man davon aus, dass es durch das Verhaltensmuster des Typ C zu einer Schwächung des Immunsystems kommt, in deren Folge ein erhöhtes Krebsrisiko besteht (Knoll, Scholz & Rieckmann, 2005).

Hellhammer und Kirschbaum (1990) zufolge ist die Folge der hohen Cortisolausschüttung für die Schwächung der Immunabwehr verantwortlich, was wiederum u.a. die Vermehrung von Krebszellen begünstigen soll.

Das Verhaltensmuster der Typ-C-Persönlichkeiten ist aber möglicherweise auch erst die Folge einer Krebsdiagnose.

Diskutiert wird zurzeit die Wirkung des CRH auf Depressivität, Allergien, Neurodermitis (Holsboer, 1999) sowie Nachlassen der Gedächtnisleistung und Abbau weiterer kognitiver Funktionen.

4.3.2 Lernziele

Die Tn/Kl

→ wissen, dass personenspezifische Variablen die Bewertung beeinflussen
→ kennen verschiedene Stresstypen
→ erkennen eigene personenspezifische Stress auslösende Bedingungen
→ kennen Signale für Überforderung
→ wissen, welche Bedeutung Einstellungen für die Entstehung von Stress haben.

4.3.3 Ablauf

Bereits vom ersten Treffen, dem Beginn des Seminars an werden Einstellungen (»Stress ist individuell, auf die Bewertung kommt es an«) hinterfragt und bei der Stressdefinition bzw. -analyse benannt. Zusätzlich werden sporadisch passende Anekdoten erzählt und dabei (freundlich-humorvoll-direktiv bis provokativ oder durch Blickkontakt oder Hinweis auf persönliche Berichte) Tn/Kl auf eigene Stress erzeugende und »irrational beliefs« hingewiesen.

Anhand der Tn-Beispiele werden für den Tn-Kreis typische Bewertungen (z. B. »I'm the winner«, »Man kann sich auf niemanden verlassen«) kritisch diskutiert sowie die kurz- (oft Anerkennung) und langfristigen (z. B. Herzinfarkt) Folgen erarbeitet.

Typ-A-Verhalten

Detailliert werden das Typ-A-Verhalten (Konkurrenz, Ärger, überzogener Ehrgeiz, Perfektionismus, Ungeduld, Hektik) und die erhöhte Korrelation zu Herz-Kreislauf-Erkrankungen beschrieben.

Erfolgsorientierung und Stress

Erfolgsorientierung wird als zunächst positiv beschrieben (Brengelmann, 1993). Der Zusammenhang zwischen hoher Erfolgsorientierung und wenig Stress ist bei gesunden Managern zu finden. Hohe Erfolgsorientierung und hoher Stress existieren zum Beispiel bei Herz-Kreislauf-Erkrankungen (siehe Typ A).

Informationen für Tn/Kl

Die Einstellung, Persönlichkeit, Fertigkeiten und Bewältigungsstrategien sowie die Belastbarkeit der Person beeinflussen die Interaktion mit dem jeweiligen Stressor. So kommt es zu einer Bewertung der jeweiligen Situation.

Sogar eine objektiv gefährliche Situation löst nur dann eine Stressreaktion aus, wenn die betreffende Person die Gefahr erkennt und glaubt, über keine geeigneten Bewältigungsstrategien zu verfügen.

Beispiel: Der kleine Junge, der gerade erst Rad fahren gelernt hat, wird völlig angstfrei und mit Begeisterung einen steilen Berg hinuntersausen. Er erkennt die Gefahr nicht und glaubt, der Situation gewachsen zu sein.

▶

Ebenso können an sich neutrale Situationen unangenehm erlebt werden und Stress erzeugen.

Beispiel: Die Benachrichtigung über eine Einschreibsendung im Briefkasten löst beim Gang zur Post die schrecklichsten Befürchtungen aus. Dann stellt sich heraus, dass es sich nur um die neue Scheckkarte handelt.

Menschen unterscheiden sich auch hinsichtlich der Bewertung der eigenen Stressreaktionen. Der eine stellt seine Stressreaktion lediglich fest, der andere regt sich darüber auf und steigert sich hinein.

Fall-beispiel

Herr D. macht Urlaub in Spanien. Während seine Familie badet, liest er eine deutsche Tageszeitung und ärgert sich über die schlechte Börse. Zwischendurch checkt er am Laptop seine eingegangenen E-Mails und schimpft laut vor sich hin. Dann beobachtet er den nahe gelegenen Parkplatz. Er erkennt nach kurzer Zeit, dass die Parkplätze am Strand nicht optimal genutzt werden. Zunächst teilt er diese Tatsache aufgebracht seinem Liegestuhlnachbarn mit. Am zweiten Tag hält es ihn nicht mehr am Strand, er springt auf und dirigiert schwitzend und mit hochrotem Kopf die Autofahrer und denkt dabei: »Höchste Zeit, dass hier einer was tut, so kann das nicht weitergehen.«

Herr D. ist nur dann zufrieden, wenn er aktiv ist und Leistung erbringt. Er hat nur wenig Geduld mit sich und anderen, er ärgert sich oft über seine Mitmenschen, die Gesellschaft, Politik usw. Das Leben an sich zu genießen hat er nie gelernt. Dementsprechend treten körperliche Beschwerden (häufige Kopfschmerzen) auf, die er selbst aber nicht in Zusammenhang mit seinem Lebensstil bringt.

Personen, die diesem Verhaltensmuster entsprechen, nennt man Typ-A-Menschen. Im Allgemeinen wird damit eine Kombination von hohem Leistungsstreben, Konkurrenzdenken, Ungeduld, Perfektionismus, hohem Verantwortungsbewusstsein, Hektik, Aggressionsbereitschaft und starker Zielorientierung beschrieben.

Wilhelm Busch hat diesen Menschentyp so beschrieben:

Wirklich, er war unentbehrlich!
Überall, wo was geschah
Zu dem Wohle der Gemeinde,
Er war tätig, er war da.

Schützenfest, Kasinobälle,
Pferderennen, Preisgericht,

> *Liedertafel, Spritzenprobe,*
> *Ohne ihn da ging es nicht.*
>
> *Ohne ihn war nichts zu machen,*
> *Keine Stunde hatt' er frei.*
> *Gestern, als sie ihn begruben,*
> *War er richtig auch dabei.*

Zu überhöhtem Anspruchsniveau:

Dem Pareto-Prinzip entsprechend erledigen 20 – 30 Prozent der Mitarbeiter 70 – 80 Prozent der gesamten Arbeit in einem Betrieb. Deshalb werden Leute, die besonders tüchtig und motiviert sind und sich engagieren, auch bevorzugt mit Arbeit überschüttet. Hier wird häufig sowohl vom Vorgesetzten als auch den Betroffenen übersehen, dass sie sich bereits in der Überforderungsphase befinden. Sie sagen nicht Nein, arbeiten weiter, machen Fehler, kämpfen, um diese Fehler wieder auszugleichen, etc. Auf der anderen Seite kann der andere Teil der Mitarbeiterschaft nicht lernen, sich zu qualifizieren, weil er einfach zu wenig Übungsmöglichkeiten erhält.

Zu externaler oder internaler Kontrolle:

Wenn jemand glaubt, einer Situation hilflos ausgeliefert zu sein, zeigt er sehr viel stärkere Stressreaktionen, als wenn er sich als Herr/Frau der gleichen Situation fühlt. Menschen, die aus Erfahrung und entsprechend ihren Fähigkeiten und ihrer Einstellung häufig glauben, eine Anforderung aktiv steuern zu können, sind weniger gefährdet, Stressfolgeschäden zu erleiden, als solche, die sich eher fremdgesteuert – also von der Umwelt bestimmt – fühlen und sich deshalb passiv-resignativ verhalten.

Auch ein überzogenes Kontrollbedürfnis kann zu Problemen führen. Man mischt sich überall ein, kann nichts laufen lassen, ist ständig aktiv und überfordert sich – und die Umwelt – und erzeugt damit einen Kreislauf.

Zu Belastbarkeit:

Hohe Belastbarkeit bedeutet geringere Stressanfälligkeit. Menschen mit niedriger Erregungsbereitschaft (= hohe Belastbarkeit) reagieren schwächer und weniger schnell auf Stressoren mit Stressreaktionen und erholen sich obendrein schneller. Damit sind sie weniger stressanfällig. Bei geringer Belastbarkeit ist das Erregungsniveau allgemein erhöht, Stressschäden treten häufiger auf, der Organismus reagiert auf den vier Verhaltensebenen zu intensiv, zu lang andauernd und zu schnell. Man steht unter Hochspannung.

Typische Signale für Überforderung sind:

- die Aktivierung tritt bereits bei geringer Stressdosis auf
- die Aktivierung ist intensiver
- Erholung erfolgt langsamer
- Überforderungsreaktionen und Langzeitschäden treten auf.

4.4 Persönliche Reaktionsmuster – Stressreaktionen

4.4.1 Hintergrundinformationen

Aktive und passive Stressreaktion (nach von Holst u. Scherer, 1988)

In der Alarmphase und in der Anpassungsphase wirken Sympathikus-Nebennierenmark-System und Hypophyse-Nebennierenrinde-System zusammen, d. h., sie werden gleichermaßen aktiviert. In der Phase der Überforderung wird idealtypisch jeweils nur eines von beiden Systemen aktiviert, und zwar in Abhängigkeit davon, wie die eigenen Bewältigungsmöglichkeiten im Verhältnis zur fortdauernden Anforderung oder Belastung bewertet werden. Je nachdem erfolgt eine aktive oder passive Stressreaktion. Wird der Stressor von Anfang an als unbewältigbar erlebt, tritt statt der Alarm- und Anpassungsphase sogleich die passive Stressreaktion auf.

1. Aktive Reaktion durch Aktivierung des Sympathikus-Nebennierenmark-Systems: verbissenes, allmählich zermürbendes Sichbemühen und Kämpfen; Gefühle der Wut und Angst, aggressive Disposition; Risiken: Schäden des Herz-Kreislauf-Systems.
2. Passive Reaktion durch Aktivierung des Hypophyse-Nebennierenmark-Systems: Resignation und Apathie; Gefühle der Hilflosigkeit und Depression; Risiken: Schäden infolge verminderter Immunaktivität, Appetitlosigkeit, Gewichtsverlust.

Die aktive Stressreaktion ist mit dem Verhaltenstyp A identisch.

Aufgrund des Zusammenwirkens von Hypophyse-Nebennierenrinde-System (zentrale Hormone: Cortisol und Corticosteron) und Sympathikus-Nebennierenmark-System (zentrale Hormone: Adrenalin, Noradrenalin) vollziehen sich im Rahmen der Alarmphase hauptsächlich die folgenden vegetativen Prozesse: gesteigerte Bereitstellung von Energie (Zucker und Sauerstoff) durch

a) raschere Zufuhr von Energie:
   - beschleunigter und kräftigerer Herzschlag, Anstieg des Blutdrucks
   - beschleunigte Atmung, Weitung der Bronchien
b) Mobilisierung von Energiereserven:
   - Freisetzen von Zucker aus der Leber und rasche Umwandlung von Körpereiweiß in Zucker in der Leber, deponiert als rasch freisetzbares Glykogen, Erhöhung der Cholesterinwerte
   - Bereitstellung zusätzlicher roter Blutkörperchen aus Blutreserveräumen zur
   - Erleichterung der Sauerstoffaufnahme und der Abgabe von Kohlendioxyd.

Umverteilung der Energie zugunsten von Organsystemen, die der raschen Bewältigung großer Anforderungen und Belastungen dienen, optimale Vorbereitung auf rasch zu vollziehende schwere körperliche und geistige Arbeit durch

a) bevorzugte Versorgung der Skelettmuskulatur (Willkürmuskulatur) und des Gehirns:
   - Weitung der Arterien des Herzens, der Skelettmuskulatur und des Gehirns
b) verminderte Versorgung des Verdauungssystems, des Immunsystems, der Organe für den Aufbau von Körpersubstanz und der Fortpflanzungsorgane:
   - Verengung der Arterien in der Haut und im Verdauungssystem
   - Verminderung von Immun- und Entzündungsreaktionen
   - Hemmung der Prozesse des Aufbaus von Körpersubstanz
   - Hemmung der der Fortpflanzung dienenden Prozesse

Vorbereitung auf Bewältigungsprozesse durch

a) Erhöhung des Tonus der Skelettmuskulatur (Verspannung)
b) erhöhte Gerinnungsfähigkeit des Blutes (Vorbereitung auf Verletzungen).

Die vier Verhaltensebenen

Reaktionen werden hier (zum besseren Verständnis für Tn/Kl) in vier verschiedenen Bereichen beschrieben:

1. *Die kognitive Ebene:*
   Alle geistig-gedanklichen Vorgänge wie Denk- und Wahrnehmungsprozesse
2. *Die emotionale Ebene:*
   Gefühle oder Befindlichkeiten
3. *Die vegetative Ebene:*
   Alle Reaktionen des vegetativen Nervensystems und der daran angeschlossenen Organe, die nicht willkürlich kontrollierbar sind.
4. *Die muskuläre Ebene:*
   Reaktionen, die im Bereich der Skelettmuskulatur erfolgen, also jene, die der willkürlichen Kontrolle unterliegen.

Ein Stressor kann mit unterschiedlich starker Wirkung auf jeder der vier Ebenen beantwortet werden. Diese vier Bereiche sind jedoch nicht nur teilweise unabhängig voneinander, sondern sie beeinflussen sich auch gegenseitig wechselwirkend (Aufschaukeln, »Teufelskreis«, »Engelskreis«).

Verhaltensbezogene Reaktionen:

Auch im willkürlichen, komplexen Verhalten lassen sich im Stress Veränderungen ausmachen.

4.4.2 Lernziele

Die Tn/Kl

→ kennen den Ablauf von Stressreaktionen
→ können über die Nutzbarmachung der frei werdenden Energie reflektieren
→ kennen Stresssignale im betrieblichen Alltag
→ wissen, wie sich Aufschaukelungsprozesse entwickeln
→ erkennen typische Stresssignale
→ wissen, wann sie gegensteuern können.

4.4.3 Ablauf

Zunächst empfiehlt es sich, an den biologischen Sinn des Stressmechanismus zu erinnern oder aber ihn erst an dieser Stelle zu erklären.

Während des Stressbewältigungstrainings können die folgenden Informationen an Tn/Kl weitergegeben und besprochen werden.

Informationen für Tn/Kl

Ablauf der Stressreaktionen auf den vier Verhaltensebenen (Aktivierung)
Jeder Mensch reagiert in der aktuellen Stresssituation zunächst mit einer biologischen Antwort.

Ziel ist – wie beim Urmenschen – die Aufrüstung des Organismus für eine plötzliche erhöhte Anforderung nach dem Grundmuster »Raufen oder Laufen«. *Automatisch* verändert sich der Gesamtzustand des Organismus, der Mensch reagiert als *ganzheitliches System*. Das bedeutet:

1. Kognitive Reaktionen
Die Wahrnehmung ist eingeengt auf die Reize, die für die Stress auslösende Situation wichtig sind. Das erklärt auch Konzentrationsprobleme, wenn man beispielsweise privat Stress hat und sich deshalb nicht auf die Arbeit konzentrieren kann. Außerdem treten gedankliche Bewertungen (»Das geht schief«) auf.

2. Emotionale Reaktionen
Es entstehen sehr unterschiedliche Gefühle, die aus dem Grundmuster Angriff/Aggression – Flucht/Angst resultieren. Der persönlichen Lerngeschichte und der spezifischen Belastungssituation entsprechend – eine Palette von »Gefordert sein«, »sich unwohl fühlen«, »innere Unruhe bis zu Angst«, »Ärger und Panik«.

3. Vegetativ-hormonelle Reaktionen
Es erfolgt eine vegetative und hormonelle Aktivierung. Der Sympathikus wird erregt, die Stresshormone Adrenalin und Cortisol werden ausgeschüttet. Dadurch wird z.B. der Atem schneller, Herz und Kreislauf arbeiten stärker, die Pupillen weiten sich, die Blutgefäße verengen sich, der Blutdruck steigt, Zucker- und Fettvorräte werden gelöst, Verbrennungsvorgänge beschleunigt, Schweißreaktionen treten auf. Durch das Hormon Hydrocortison sinkt die Immunabwehr des Körpers. Der Blutgerinnungsfaktor erhöht sich. Magen und Darm reduzieren ihre Aktivität, ebenso sind die Sexualfunktionen vorübergehend eingeschränkt. Es können auch vagotone Folgereaktionen wie Durchfall, Übelkeit oder Erbrechen auftreten.

▶

4. Muskuläre Reaktionen

Die gesamte Skelettmuskulatur ist vorgespannt, man ist »sprungbereit« (Aufmerksamkeitstonus), der Körper ist auf Flucht oder Angriff optimal eingestellt.

Die eigenen Aktivierungsreaktionen können – wenn man sie frühzeitig erkennt – als *Signale* zur Gegensteuerung genutzt werden.

Verhaltensbezogene Reaktionen

Nach der Aktivierung tritt im Allgemeinen eine spezifische Stressreaktion auf, die zur Bewältigung der Situation gezielt eingesetzt wird. So werden die Mobilisierung des Körpers und die kurzfristige Zunahme der Muskelkraft bei Aquaplaning sinnvollerweise nicht für den kräftigen Tritt auf die Bremse genutzt, sondern der Fuß vom Gas genommen.

Arbeitsblatt 2: Woran erkennt man Stress bei sich?

Um Stress-Aufschaukelungsprozesse zu verhindern, ist es wichtig, Signale für schädigenden Stress frühzeitig zu erkennen.

Stresssignale:

kognitive Reaktionen:
- ☐ Gedanken wie:
  »Auch das noch«
  »Das geht schief«
- ☐ Leere im Kopf (Blackout)
- ☐ Fluchtgedanken
- ☐ Konzentrationsmangel
- ☐ Gedächtnisstörungen
- ☐ Gedankenkarussell

emotionale Reaktionen:
- ☐ Angst
- ☐ Schreck
- ☐ Panik
- ☐ Nervosität
- ☐ Verunsicherung
- ☐ Ärger
- ☐ Wut
- ☐ Gereiztheit
- ☐ Versagensgefühle

vegetative Reaktionen:
- ☐ trockener Mund
- ☐ Kloß im Hals, Räuspern
- ☐ Herzklopfen/Herzstiche
- ☐ Blutdruckanstieg
- ☐ flaues Gefühl im Magen
- ☐ Übelkeit, Erbrechen
- ☐ Schwitzen
- ☐ Erröten
- ☐ Kurzatmigkeit
- ☐ Tränen
- ☐ weiche Knie
- ☐ Adern treten hervor
- ☐ Engegefühl in der Brust

muskuläre Reaktionen:
- ☐ starre Mimik
- ☐ Fingertrommeln
- ☐ Zittern
- ☐ Zähneknirschen
- ☐ Schultern hochziehen
- ☐ Füße scharren
- ☐ Zucken
- ☐ Spannungskopfschmerz
- ☐ Faust ballen
- ☐ Stottern
- ☐ verzerrtes Gesicht

Verhaltensbezogene Reaktionen:
- ☐ laut herumschreien
- ☐ weglaufen
- ☐ angreifen
- ☐ Dinge gegen die Wand,
  auf den Boden werfen
- ☐ bei Aquaplaning auf die Bremse treten
- ☐ unkoordiniert arbeiten

Arbeitsblatt 3: Typische Stresssignale

	Schlüsselfragen:
Kognitiv	Was sage ich zu mir selbst, wenn ich in Stress gerate?
Emotional	Was fühle ich?
Vegetativ	Welche Anzeichen der vegetativen Erregung kann ich bei mir beobachten?
Muskulär	Wo bemerke ich die muskuläre Anspannung besonders intensiv?
Verhaltens-bezogene Reaktion	Wie verhalte ich mich typischerweise im Stress?

Stellen Sie hier Ihre Stressreaktionen zusammen, um sie als Warnsignale zum rechtzeitigen Umschalten (kurzfristige Erleichterung) verwenden zu können.

4.5 Konsequenzen

4.5.1 Hintergrundinformationen

Stress und Krankheit

Stress an sich schadet der Gesundheit nicht, zu viel davon kann jedoch krank machen. Zahlreiche Statistiken belegen eindrucksvoll, dass die ursprünglichen biologischen Abwehrkräfte oft nicht mehr ausreichen oder manchmal sogar ungeeignet sind, den Organismus vor Dauerschäden zu bewahren. Belastende und stressintensive Lebensphasen gehen auffällig oft voraus, wenn es zu psychischen und psychosomatischen sowie körperlichen Krankheiten oder zu Unfällen kommt. Stress und ungünstige Bewältigungsmaßnahmen haben nachweisbar Auswirkungen auf körperlich-seelische Vorgänge, z. B. auf das Immun- oder das vegetative System, und es ist unbestritten, dass Dauerbelastung eine negative Wirkung auf das psychische Wohlbefinden des Menschen hat.

Das Risiko für die körperliche Gesundheit ergibt sich aus:

■ **Der nicht verbrauchten Energie**
Da wir meist die Stressaktivierung nicht über körperliche Höchstleistungen, wie das ursprünglich bei Flucht oder Angriff der Fall war, abführen können, wird die bereitgestellte Energie nicht verbraucht, sondern sie schädigt den eigenen Körper. Fett, Zucker und Blutplättchen verstopfen die Blutbahnen.

■ **Dem chronisch erhöhten Aktivierungsniveau bei Dauerstress**
Durch die bei Dauerstress ständige Widerstandsbereitschaft des Körpers droht Erschöpfung. Ruhe und Entspannungsfähigkeit nehmen ab, der Körper fährt zu hochtourig, die Fähigkeit zur Selbstregulation nimmt ab. Die zweite Stressachse – die Hypothalamus-Hypophysen-Nebennierenrinden-Achse – bleibt dauerhaft aktiv, was wiederum zur ständigen Cortisolausschüttung und einer erhöhten Insulinausschüttung mit Gefahr einer Diabeteserkrankung führt.

■ **Der Abnahme der Immunkompetenz**
Der erhöhte Cortisolspiegel schwächt zusätzlich die Immunabwehr.

■ **Der Zunahme von persönlichem Risikoverhalten**
Menschen im Dauerstress zeigen öfter gesundheitlich schädliches Verhalten. Sie ernähren sich ungesünder: sie essen schneller, häufig Fastfood, als »Ausgleich« zu viel Süßes, Fettes. Viele trinken mehr Alkohol, bewegen sich weniger (keine Zeit), rauchen mehr. Zudem steigt das Unfallrisiko, die Leistungsfähigkeit nimmt ab, und es werden mehr Fehler gemacht.

Stress als Faktor für die Entstehung von Krankheiten

Viele Hinweise und empirische Belege sprechen dafür, dass das Stresserleben und der persönliche Umgang mit Belastungen eine wesentliche Rolle bei der Krankheitsentstehung spielen.

Es muss derzeit davon ausgegangen werden, dass Stress ein Auslöser für Herzinfarkt bzw. Herz-Kreislauf-Erkrankungen ist oder das Risiko dafür deutlich erhöht. Belastende und stressintensive Lebensphasen gehen oft voraus, wenn es zu psychischen und psychosomatischen sowie anderen

körperlichen Krankheiten kommt. Stress und ungünstige Bewältigungsmaßnahmen haben nachweisbar Auswirkungen auf körperlich-seelische
Vorgänge, z. B. auf das Immun- oder das vegetative System. Es ist unbestritten, dass Stress das psychische Wohlbefinden des Menschen negativ beeinflusst.

Im Einzelnen:

Wesentliche Risikofaktoren für die Entstehung von Krankheiten wie
beispielsweise Magen- oder Zwölffingerdarmgeschwüre, Herz-Kreislauf-
Beschwerden sowie psychosomatische und andere psychische Erkran-
kungen werden in belastenden Lebensereignissen, mangelnder sozialer
Unterstützung sowie in gewissen, eng mit Stress zusammenhängenden
Persönlichkeitsmerkmalen (z. B. Ängstlichkeit, Depressivität) gesehen.

Seit geraumer Zeit werden auch die kleinen, alltäglichen Belastungen,
die sog. »daily hazzles«, in der Forschung berücksichtigt. So zeigten etwa
De Longis et al. (1982), dass das Ausmaß ständig wiederkehrender Alltagsbelastungen die Krankheitsanfälligkeit noch besser vorhersagt als größere
kritische Lebensereignisse. Dabei wird sowohl eine direkte Wirkung von
Stress zum einen über zentral-nervöse und hormonelle Prozesse angenommen, zum anderen auch eine indirekte Wirkung durch vermehrt auftretende gesundheitsschädliche Verhaltensweisen (wie z. B. Rauchen oder
verstärkter Alkoholgenuss).

Studien demonstrieren den engen Zusammenhang zwischen kritischen
Lebensereignissen, Alltagsbelastungen und ineffektiven Stressbewältigungsstrategien (vgl. Siegrist, 2008). In Bezug auf Strategien zur Stressbewältigung zeigt sich, dass ungünstige Einstellungen und andere wenig geeignete
Bewältigungsmethoden mit psychischen und physischen Krankheitsindi-
katoren korrelieren.

Stress ist dabei offensichtlich nicht allein Ursache für die Krankheitsentstehung, vielmehr muss eine multifaktorielle Pathogenese angenommen
werden. Der Anteil, den belastende Lebensereignisse oder subjektiv als
stresserzeugend empfundene Arbeits- und Lebensbedingungen bei der
Krankheitsentwicklung haben, lässt sich nur schwer gegenüber dem Einfluss anderer Risikofaktoren (wie z. B. Ernährung, Tabak- und Alkoholkonsum) abgrenzen. Außerdem erhöhen auch ungünstige Umwelt- und Ar-
beitsverhältnisse (z. B. Betriebsklima) die Erkrankungswahrscheinlichkeit
(Theorell, 1991)

All dies führt zu einer erhöhten Krankheitsanfälligkeit. Die sogenannten
»Zivilisationskrankheiten«, allen voran die Todesursache Nr. 1, Herz-Kreislauf-Erkrankungen, gefolgt von Krebsleiden mit aufsteigender Tendenz, kosten jährlich Hunderttausende von Menschen das Leben. Die Behandlung

dieser Zivilisationskrankheiten trägt überdies zu der viel diskutierten Kosten-explosion im Gesundheitswesen bei.

Besonders Personen, die Verhaltens- und Einstellungsmerkmale auf-weisen, die sich durch ein starkes Kontrollbedürfnis auszeichnen, sind unter bestimmten Bedingungen (z. B. unbeeinflussbare Situation) herz-infarktgefährdet (vgl. Siegrist, 1984). Tatsächlich erkranken vermehrt Per-sonen mit starkem Kontrollbedürfnis, sie haben jedoch dann eine höhere Wahrscheinlichkeit, den Herzinfarkt zu überleben, als Personen ohne er-höhtes Kontrollbedürfnis (vgl. Siegrist, 1980).

Weitere psychosoziale Einflussfaktoren für eine Herzinfarktgefährdung sind typische Strategien im Umgang mit Belastungssituationen, beispiels-weise eine stark von Ärger, der auch häufig nicht ausgedrückt wird, ge-prägte Stressreaktion. Ungünstige Bewältigungsstrategien im Krankheits-fall führen zu einer längeren Genesungsdauer. Hier fungiert die Krankheit selbst als Stressor.

Halten Stress auslösende Bedingungen über einen längeren Zeitraum an, können sich aus den anfänglich temporären Symptomen funktionelle Störungen entwickeln.

Typische Erkrankungen bei Dauerstress sind:

1. **Herz-Kreislauf**-Schäden:
   Bluthochdruck, Angina pectoris, Herz-/Hirninfarkt, Arteriosklerose
2. Durch chronische **Muskelverspannungen:**
   Kopfschmerzen, Rückenbeschwerden
3. Durch **Veränderung des Immunsystems:**
   Infektionskrankheiten, Krebs
4. Veränderung des **Stoffwechsels:**
   Erhöhter Cholesterinspiegel, erhöhter Blutzuckerspiegel (Diabetes)
5. Symptome reduzierter Tätigkeit des **Verdauungssystems:**
   Appetitlosigkeit, Gewichtsverlust, Magen-, Darmgeschwüre
6. Symptome eingeschränkter Tätigkeit der **Fortpflanzungsorgane:**
   verminderte oder fehlende sexuelle Potenz, funktionelle Sterilität, Zyklusstörungen
7. **Psychische Erkrankungen:**
   Bei fast allen psychischen Erkrankungen hat Dauerstress eine mit-beeinflussende und aufrechterhaltende Wirkung, z. B. bei Depressio-nen, Ängsten, Burnout.

Chronische Überforderung führt zusätzlich zu Leistungsverlust (siehe Kapitel 3), gehäuften Fehlern, Unfallgefährdung und Zunahme des Risikoverhaltens sowie zu Störungen in der Interaktion mit anderen Personen. Meist bleibt auch – im Sinne einer negativen Spirale – immer weniger Zeit und Energie für Belastungsausgleich (siehe Kap. 7.4).

4.5.2 Lernziele

Die Tn/Kl

→ wissen, welche Reaktionen/Konsequenzen auf den vier Verhaltens-ebenen bei Dauerstress auftreten können
→ erkennen ihre eigenen langfristigen Reaktionen
→ wissen, welche Stressfolgekrankheiten es gibt und wie sie entstehen.

4.5.3 Ablauf

Diesen Block kann man gut mit 4.4.3 (Aktivierungsreaktionen) kombinie-ren und erklären, dass die kurzfristigen Stressreaktionen bei Dauerstress zu langfristigen Reaktionsmustern, Konsequenzen auf den vier Verhaltens-ebenen und im spezifischen Verhalten (z. B. Fehler, Unfälle, Leistungs-abbau) führen. Auch an dieser Stelle ist – wenn noch nicht geschehen – ein Hinweis auf die in 4.2.3 dargestellten kurvilinearen Beziehungen zwischen Leistung und Stress angebracht.

Informationen für Tn/Kl

Anzeichen von Überforderung
Bewusst wird Stress oft erst dann, wenn sich die Stressreaktionen durch das Sinken der Erregungsschwelle – man wird durch die Reduktion der Stress-bremse Cortisol bei Dauerstress stressempfindlicher – verstärken oder von der Umwelt zurückgemeldet werden: »Du bist in letzter Zeit so gereizt und unaufmerksam.« Überaktivierung, ständige Alarmbereitschaft, das Gefühl, nicht mehr zur Ruhe zu kommen, sind typische Anzeichen. Durch die pau-senlose Überforderung des Speichers treten Aufmerksamkeits-, Konzentra-tions- und Gedächtnisstörungen bis hin zu totalen Blackouts auf: Wichtige Termine werden einfach vergessen, man weiß Basics des eigenen Jobs nicht mehr. Die wichtige Fähigkeit zur Dissoziation, über die wir verfügen, geht verloren: Man kann nicht mehr das momentan Irrelevante in eine Schub-lade stecken und diese erst wieder öffnen, wenn der Inhalt benötigt wird, sondern alle Informationen kreisen gleichzeitig durcheinander und un-

---

vollständig im Kopf und absorbieren die dringend benötigten Energien. Zudem wird falsch fragmentiert, d. h., Wichtiges wird fälschlich als unwesentlich aussortiert. Es tritt ein Scheuklappeneffekt auf, man wird rigider, Kreativität und Flexibilität bleiben auf der Strecke.

Im emotionalen und sozialen Bereich können erhebliche Beeinträchtigungen auftreten. Soziale Kontakte werden vernachlässigt, Ungeduld mit sich selbst und anderen sowie aggressives Verhalten treten häufiger auf.

Als Folge von übermäßigem und lang anhaltendem Stress kann es auch zum sogenannten »Burnout-Syndrom«, dem Gefühl des Ausgebranntseins, kommen. Alles wird einem zu viel, man ist müde, verspannt und lustlos. Besonders hoch engagierte Menschen, die zu lange Zeit ihren Job oder ihre Tätigkeit (z. B. als aufopferungsvolle Mutter) hochtourig fahren, erschöpfen sich auf diese Weise und finden keinen Spaß mehr an ihrer Arbeit und ihrem Leben.

1. *Kognitive Überforderungsreaktionen*
Dauerstress führt zur Einengung von Wahrnehmung und Informationsaufnahme (Scheuklappeneffekt). Auch Lern- und Gedächtnisleistungen nehmen messbar ab.

2. *Emotionale Überforderungsreaktionen*
Es entstehen bei Dauerstress unterschiedliche Zustände mit Gefühlen, die letztlich dem Grundmuster Aggression (bei Angriffstendenz) und Angst (bei Fluchttendenz) entsprechen.

3. *Vegetative Überforderungsreaktionen*
Es erfolgt eine Erhöhung der Reaktionsbereitschaft in Richtung Erregung mit (psychosomatischen) Beschwerden. Auch die oft diagnostizierte *vegetative Dystonie* gehört hierher. Es handelt sich dabei um eine Fehlregulation im vegetativen Nervensystem, die zu schwer abgrenzbaren und heftig wechselnden Beschwerden führt, oft in ganz unterschiedlichen Organbereichen.

4. *Muskuläre Überforderungsreaktionen*
Ständige Anspannung verbraucht übermäßig viel Energie, man ermüdet vorzeitig. Chronische *Verspannung ganzer Körperpartien* ist eine weitere unangenehme Folge.

Wenn Muskeln durch einseitige körperliche oder psychische Belastung ständig angespannt sind, werden die in ihnen liegenden Blutgefäße zusammengepresst und damit die Blutzufuhr gedrosselt. Dadurch gelangen zu wenig Sauerstoff und Nährstoffe in die Muskeln, und die Abfallprodukte

Kohlensäure und Milchsäure werden nicht ausreichend abgeführt. Diese Abfallstoffe erzeugen Schmerzen. Im Lauf der Zeit verselbstständigen sich die Schmerzen und treten auch ohne direkten Auslöser auf. Auf diese Weise entsteht z. B. Spannungskopfschmerz. Meist wird Verspannung nicht rechtzeitig wahrgenommen, sondern erst beim Auftreten von Schmerzen (z. B. Spannungskopfschmerz als Folge von Verspannung der Nackenmuskulatur).

Verhaltensbezogene Überforderungsreaktionen
Häufig treten konfliktträchtiges Verhalten, reduziertes Leistungsverhalten, Vermeidungstendenzen bezüglich Anforderungen sowie Umbewertungen ins Negative auf.

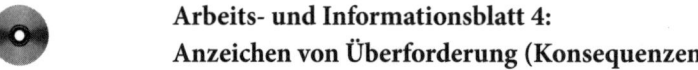

Arbeits- und Informationsblatt 4:
Anzeichen von Überforderung (Konsequenzen)

1. *Kognitive Überforderungsreaktionen*

- Konzentrationsstörungen
- Tagträume
- Gedächtnisstörungen
- Leistungsstörungen
- Scheuklappeneffekt: Rigidität
- Realitätsflucht
- Wahrnehmungsverschiebungen
- Albträume
- Aufmerksamkeitsstörungen

2. *Emotionale Überforderungsreaktionen*

- Aggressionsbereitschaft
- Angstgefühle
- Unsicherheit
- Unzufriedenheit
- Unausgeglichenheit
- Gefühlsschwankungen
- Nervosität
- Gereiztheit
- Depressionen
- Apathie
- Hypochondrie (eingebildete Krankheiten)
- Lustlosigkeit

- innere Leere
- Gefühl des Ausgebranntseins

3. *Vegetative Überforderungsreaktionen*

- Herz-Kreislauf-Beschwerden
- hoher (labiler) Blutdruck
- Erhöhung des Infarktrisikos
- Gastritis
- Darm- und Magengeschwüre durch erhöhte Salzsäureproduktion des Magens
- Verdauungsbeschwerden
- Schlafstörungen
- chronische Müdigkeit
- Anfälligkeit für Infektionen
- Verschiebung des Hormonhaushaltes
- Erhöhung des Cholesterinspiegels
- Abnahme der Schilddrüsentätigkeit
- Zyklusstörungen bei der Frau
- Verminderung der Samenproduktion beim Mann
- sexuelle Funktionsstörungen (z. B. vorzeitiger Samenerguss)
- Hautveränderungen
- übermäßiges Schwitzen
- Schwindelanfälle
- Atembeschwerden
- Migräne

4. *Muskuläre Überforderungsreaktionen*

- allgemeine Verspanntheit
- leichte Ermüdbarkeit
- Krampfneigung
- Muskelzittern
- Ticks
- Entspannungsunfähigkeit
- lokale Verspannungen
- Rückenschmerzen
- Kopfschmerzen

Verhaltensbezogene Überforderungsreaktionen

- Verdrängen von Aufgaben
- Verzetteln
- nie richtig fertig werden
- vermehrte Fehler
- konfliktträchtiges Verhalten

Arbeitsblatt 5:
Überforderungsreaktionen (Konsequenzen)

Notieren Sie hier die (ersten) Anzeichen von Überforderung, die Sie bei sich wahrnehmen. Meist treten diese Überforderungsreaktionen auch unabhängig von akuten Auslösern auf, zum Teil sogar in Ruhe- oder Erholungsphasen (z. B. Migräne).

Überforderungsreaktionen:

kognitiv

....

....

....

emotional

....

....

....

vegetativ

....

....

....

muskulär

....

....

....

verhaltensbezogen

....

....

....

5. Ansatzmöglichkeiten zur Stressbewältigung

5.1 Hintergrundinformationen

Stressbewältigung hat zum Ziel, individuelle Fähigkeiten und Ressourcen (Copings) anzuwenden, um interne und externe Anforderungen zu erfüllen und gesund zu bleiben. Hier unterscheidet man zwischen Strategien, die auf die Veränderung der situativen, Stress erzeugenden Bedingungen ausgerichtet sind (»instrumentelle« Strategien), und Methoden zur Veränderung der körperlich-emotionalen Reaktion (»palliative« Strategien).

Kurz- und langfristige Methoden:

Es gibt grundsätzlich zwei Wege, Stress zu bewältigen:

1. Methoden, mit denen die Ursachen von Stress verändert werden. Diese sogenannte langfristige Stressbewältigung ändert entweder die Stresssituation oder den Menschen selbst. Man geht die Belastung direkt an und löst das Problem langfristig. Die Belastungssituation wird nicht nur erträglicher, sondern grundsätzlich verändert oder der Organismus stressresistenter gemacht (S, O).
2. Auf der anderen Seite gibt es die Techniken der kurzfristigen Erleichterung. Dabei geht man die Auswirkungen bereits auftretender Stressreaktionen direkt an und versucht, Eskalationen zu vermeiden und die Spitzen der Erregung zu kappen (R).

Drei Ansatzpunkte zur effektiven Stressbewältigung:

1. *bei den Stressoren »die Umwelt verändern« (S)*
   Man kann die Summe der Stressoren (Stressdosis) verringern, indem man einige davon
   – ausschaltet,
   – reduziert,
   – vermeidet.

2. *beim Menschen »sich selbst verändern« (O)*

Man kann sich selbst durch langfristige Stressbewältigungsmethoden verändern und dadurch stabiler werden, indem man

- die Belastbarkeit (z. B. durch Entspannung) erhöht,
- positives Verhalten aufbaut (z. B. Hobbys),
- die Bewertung der Stresssituation verändert (z. B. durch Einstellungsänderung).

3. *bei der Stresssituation »die Erregung drosseln« (R)*

Selbst dann, wenn weder der Stressor noch die Person beeinflusst werden können, gibt es durch die Techniken der kurzfristigen Erleichterung Wege, die Stressreaktion so zu beeinflussen, dass man

- die Erregungsspitzen kappt,
- Aufschaukelung verhindert,
- schnellere Erholung ermöglicht.

»K« steht bei den Copings in Klammer. In dem Moment, wo man entweder an »S« und/oder an »O« und/oder an »R« erfolgreich ansetzt, ergeben sich keine negativen Konsequenzen mehr aus Stress, wie die Wochenend-Migräne, oder dass man stressbedingt ungesund lebt. Das alles ist nur Folge dessen, was vorher abläuft.

Stressoren:	Beispiele:
Langfristige Veränderung	
▪ Analysieren	▪ Problem lösen
▪ Ausschalten	▪ Zeitmanagement
▪ Reduzieren	▪ Risikoverhalten abbauen
▪ Vermeiden	▪ Delegieren
Organismus:	*Beispiele:*
Langfristige Veränderung	
▪ Bewertung verändern	▪ Einstellungsänderung
▪ Positives Verhalten auf- und ausbauen	▪ Entspannung
	▪ Kontakte pflegen
▪ Belastbarkeit erhöhen	▪ Belastungsausgleich
	▪ Sport
Reaktion:	*Beispiele:*
Kurzfristige Erleichterung	
▪ Kappen der Erregungsspitzen	▪ Spontanentspannung
▪ Deeskalation	▪ Wahrnehmungslenkung
	▪ Positives Selbstgespräch
	▪ Kontrollierte Abreaktion

Abb. 11: Ansatzmöglichkeiten zur Stressbewältigung

5.2 Lernziele

Die Tn/Kl

→ wissen, wo zur Stressbewältigung angesetzt werden kann
→ sammeln die bisher von ihnen praktizierten Stressbewältigungstechniken
→ reflektieren über die Konsequenzen dieser Methoden
→ überlegen, welche Copings anderer Tn/Kl auch für sie hilfreich sein
  können.

5.3 Ablauf

Mit Tn/Kl werden Ansatzmöglichkeiten zur Stressbewältigung anhand des
S-O-R-(K)-Modells erarbeitet. Tr/Th kann dabei einen Hinweis geben auf
das alte Motto in Anlehnung an **Augustinus und Oetinger:**

> »*Lieber Gott, gib mir die Kraft, die Dinge zu verändern, die ich
> verändern kann, und die Dinge zu ertragen, die ich nicht verändern
> kann, und die Weisheit, das eine vom anderen zu unterscheiden.*«

Tn/Kl verfügen bisher über zum Teil durchaus praktikable Methoden zur
Stressbewältigung. Das sollte vorab auch als Ermunterung so formuliert
werden.

Die Erkenntnis, dass der Handlungsspielraum, die Möglichkeiten sehr
viel breiter sind, als in Stresssituationen meist subjektiv wahrgenommen
wird, und dass es (zunächst) nicht darauf ankommt, »ideale« Lösungen zu
finden, wirkt erleichternd.

In Kleingruppen werden die bisherigen Stressbewältigungsversuche zusammengestellt und dann ungeeignete anhand der kurz- und langfristigen
Folgen ausgesondert (z. B. die Entspannungszigarette). Die passenden Copings der Tn/Kl werden später den jeweiligen Techniken zugeordnet; dadurch wird der Transfer erleichtert.

Informationen für Tn/Kl

Sie alle verfügen ja bereits über Wege und Möglichkeiten, Stress zu bewältigen – sicher nicht immer und sicher nicht in jeder Stresssituation –,
manchmal besser, manchmal schlechter. Aber jeder von uns hat Hilfsmittel,

▶

Methoden und Wege, um für sich selbst zu sorgen und Stress in bestimmten Fällen zu reduzieren. Genau das wollen wir jetzt sammeln.

Als *1. Schritt* überlegen Sie in Kleingruppen – zunächst jedoch jeder für sich selbst –, was tue ich denn bereits, um mich wohlzufühlen oder um Stress zu bewältigen. Jedes Beispiel soll auf einer Karte notiert werden, wobei sehr wichtig ist, dass nur solche Methoden notiert werden, die Sie selbst praktiziert haben, und nicht solche, von denen Sie zwar wissen, dass sie gesund wären, diese aber selbst nicht ausüben.

Im *2. Schritt* tauschen Sie sich mit den anderen Tn/Kl Ihrer Kleingruppe über das aus, was Sie machen. Dabei können Sie durchaus interessiert nachfragen, wann, wo und wie machen Sie das denn? Möglicherweise kann man dann einige Bewältigungsstrategien in das eigene Verhaltensrepertoire integrieren.

Im *3. Schritt* bewerten Sie, welche dieser gewählten Methoden – langfristig gesehen – höchstwahrscheinlich ungünstig sind. Also z. B. der Entspannungsschluck, die Entspannungszigarette, und dann markieren Sie diese Beispiele mit einem großen Ausrufezeichen.

Im *4. Schritt* versuchen Sie, die Karten in unser S-O-R-K-Schema einzuordnen. D. h., Sie überlegen sich, welche von diesen Beispielen eher dazu dienen, Stressoren langfristig aus dem Weg zu räumen oder zu reduzieren, wie beispielsweise das Schaffen von Pufferzeiten (= Ansatzpunkt Stressoren).

Und Sie denken darüber nach, welche Methoden die Person langfristig verändern, indem man sich fitter, belastbarer macht, wie z. B. Sport, oder durch die Veränderung ungünstiger Einstellungen (wie z. B. Perfektionismus, überhöhte Ansprüche) (= Ansatzpunkt Organismus).

Zum Ansatzpunkt R gehören dann die Methoden, sich selbst kurz Erleichterung zu verschaffen, die Erregung zu reduzieren, z. B. indem man eine kleine Pause einlegt oder Ähnliches.

Im Plenum werden die erarbeiteten Ergebnisse kurz gemeinsam betrachtet, Tr/Th geht erst wieder darauf ein, wenn die entsprechenden Techniken vermittelt werden, beispielsweise wenn man kurzfristige Erleichterungstechniken bespricht. Dann kommt er/sie auf die von den Tn/Kl gesammelten Copings zurück und ordnet diese gemeinsam mit der Gruppe den genannten Techniken zu. Tn/Kl erleben es als sehr positiv, wenn sie sehen, dass sie bereits einiges an den vermittelten Techniken in bestimmtem Ausmaß praktiziert haben und dass sie nun sehen, was sie damit konkret machen und welchen Effekt – z. B. kurz- oder langfristig – diese oder jene Technik hat.

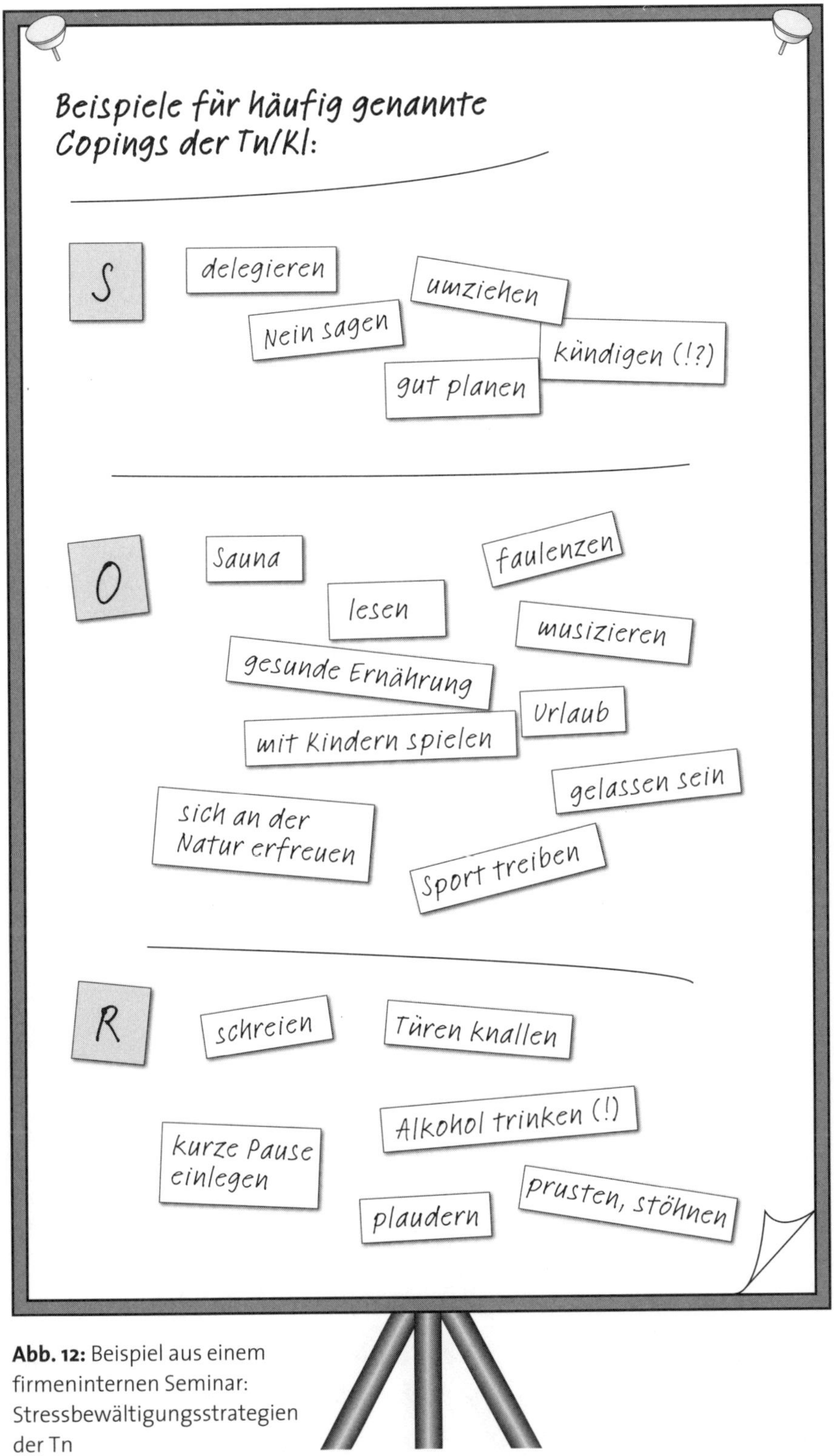

Beispiele für häufig genannte Copings der Tn/Kl:

S
- delegieren
- umziehen
- Nein sagen
- kündigen (!?)
- gut planen

O
- Sauna
- faulenzen
- lesen
- musizieren
- gesunde Ernährung
- Urlaub
- mit Kindern spielen
- gelassen sein
- sich an der Natur erfreuen
- Sport treiben

R
- schreien
- Türen knallen
- Alkohol trinken (!)
- kurze Pause einlegen
- plaudern
- prusten, stöhnen

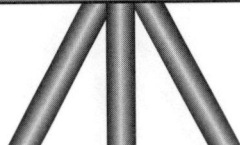

Abb. 12: Beispiel aus einem firmeninternen Seminar: Stressbewältigungsstrategien der Tn

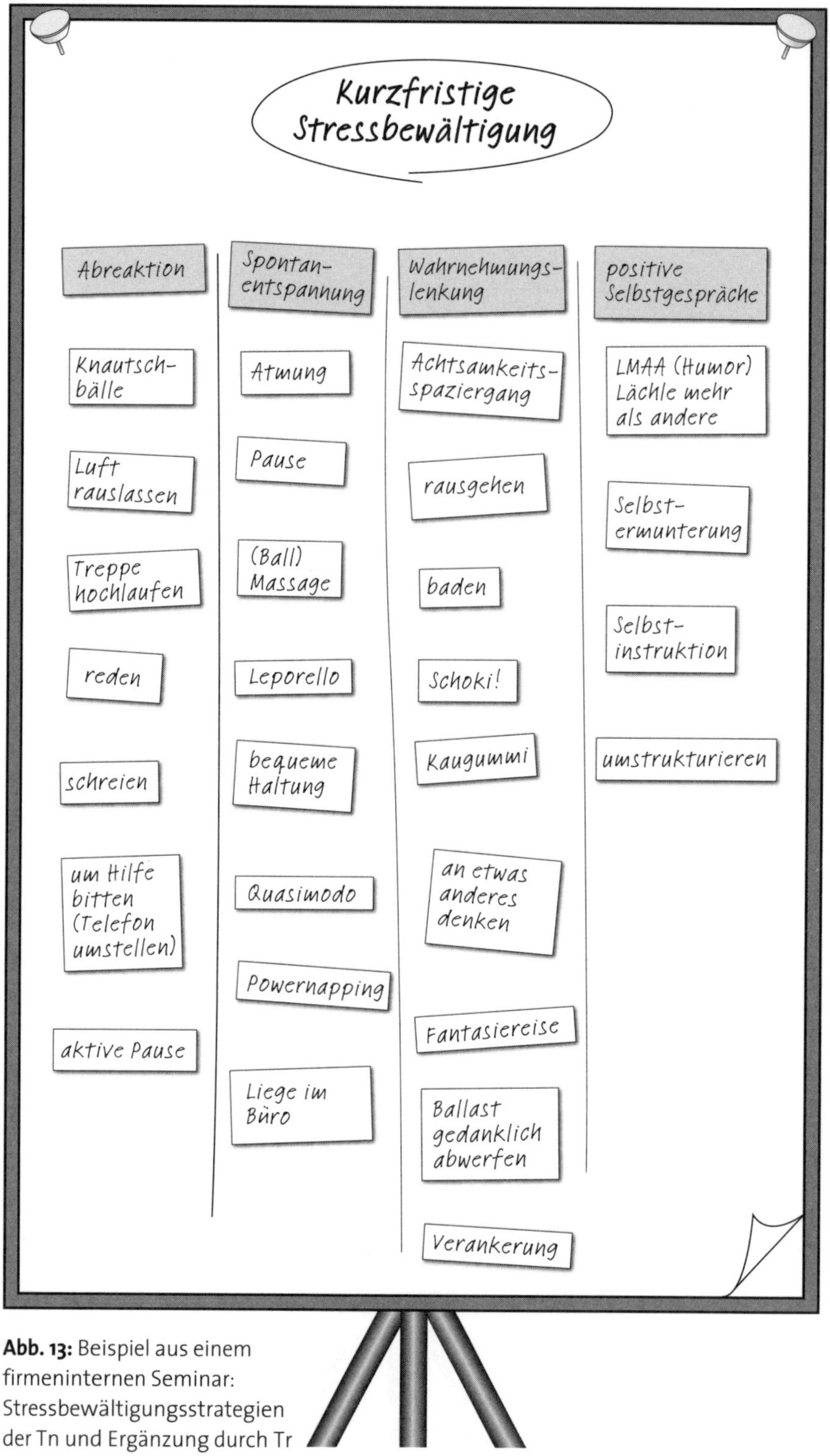

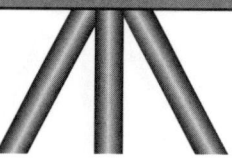

Kurzfristige Stressbewältigung

Abreaktion	Spontan-entspannung	Wahrnehmungs-lenkung	positive Selbstgespräche
Knautsch-bälle	Atmung	Achtsamkeits-spaziergang	LMAA (Humor) Lächle mehr als andere
Luft rauslassen	Pause	rausgehen	Selbst-ermunterung
Treppe hochlaufen	(Ball) Massage	baden	Selbst-instruktion
reden	Leporello	Schoki!	umstrukturieren
schreien	bequeme Haltung	Kaugummi	
um Hilfe bitten (Telefon umstellen)	Quasimodo	an etwas anderes denken	
aktive Pause	Powernapping	Fantasiereise	
	Liege im Büro	Ballast gedanklich abwerfen	
		Verankerung	

Abb. 13: Beispiel aus einem firmeninternen Seminar: Stressbewältigungsstrategien der Tn und Ergänzung durch Tr

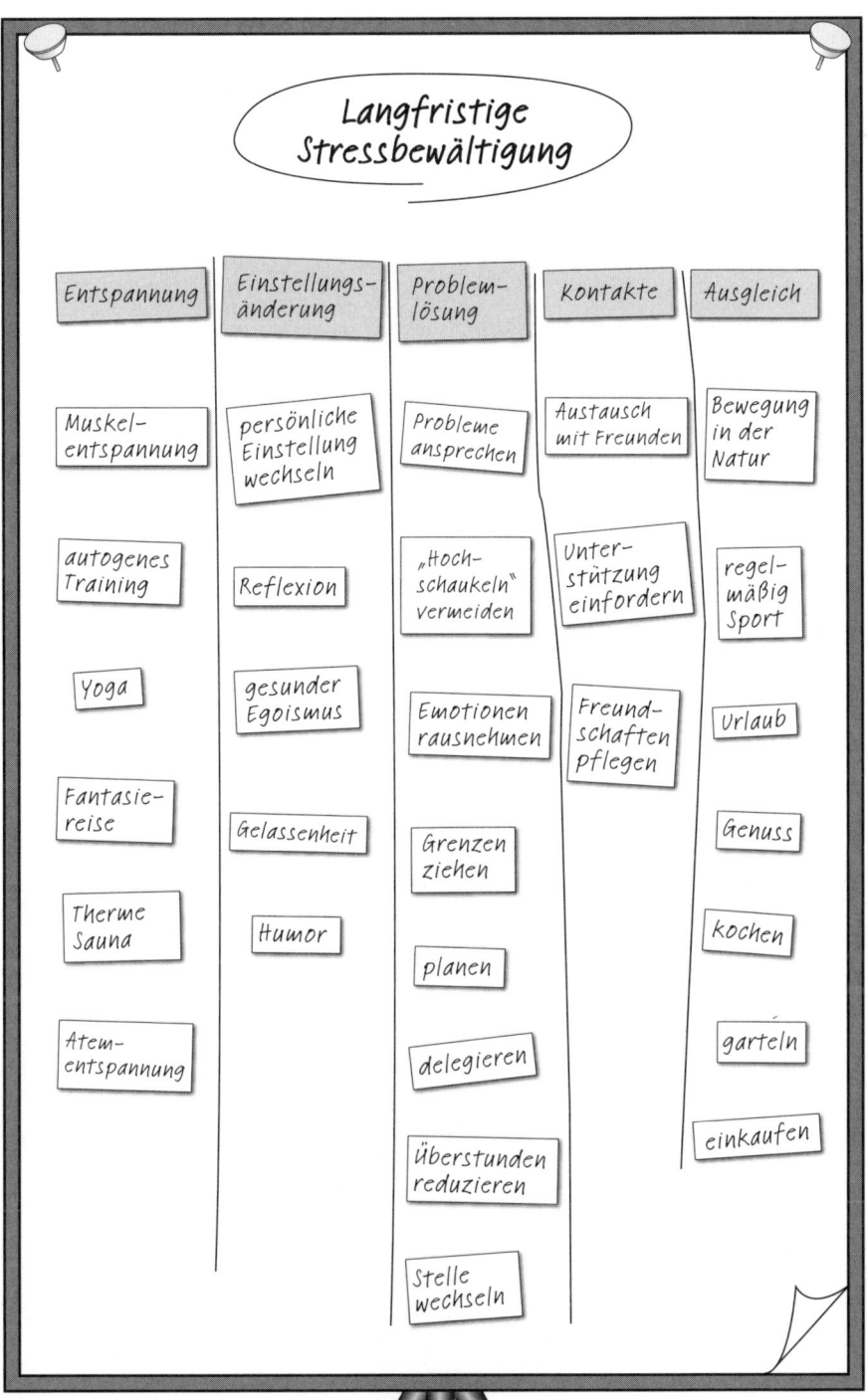

Abb. 14: Beispiel aus einem firmeninternen Seminar: langfristige Stressbewältigung

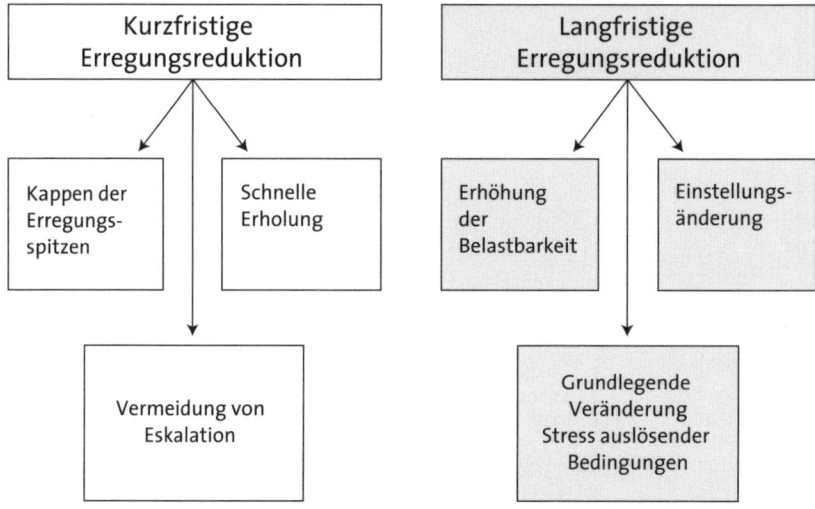

Ziele der Stressbewältigung

Kurzfristige Erregungsreduktion	Langfristige Erregungsreduktion

Kappen der Erregungsspitzen	Schnelle Erholung	Erhöhung der Belastbarkeit	Einstellungsänderung

Vermeidung von Eskalation

Grundlegende Veränderung Stress auslösender Bedingungen

Abb. 15: Ziele der Stressbewältigung

Stressbewältigungstechniken

Kurzfristige Erleichterung

Spontane Entspannung	Wahrnehmungslenkung	Positive Selbstgespräche	Kontrollierte Abreaktion

Langfristige Erleichterung

Entspannung	Belastungsausgleich	Sozialer Rückhalt	Problemlösung	Einstellungsänderung

Abb. 16: Stressbewältigungstechniken

6. Kurzfristige Erleichterung

6.1 Die Techniken der kurzfristigen Erleichterung

6.1.1 Hintergrundinformationen

Alle Techniken der kurzfristigen Erleichterung setzen an der Stressreaktion direkt an und bewirken deshalb nur eine kurzfristige Veränderung des Befindens. Sie sind immer dann anwendbar, wenn die eigentlichen Ursachen für die Belastung (momentan) nicht zu beheben sind und die akute Erregung abgebaut werden oder schneller Erholung erreicht werden soll.

Ziele dieser Maßnahmen sind:

- Kappen der Erregungsspitzen
- Unterbrechen der Eskalation bei der betroffenen Person und in der Interaktion
- schnelleres Umschalten auf Erholung.

Einsatzmöglichkeiten

- das Erregungsniveau senken
- vorbereiten auf typische, persönliche Stresssituationen.
- In und nach Stresssituationen die vorher geübten und ausgewählten Techniken auf Abruf einsetzen und so die Erregung drosseln.
- Auch bei Auftreten von Stressreaktionen ohne momentan definierbaren oder unerwarteten Auslöser mit erregungsreduzierenden Maßnahmen antworten.

Abgesehen von Entspannungstechniken werden die Techniken der kurzfristigen Erleichterung zuerst trainiert, da die Tn/Kl sie

- leicht erlernen
- schnell Erfolgserlebnisse (Erleichterung) erleben
- eine Basis für langfristige Techniken entsteht

- Bereitschaft zum strukturierten Umgang mit Stressbelastung und zur konkreten Handlungsplanung und -durchführung erzeugt wird
- und damit Vermeidungsverhalten vorgebeugt wird.

6.1.2 Lernziele

Die Tn/Kl

→ wissen, wozu KE (Kurzfristige Erleichterung) dient
→ können eigene Copings der KE zuordnen
→ kennen die Techniken der KE
→ kennen und üben Möglichkeiten:
  - der Wahrnehmungslenkung
  - der positiven Selbstgespräche
  - der Spontanentspannung
  - der kontrollierten Abreaktion
→ erarbeiten eigene Beispiele für den Einsatz einiger dieser Methoden zu verschiedenen Interventionszeitpunkten.

Spontanentspannung:

- muskuläre
- vegetative
- emotionale
- kognitive

Wahrnehmungslenkung:

- innere
- äußere

Positive Selbstgespräche:

- umstrukturierende
- selbstermunternde
- selbstinstruierende

Kontrollierte Abreaktion:

- körperlich
- emotional

Abb. 17: Kurzfristige Erleichterung – Übersicht

6.1.3 Ablauf

Sinn, Zweck und Einsatzmöglichkeiten der kurzfristigen Erleichterungstechniken werden vermittelt.

Die vier Methoden zur kurzfristigen Erleichterung werden vom Tr/Th vorgestellt, die entsprechenden Copings der Tn/Kl zugeordnet und kontrollierte Abreaktion geübt (z. B. Wahrnehmungslenkung, positive Selbstgespräche, Spontanentspannung). Tn/Kl überlegen, welche Techniken der kurzfristigen Erleichterung sie wo/wann/bei welchen persönlichen Belastungssituationen einsetzen können – und nicht, was sicher wann/wo/wie nicht funktioniert, obwohl das bestimmt manchmal amüsanter wäre.

Wahrnehmungslenkung

Belastende Gedanken in Stresssituationen werden durch erregungsreduzierende, neutrale oder positive Gedanken ersetzt. Des Weiteren werden bewusst alternative Aktivitäten aufgesucht, um einer Stresseskalierung zu entgehen und den Fokus auf Belastungsreduzierung zu lenken. Diese Methode ist einfach durchzuführen. Sie bewährt sich besonders, wenn es darum geht, Erregungsspitzen zu kappen. Bei sehr hoher Erregung (z. B. durch Sorgen um Familienangehörige, denen möglicherweise etwas zugestoßen sein könnte) funktioniert die Technik nicht, die Gedanken kreisen weiter. Hier empfiehlt sich eher eine bewusste Zuwendung und deeskalierende Auseinandersetzung mit den Stressoren (Sorgen).

Informationen für Tn/Kl

Äußere Wahrnehmungslenkung

Damit sind gezielte Aktivitäten gemeint, die die Belastung vorübergehend vergessen lassen. Man macht kurzfristig etwas anderes, drängt damit die Belastung vorläufig in den Hintergrund und konzentriert sich vollständig auf die neue Tätigkeit und reduziert so die Erregung.

Die gewählten Aktivitäten dürfen natürlich nicht neuen Stress erzeugen (z. B. »die Entspannungszigarette«).

Beispiele: Beschäftigung mit anderen, angenehmeren Arbeiten, Kurzpausen einlegen, komplizierte Bewegungsabläufe durchführen (wie z. B. Schlagzeuger imitieren), spazieren gehen, Blumen gießen, Zeitung lesen, PC-Spiel machen, telefonieren etc.

Innere Wahrnehmungslenkung

Hier lenkt man die Aufmerksamkeit von der Stress auslösenden Situation weg und richtet sie intensiv auf etwas anderes:

- *auf konkrete Reize*

Beispiele: Bild, Blumen, (Urlaubs-)Foto, Vogelzwitschern, oder man stellt sich ein Stoppschild vor, um Stresseskalation vorzubeugen.

▶

- *auf nach innen geschaute Bilder*

Das bedeutet, die Konzentration auf Ruhebilder und die dabei entstehenden Empfindungen und Auswirkungen auf die fünf Sinne zu betrachten (siehe auch Genusstraining).

Beispiele: Strand, Wiese, Berglandschaft, Badewanne, im Lehnstuhl vor dem Kaminfeuer.

Wenn die nach innen geschauten Bilder mit Entspannung gekoppelt sind, sind sie besonders wirksam.

Tr/Th fordert Tn/Kl im Plenum sitzend auf, die Augen zu schließen und sich zu entspannen. Er schildert dann ein derartiges nach innen geschautes Bild, z. B. Strand (siehe konzentrativ-emotionale Entspannung).

- *auf neutrale oder positive Gedanken*

Man denkt an nicht belastende, neutrale oder positive Ereignisse.

Beispiele: Freizeitaktivitäten, Urlaub, Hobbys, nette Menschen, lustige Ereignisse, schöne Tagträume etc.

Man macht beispielsweise in einer Phase mit vielen Pannen, starkem Zeitdruck, beim Lernen auf Prüfungen kurze Pausen und malt sich aus, wie gut man sich fühlen wird, wie glücklich und befreit man sein wird, wenn es vorbei ist, wie man entspannt die fertige Arbeit, das Prüfungsergebnis in Händen hält usw.

Hilfreich ist auch eine »stressfreie Zone« am Arbeitsplatz/im Haushalt. Dort darf kein Hinweis auf Belastungen wie unerledigte Arbeit, Merkzettel usw. vorhanden sein. Stattdessen vielleicht ein mit Entspannung assoziiertes Foto, die Tasse Tee, die Zeitschrift, was auch immer für die Situation sinnvoll erscheint und subjektiv als angenehm erlebt wird.

Informationen für Tr/Th

Mit Tn/Kl können aus der konkreten Situation sich anbietende Übungen durchgeführt werden: den Baum vor dem Fenster bewusst mit allen Sinnen wahrnehmen, verankern lassen und dann nochmals die Instruktionen geben, sich das nach innen geschaute Bild zu vergegenwärtigen.

Positive Selbstgespräche

Verhalten und Emotionen werden meist von einem inneren Dialog begleitet, einer Bewertung der Situation und/oder der eigenen Person. In Stresssituationen tauchen Gedanken auf wie: »Das schaffe ich nie«, »Das wird schiefgehen«, »Ich fühle mich schrecklich« etc. (Stressreaktion).

Ziel der Methode der positiven Selbstgespräche ist es, sich positiv zu beeinflussen und negative Selbstgespräche zu erkennen, um sie in positive umzuwandeln (Veränderung von Bewertungen).

▪ Umstrukturieren

Viele Belastungen haben auch positive oder amüsante Elemente. Deshalb konzentriert man sich auf die erfreulichen, fördernden oder komischen Aspekte der Situation und relativiert die negativen.

»Jede Träne kitzelt auch die Wange.«

Chinesisches Sprichwort

»Eine Forderung gibt mir auch die Chance, mich zu behaupten, zu lernen usw.«

Man sieht die ganze Sache aus einer anderen Perspektive und macht sie dadurch erträglicher. Aus »ich verliere immer« wird ein »ich habe (mehrfach) verloren, jetzt werde ich versuchen, aus meinen Fehlern zu lernen«. Oder man stellt sich vor, irgendwo anders zu sein (in Afrika, auf dem Meer) und das eigene Problem aus dieser Perspektive zu begutachten: »Was ist das im Vergleich zu …«

Diese Methode ist eine gute Vorbereitung auf die Einstellungsänderung.

Die Umstrukturierung der Stress auslösenden Situation darf natürlich nicht zum Selbstbetrug (»think pink«) werden, wie das in der Geschichte von den beiden abgestürzten Fensterputzern beschrieben wird: Als beide am 10. Stock vorbeikommen, sagt der eine munter zum anderen »Nur Mut, bis jetzt geht's ja noch gut.«

▪ Selbstinstruieren

Das bedeutet, sich selbst auffordern, Stress auslösende Bedingungen zu verändern, also sich nicht zu sorgen, wie unsicher man z. B. seine Aussagen formuliert, sondern sich zu instruieren, ruhig und gelassen mit fester Stimme Lösungsansätze vorzutragen. Man fordert sich auf, Stress bewältigende Handlungen einzusetzen.

▪ Selbstermuntern

Es gibt zahlreiche Möglichkeiten, sich durch Selbstgespräche zu ermuntern, sich Mut zuzusprechen und sich dadurch zu stärken: »Ich habe die Situation in der Hand«, »Du wirst es schaffen«, »Du bist gut vorbereitet.«

Informationen für Th/Tr

▪ Die Tn/Kl sammeln alle Selbstgespräche, die ihnen in Stresssituationen durch den Kopf gehen,

▪ teilen diese in positive und negative ein,

- überlegen sich positive Selbstgespräche anstelle der gesammelten negativen. Es ist dabei wichtig, dass diese Formulierungen akzeptiert werden. Z. B. anstatt: »Ich mache sicher Fehler«, nicht: »Ich mache sicher keinen Fehler«, sondern eher: »Ich tue mein Bestes, kann mir dabei auch Fehler erlauben.«
- stellen außerdem ermunternde Selbstgespräche zusammen, die bei der Stressbewältigung helfen.

Arbeitsblatt 6:

Entwicklung positiver Selbstgespräche in der Situation »Vortrag halten«

VOR DEM VORTRAG:	
Negatives Selbstgespräch	**Positives Selbstgespräch**
»Sicher kommen unangenehme Fragen, die ich nicht beantworten kann.«	»Erst mal abwarten.«
»Mein Vortrag wird nicht gut ankommen.«	»Es wird mir schon eine Antwort einfallen, ich muss ja nicht perfekt sein.«
	»Ich muss es nicht allen recht machen. Bisher habe ich meist gutes Feedback bekommen.«
WÄHREND DES VORTRAGES:	
Negatives Selbstgespräch	**Positives Selbstgespräch**
»Ich bin schon wieder aufgeregt.«	»Ich atme langsam aus und puste den Stress weg.«
»Oje, jetzt hab ich mich versprochen, wie peinlich!«	»Ja und? Ich lache – dann dürfen sich die Hörer auch amüsieren. Danach konzentriere ich mich auf die nächste Präsentation und spreche langsamer.«

Negatives Selbstgespräch	Positives Selbstgespräch
»Mein Vortrag wurde schon wieder kritisiert.«	»Kritik ist eine Lernchance.«
	»Der Hörer wollte vielleicht nur zeigen, was er alles weiß.«
»Ich bin total erledigt.«	»Es war gut, dass ich mich der Situation gestellt habe.«

Kontrollierte Abreaktion

Informationen für Tr/Th

Emotionale Abreaktion sollte von Tr/Th vorsichtig behandelt werden.

Zunächst spielt Macht eine wichtige Rolle. Manche Personen mit sozialer Macht bevorzugen gelegentlich diese Technik und übersehen oft die negativen Auswirkungen auf Abhängige (Angst, Stress, unterdrückte Aggression).

Bei cholerischen Menschen oder solchen, die leicht die Selbstkontrolle bei aggressiven Emotionen verlieren, ist diese Technik ebenfalls nicht angebracht, denn dann eskaliert die Abreaktion und wird zur Stressreaktion, man steigert sich in immer größere Erregung.

Abreaktion ist nur dann eine Stressbewältigungs*technik*, wenn sie jederzeit willkürlich erzeugt und abgestellt werden kann.

Informationen für Tn/Kl

a) Körperliche Abreaktion

Wenn man die Möglichkeit hat, sich körperlich abzureagieren, tut man das, wozu man physiologisch programmiert ist.

Kennen Sie das?

Sie kommen müde und erschöpft nach einem anstrengenden, stressreichen Arbeitstag nach Hause. Sie haben schwere Beine, obwohl (weil!) Sie sich kaum bewegt haben. Sie lassen sich auf die Couch fallen, schalten den Fernseher an und dösen ein.

Wie fühlen Sie sich danach? Frisch und erholt? Wohl kaum! Höchstwahrscheinlich sind Sie wie erschlagen. Ihr Körper hat ja den ganzen Tag über Stressenergie freigesetzt, um Sie zu körperlicher Hochleistung zu befähigen. Und Sie sind den ganzen Tag gesessen: am Telefon, beim Arbeitsessen, in der Konferenz, im Auto ... Was Ihr Körper jetzt braucht, ist Abreaktion, Abführen von Energie.

Und wie anders ist es, wenn Sie trotz Müdigkeit ein verabredetes Squashspiel nicht absagen? Sie entschuldigen sich vorsorglich bei Ihrem Partner, »bei mir geht heute nichts, ich bin richtig ausgelaugt …«. Nach zehn Minuten staunt dieser dann über Ihr energiegeladenes Spiel.

Da fällt Ihnen ein: »Richtig, ich war ja vorher todmüde. Aber jetzt fühle ich mich topfit!«

Sie haben das getan, wozu der Stressmechanismus Sie programmiert.

Beispiele:

- mit der Faust auf den Tisch schlagen
- abends Sport treiben (wenn man noch immer »geladen« ist)
- Treppe hochlaufen
- mit dem Fuß aufstampfen

b) Emotionale Abreaktion
Auch die im Stress angestauten Gefühle kann man abreagieren. Wichtig ist aber die Fähigkeit, sich so zu kontrollieren, dass man sich und anderen nicht schadet und neuen Stress verursacht (Ärgerkontrolle).

Beispiele:

- sich bei anderen »ausweinen«
- schimpfen
- kurz schreien
- erzählen

Systematische Spontanentspannung

Informationen für Tr/Th

Wenn Entspannungstechniken sicher beherrscht werden, können Kurzformen abgeleitet werden.

Besonders geeignet für solche »auf Kommando« abrufbaren erregungsreduzierten Maßnahmen sind Übungsteile aus:

- der progressiven Muskelentspannung
- dem autogenen Training
- den Atemübungen
- den konzentrativen Methoden.

Wie bei den Langformen der Entspannung sind im Allgemeinen muskuläre Methoden am leichtesten einsetzbar.

Beispiel für die Vermittlung von Information

Man kann lernen, einzelne Muskeln zu entspannen. Jene z. B., die man in einer Stresssituation gerade nicht benötigt und bei denen die Entspannung gut gelingt. So kann man in Konferenzen, während man mit den anderen Konferenzteilnehmern zusammensitzt und mit ihnen redet, unauffällig die Muskeln des Gesichts, der Schultern, des Rückens und der Beine entspannen.

In Belastungssituationen sind viele Muskeln des Körpers stark angespannt. Will man dieser Verkrampfung begegnen, muss man zunächst beobachten, welche Muskeln unnötig angespannt sind. Diese Muskeln werden dann entspannt. So kann man viele Aktivitäten entspannter durchführen und in den verschiedensten Stresssituationen Belastungen entgegenwirken:

1. Schritt: Versuchen Sie, nach Ihren Entspannungsübungen »auf Kommando« einzelne Muskelpartien, bei denen die Entspannung gut gelingt, nochmals zu entspannen (z. B. die Hände, das Gesicht).

2. Schritt: Setzen Sie die Entspannung in verschiedenen neutralen Alltagssituationen ein (unterhalten, lesen, arbeiten).

Wenden Sie Ihre Aufmerksamkeit kurz den einzelnen Muskelgruppen zu. Versuchen Sie zu entdecken, welche angespannt sind, und entspannen Sie sich mit der für Sie besonders effektiven Methode.

3. Schritt: Nach einiger Zeit können Sie diese Übung auch in belastenden Situationen einsetzen. Erwarten Sie aber keinen sofortigen Erfolg. Betrachten Sie es vielmehr als einen Versuch, beginnenden Anzeichen der Unruhe, der Nervosität aktiv zu begegnen, indem Sie sie zum Signal für die Entspannung machen. Freuen Sie sich über jeden kleinen Erfolg.

Spontane vegetative Entspannung
Beherrschen Sie die Grundstufe des autogenen Trainings, verschiedene Atemtechniken, können Sie Kurzformen daraus ableiten und sie dann entsprechend den drei Schritten bei der muskulären Spontanentspannung einsetzen.

So kann man der sympathikotonen Erregung durch gleichmäßiges Atmen, Schwere- oder Wärmeinstruktionen gezielt und ganz unauffällig entgegenwirken.

Spontane kognitive Entspannung
Auch Kurzübungen aus der Meditation oder den Konzentrationstechniken können, wenn sie ausreichend beherrscht werden, zur Beruhigung einge-

setzt werden. Sie können »Ihr« Mantra verwenden oder auch einen Punkt fixieren, sich auf eine Zahl konzentrieren oder Ihre Gedanken sammeln.

Eine gute Möglichkeit z. B. für ermüdete Augen und kognitive Erschöpfung ist das sogenannte »Palmieren«. Setzen Sie sich bequem hin. Reiben Sie die Handinnenflächen mit schnellen Bewegungen aneinander (palmieren, von palma = die Handinnenfläche), bis diese warm sind. Neigen Sie dann den Kopf leicht nach vorne und legen Sie die Hände in einer Kuhle ineinander und so – leicht gewölbt – über die Augen. Achten Sie darauf, dass Sie nicht auf die Augäpfel drücken und die Nase frei lassen, um eine ungehinderte Atmung zu ermöglichen. So bilden die Innenflächen Ihrer Hände eine Höhle für die Augen, ohne sie zu berühren. Schließen Sie die Augen und lassen Sie sie in der Dunkelheit ruhen. Atmen Sie entspannt weiter und genießen Sie den Unterschied zu Licht, Kontrasten und Farben, diese Art des »Schwarzsehens«.

Information für Tn/Kl

Beispiele für Spontanentspannung auf den vier Verhaltensebenen

Ebene	Beispiele
muskuläre Ebene Systematische Muskelentspannung	▪ Fäuste kurz anspannen ▪ Schultern und dann ▪ Nacken entspannen ▪ Gesicht lockern
vegetative Ebene autogenes Training	1–6×: ▪ Ruheformel ▪ Schwereformel ▪ Wärmeformel
Atemübungen	▪ OM-Übung ▪ rhythmisch atmen ▪ atmen mit Wortwiederholung ▪ Stress wegpusten
emotionale Ebene auch als Wahrnehmungslenkung anwendbar	▪ Kurzvorstellung einer angenehmen Situation, die möglichst viele Sinne anspricht
kognitive Ebene auch als Wahrnehmungslenkung anwendbar	▪ Konzentration auf einen inneren oder äußeren Reiz, z. B. Wiese, Strand, Punkt fixieren ▪ palmieren

6.2 Kombinationsmöglichkeiten

6.2.1 Hintergrundinformationen

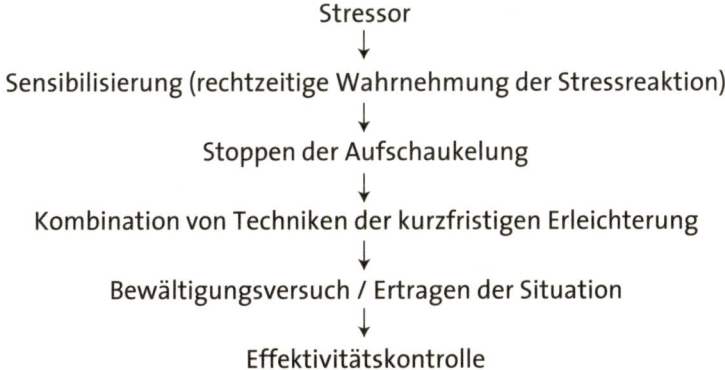

Stressor
↓
Sensibilisierung (rechtzeitige Wahrnehmung der Stressreaktion)
↓
Stoppen der Aufschaukelung
↓
Kombination von Techniken der kurzfristigen Erleichterung
↓
Bewältigungsversuch / Ertragen der Situation
↓
Effektivitätskontrolle

Abb. 18: Ablauf der kurzfristigen Erleichterung

6.2.2 Lernziele

Die Tn/Kl

→ wissen, dass Kombinationen von Techniken der kurzfristigen Erleichterung sinnvoll sind
→ können Techniken der kurzfristigen Erleichterung für eigene Belastungssituationen maßgeschneidert kombinieren.

6.2.3 Ablauf

> **Informationen für Tn/Kl**
>
> Zur Veränderung einer Belastungssituation können mehrere erregungsreduzierende Techniken zusammen oder nacheinander eingesetzt werden. Dies erhöht den Effekt. Wird man von seinem Vorgesetzten kritisiert, kann man sich zunächst entspannen und sich dann durch selbstermutigende Äußerungen wieder aufbauen.
>
> Wenn die Tn/Kl feststellen, dass sie eine oder mehrere kurzfristige Erleichterungstechnik(en) sehr häufig in bestimmten Situationen einsetzen, sollen sie folgende Überlegung anstellen: Ist im Sinne der Ökonomie stattdessen oder zusätzlich eine langfristige Bewältigung (Veränderung der Einstellung oder der Stress auslösenden Bedingungen) angebracht?

Denn die kurzfristige Erregungsreduktion ist in erster Linie für einen kontinuierlichen Erregungsanstieg über den Tag hinweg und für momentane, nicht vermeidbare/veränderbare Situationen gedacht, nicht aber für Dauerprobleme, die man lösen sollte. So kann man zwar bei ständigen Ehekonflikten die Erregung oder Wut bei der Auseinandersetzung mit dem Partner drosseln, um Eskalationen zu verhindern. Sehr viel wichtiger aber ist die grundlegende Veränderung der streitauslösenden Faktoren.

Im Beruf wird man häufig mit nicht vorhersehbaren Belastungssituationen konfrontiert. Beim Training für Polizeibeamte stellten die Techniken der kurzfristigen Erleichterung einen wesentlichen Bestandteil des Übungsprogrammes dar. Der Polizeibeamte kommt ständig in Situationen, in denen er nicht von vornherein mit unangenehmen Ereignissen rechnen muss und soll (z. B. Radarkontrolle: nur wenige Autofahrer beschimpfen den Beamten). Wenn diese dann auftreten, ist es wichtig, dass er die Erregung schnell und unauffällig kontrolliert, denn Eskalation sollte hier unbedingt vermieden werden.

Einige Beispiele für die Kombination verschiedener Techniken

Situation	Anwendung	Technik
Ärger	Schultern hochziehen, an- und entspannen, dabei Schultern fallen und den Ärger, die Wut abgleiten lassen	→ muskuläre Spontanentspannung → emotionale Abreaktion
	»Ich werde in Ruhe darüber sprechen«	→ umstrukturierendes Selbstgespräch
Termindruck	Punkt fixieren und sammeln	→ kognitive Spontanentspannung
	»Du wirst es schaffen«	→ selbstermunternde Instruktion
	»eines nach dem anderen«	→ selbstinstruierendes Selbstgespräch
Verkehrsstau	kurz schimpfen oder stöhnen (wenn man allein im Auto sitzt), ausatmen	→ emotionale Abreaktion
	Musik/Radio hören	→ vegetative Spontanentspannung
	Fußgänger / andere Autofahrer beobachten	→ innere Wahrnehmungslenkung

Situation	Anwendung	Technik
Vortrag/ Präsentation	Gesicht entspannen, langsam ausatmen	→ muskuläre Spontanentspannung → vegetative Spontanentspannung
	»Ich beginne ruhig, laut und freundlich zu sprechen«	→ selbstinstruierendes Selbstgespräch
Streit	»Stopp«	→ selbstinstruierendes Selbstgespräch
	»Du schaffst es, sachlich zu bleiben«	→ selbstermunternde Instruktion
	kurz den Raum verlassen	→ äußere Wahrnehmungslenkung

6.3 Blitzentspannung für den Alltag

Blitzentspannung: Ideen für lustvolle Pausen bei der Arbeit

Für die folgenden Übungen benötigt man etwa zwei bis drei Minuten Zeit.

■ **Entlastet den Rücken**

Beckenschaukel
Auf dem vorderen Stuhldrittel aufrecht sitzen, Füße schulterbreit mit der ganzen Sohle am Boden. Becken nach vorne kippen und Brust nach vorne oben schieben (»leichtes Hohlkreuz«). Anschließend Becken über die Sitzbeinhöcker nach hinten schieben (»Rundrücken«).

■ **Regt den Kreislauf an**

Muskelpumpe
Sie sitzen aufrecht (Becken nach vorne gekippt) auf dem vorderen Drittel des Stuhles.
　Beide Füße sind am Boden. Abwechselnd heben und senken Sie die Fersen. Die Fußspitze bleibt dabei am Boden.
　Ergänzung:
　Strecken Sie ein Bein und ziehen Sie die Fußspitze an. Dabei neigen Sie den Oberkörper nach vorne. Dabei werden sowohl die Wade als auch die Oberschenkel-Rückseite gedehnt.

■ **Entspannt und regeneriert beanspruchte Augen**

Palmieren
Reiben Sie Ihre Hände, bis Wärme entsteht, und legen Sie sie so über die Augen, dass diese unter der Hälfte der Handinnenfläche liegen. Die Finger

kreuzen sich dabei über der Stirn. So bilden die Innenflächen Ihrer Hände eine Höhle für die Augen, ohne sie zu berühren. Schließen Sie die Augen und lassen Sie sie in der Dunkelheit ruhen.

▪ Fördert die Konzentration

Atemzählen

Schließen Sie die Augen und konzentrieren Sie sich auf Ihren Atem. Zählen Sie mit jedem Ausatmen innerlich von 1 nach 10; dann zählen Sie mit jedem Ausatmen von 10 nach 1 zurück.

▪ Steigert die Aufmerksamkeit

Die kleine Ruhepause

Legen Sie einen kleinen Gegenstand, z. B. einen Stift, ein Geldstück oder eine Büroklammer, vor sich auf den Tisch. Konzentrieren Sie sich drei Minuten auf diese Sache. Jedes Mal, wenn Ihre Aufmerksamkeit zu etwas anderem abschweift, führen Sie sie behutsam zum Gegenstand zurück.

▪ Entspannt die Psyche

Reise zu einem schönen Ort

Nehmen Sie eine bequeme Haltung ein und schließen Sie die Augen.

Machen Sie in Gedanken eine Reise zu einem besonders schönen Ort. Es kann ein Ort sein, den Sie bereits kennen und lieben gelernt haben. Es kann aber auch ein Ort sein, der jetzt in Ihrer Fantasie entsteht. Lassen Sie sich Zeit dabei, ihn zu finden. Versuchen Sie diesen Ort mit allen Sinnen wahrzunehmen.

▪ Gegen Müdigkeit

Powernapping

Ein kleiner Kurzschlaf ist sehr erholsam. Nehmen Sie dazu eine bequeme Haltung ein und halten Sie in einer Hand einen Schlüsselbund. Lassen Sie Ihren Arm locker herunterhängen. Nehmen Sie den Schlüsselbund so in die Hand, dass er herausfallen kann, wenn Sie Ihre Hand öffnen. Schließen Sie die Augen und atmen Sie langsam aus. Geben Sie Ihrer Müdigkeit nach. Wenn Sie einnicken und sich Ihre Muskeln entspannen, fällt der Schlüsselbund herunter und sie wachen wieder auf. Stehen Sie nun wieder auf und gehen ein paar Schritte auf und ab, um den Kreislauf anzuregen.

So kann man Powernapping erlernen, im Lauf der Zeit können Sie auf die Schlüssel verzichten und Ihren Kurzschlaf beliebig steuern: drei Minuten, fünf Minuten, maximal 10 Minuten.

6.4 Wahl des geeigneten Interventionszeitpunkts

6.4.1 Hintergrundinformationen

Wichtig ist die Wahl des richtigen Zeitpunktes. Die Techniken der kurzfristigen Erleichterung sollen möglichst frühzeitig eingesetzt werden. Je höher die momentane Erregung ist, desto geringer die Transferchance (Blackout).

6.4.2 Lernziele

Die Tn/Kl

→ wissen um die Bedeutung des richtigen Interventionszeitpunktes, um Eskalation zu vermeiden
→ wissen, dass es mehrere mögliche Interventionszeitpunkte gibt
→ erleben hierdurch Freiheitsgrade
→ wissen, dass frühzeitige Intervention sinnvoll und einfach durchzuführen ist
→ können in ihren Handlungsabläufen Interventionszeitpunkte bestimmen
→ können Alternativhandlungsketten erstellen.

6.4.3 Ablauf

Der richtige Interventionszeitpunkt

Zur praktischen Anwendung der kurzfristigen Erleichterung wird mit Tn/ Kl eine Handlungskette erstellt, und mögliche Interventionszeitpunkte sowie geeignete Techniken der kurzfristigen Erleichterung werden erarbeitet.

Beispiel:

Negative Handlungskette (–)	Positive Handlungskette (+)
Warteschlange an der Kasse des Supermarktes kurz vor Ladenschluss	
↓	Stopp! Bleib ruhig, was sind schon 10 Minuten? Ich werde sie nutzen: (positives Selbstgespräch)
Ärger und negative Gedanken: »Das dauert wieder ewig – vergeudete Zeit.«	
↓	↓
Hektisches Verhalten: Vergleich mit Warteschlange nebenan – wo geht es schneller? Blick zur Kasse: Wer trödelt, hält auf, hat sein Geld nicht bereit?	Lesen einer gekauften Zeitschrift (Wahrnehmungslenkung)
↓	↓
Zunehmender Ärger: »Diese Idioten stehen stundenlang rum und finden dann ihr Kleingeld nicht.«	Entspannen und die komische Seite sehen: »Warum regt sich der/die so auf?«
↓	↓
Schwitzen, roter Kopf, Gereiztheit, Streit mit Hintermann wegen zu dicht aufgefahrenem Wagen.	Ruhe, Konzentration (der Eierkarton bleibt heil)
↓	
An der Kasse: fahrige Bewegungen, unfreundliches Verhalten gegenüber der Kassiererin.	Stressablauf →
↓	möglicher Interventionszeitpunkt
Beim Einpacken: unkonzentriert, hektisch: Der Karton mit den Eiern wird zerquetscht.	positive Handlungskette - - ->

Abb. 19: Beispiel für eine Handlungskette

Arbeitsblatt 7 für Tn/Kl

Um die Techniken zur kurzfristigen Stressbewältigung im Alltag umzusetzen, ist es hilfreich, Ihre Vorsätze nach Wenn-…- dann-Schema zu formulieren:

Wenn Situation X auftritt, …	… werde ich Folgendes tun:

6.5 Handlungsproben zur kurzfristigen Erleichterung

6.5.1 Hintergrundinformationen

Handlungsproben zur kurzfristigen Erleichterung sind Transferübungen / kurze »Rollenspiele« zur konkreten Umsetzung der erlernten Techniken. In einem Stressverhaltenstraining sollten sie eine zentrale Rolle einnehmen, und möglichst alle Tn/Kl sollten eine eigene Handlungsprobe entwickeln und durchführen. Besonders wichtig sind die detaillierte Beschreibung der individuellen Situation und des konkreten Zielverhaltens sowie die Bestimmung des Interventionszeitpunktes. Einige Tn/Kl demonstrieren ihre beabsichtigte Vorgehensweise im Plenum oder in Kleingruppen.

6.5.2 Lernziele

Die Tn/Kl

→ kennen Handlungsproben als Transfermethode zum Einsatz der kurzfristigen Erleichterung
→ können Handlungsproben zu ihren persönlichen Belastungssituationen erstellen und durchführen
→ können entscheiden, welche Techniken sie selbst in welchen Situationen anwenden werden
→ können dazu Einsatzpläne entwickeln
→ beobachten andere Tn/Kl bei der Durchführung ihrer Handlungsproben
→ können konstruktiv Feedback geben
→ lernen aus den Praxisbeispielen der anderen Tn/Kl.

6.5.3 Ablauf

1. Schritt:
Tr/Th demonstriert mit von ihm/ihr bestimmten Tn/Kl eine kurze Handlungsprobe aus dem Bereich der Tn/Kl oder auch häufig auftretende und damit vertraute Stresssituationen (Zahnarztbesuch, Warteschlange, Vortrag) (Dauer ca. 1 – 3 Minuten). Danach wird im Plenum anhand der Bestimmungsstücke ein Tn-Beispiel erarbeitet und als »Drehbuch« auf dem Flip oder an der Tafel festgehalten.

Bestimmungsstücke

– *Situation*

An dieser Stelle wird nur eine kurze Überschrift für die gewählte Situation notiert.

– *Schwierigkeitsgrad*

Auf einer Skala von 1–6 legt Tn/Kl fest, wie belastend die Situation und wie schwierig dementsprechend die Bewältigung ist.

– *Zeit und Ort*

Hier wird möglichst detailliert und konkret festgelegt, wo und wann die Situation spielt. Je genauer dies erfolgt, desto besser kann sich der/die Übende in die Situation versetzen und desto größer ist der Übungsgewinn.

– *Partner*

Es wird eine kurze Beschreibung des oder der eventuellen Partner gegeben, die namentlich benannt werden, mit dem oder mit denen der/die Übende in der Situation in Beziehung tritt, z. B. ob es jemand ist, der sehr aufgeregt ist, Verständnis zeigt, aggressiv auftritt usw. Eine möglichst genaue Beschreibung ist hilfreich, damit die Übungspartner sich realitätsnah verhalten.

Der Übende wählt sich die Übungspartner unter den übrigen Kursteilnehmern selbst aus, da nur er/sie entscheiden kann, wer dem Partner in der Realität am ähnlichsten ist.

– *Handlung*

Kurzbeschreibung (evtl. in einer Handlungskette), was sich in der betreffenden Situation alles ereignet. Wesentliche Dialoge werden in wörtlicher Rede formuliert. Dies bedeutet nicht, dass diese Passagen später in der Handlungsprobe wörtlich wiedergegeben werden müssen. Geringfügige Änderungen aus der Situation heraus sind manchmal sinnvoll.

– *Partnerverhalten*

Über die allgemeine Beschreibung des Partners hinaus wird festgelegt, wie er/sie sich konkret in der vorliegenden Situation zu verhalten hat. Es muss sich dabei nicht um das Verhalten handeln, das der Übende in der betreffenden Situation tatsächlich erlebt hat, sondern um eines, das dem o. a. Schwierigkeitsgrad entspricht. D. h., man kann sich den Spielpartner auch zunächst weniger Stress auslösend konstruieren, z. B. »er bleibt ganz ruhig«, und erst schrittweise an das tatsächliche Verhalten »er schreit los« heranarbeiten. Wesentliche Dialoge werden in direkter Rede vorformuliert.

— Techniken

Hier wird konkret und detailliert festgelegt, welche (Kombination von) Technik(en) Tn/Kl einsetzen möchte. Es sollte also nicht nur die Technik benannt werden (»Ich werde Selbstgespräche führen«), sondern die Vorgehensweise muss inhaltlich konkret und in Ichform ausgedrückt werden. (Positives Selbstgespräch: »Ich bin gut vorbereitet, bisher habe ich es immer geschafft.«)

Um die Wahrnehmung auf die Bewältigung der Belastung zu lenken, ist es sinnvoll, die Techniken in einer anderen Farbe zu notieren. Hilfreich ist eine kurze »Trockenübung« der Technik(en). »Wie wollen Sie atmen?« Sagen Sie laut Ihre Selbstinstruktion. So können schon vor der Handlungsprobe eventuelle Fehler oder eher ungünstige Techniken modifiziert werden.

Ob die jeweilige Situation in der Realität tatsächlich genau so ablaufen wird, ist zunächst unwesentlich. Erst wenn der/die Übende sich sicher genug fühlt, soll die Situation so gespielt werden wie in der Realität erwartet.

2. Schritt:
Wenn alle Bestimmungsstücke definiert sind, das Zielverhalten als »Trockenübung« erprobt und die nötigen Partner aus dem Tn-Kreis vom Rollenspieler ausgesucht wurden, werden eventuelle Requisiten (Stuhl, Schreibtisch etc.) bereitgestellt. Tr/Th liest nochmals das »Drehbuch« vor, Tn/Kl (und eventuelle Partner) spielt die Situation in der Mitte des Tn-Kreises. Tn/Kl sagt laut »Stopp« und führt beim vorher festgelegten Interventionszeitpunkt dann die gewählte Technik (laut gesprochen und deutlich demonstriert) durch.

Tr/Th fungiert notfalls als »Souffleur« und hält sich zur eventuellen Hilfestellung in der Nähe des Tn/Kl auf. Direkt nach Einsatz der Technik wird durch Klatschen abgebrochen, und es folgt die Feedback-Runde.

3. Schritt:
Feedback-Runde: Die Spieler setzen sich zurück in die Tn-Runde. Der/die SpielerIn selbst, danach die Gruppenteilnehmer und zuletzt Tr/Th geben konstruktive Rückmeldung für die Durchführung des Verhaltens (nicht für Partnerverhalten etc.).

Danach wird die Handlungsprobe entweder einigen Vorschlägen entsprechend modifiziert oder aber unverändert zur Etablierung des Verhaltens wiederholt. Wichtig ist hier, dass keine Verzögerungen durch langfristige Feedback-Runden oder Kaffeepausen entstehen. Insgesamt sollte die gesamte Sequenz zwischen einer halben und maximal einer Stunde dauern.

4. Schritt:

Für die Erarbeitung von persönlichen Handlungsproben in individueller Einzelarbeit oder Lernpartnerschaft suchen die Tn/Kl je eine persönliche Belastungssituation aus ihrer Stressorenliste, in der sie eine oder mehrere der kurzfristigen Techniken einsetzen wollen. Endziel ist jeweils ein fertiges Drehbuch.

5. Schritt:

Die Handlungsproben werden nacheinander (bei größeren Gruppen parallel in begleiteten Kleingruppen) durchgeführt.

6. Schritt: *(Hausaufgabe)*

Als Hausaufgabe soll das erlernte Verhalten – evtl. auch in ähnlichen Situationen (Generalisierung) – erprobt werden.

Arbeitsblätter für Tn/Kl

Beispiel: Handlungsprobe zur kurzfristigen Erleichterung

Situation	Zahnarztbesuch
Schwierigkeitsgrad 1–6	4
Zeit/Ort	Dienstag, 9.15 Uhr, Praxis Dr. X., Wartezimmer
Partner	Dr. X. Sprechstundenhilfe Fr. S. Ein mir fremder Patient (ca. 40 Jahre)
Handlung (kann auch als Handlungskette beschrieben werden [s.o.]	Ich habe bereits zwei schmerzhafte Eingriffe hinter mir und stehe jetzt vor der nächsten (letzten) Operation. Das Wartezimmer ist voll. Die meisten Leute sind nervös. > Ich warte kurz. Ich bin die nächste Patientin. > > Nun öffnet Dr. X. die Tür. Ich bekomme ein flaues Gefühl im Magen und … (die weiteren Stresssymptome werden hier nicht mehr geschildert, da der Interventionszeitpunkt spätestens hier einzusetzen ist.)
Partnerverhalten	Dr. X. ist angespannt (viele Patienten). Fr. S. lächelt. Mitpatient wirkt erleichtert (hat die Behandlung hinter sich, wartet auf Röntgenbild) und schaut mich an.
Techniken	Beim ersten gewählten Interventionszeitpunkt: *Spontanentspannung*: Ich entspanne meine Hände, und *Wahrnehmungslenkung*: Ich atme bewusst aus, unterhalte mich mit dem Mitpatienten über seine erfolgreich abgeschlossene Behandlung. Beim zweiten gewählten Interventionszeitpunkt: bei Wahl: *Spontanentspannung*: s.o. *Positives Selbstgespräch*: »Das ist der letzte Eingriff. In einer halben Stunde ist es vorbei. Ich werde mich entspannen, dann überstehe ich es gut.«

> = erster gewählter Interventionszeitpunkt für eine Handlungsprobe
> > = zweiter gewählter Interventionszeitpunkt für eine Handlungsprobe

Arbeitsblatt 7 für Tn/Kl
Handlungsproben

Situation

Schwierigkeitsgrad 1–6

Zeit/Ort

Partner

Handlung

Partnerverhalten

Techniken

7. Langfristige Stressbewältigung

- Entspannung
- Problemlösung
- Einstellungsänderung
- Belastungsausgleich
- soziale Unterstützung

Abb. 20: Langfristige Stressbewältigung

7.1 Entspannungstechniken

7.1.1 Die Techniken im Überblick

Hintergrundinformationen

Systematische Entspannungsmethoden sind Grundlage der Erregungs-reduktion und führen zum Abbau funktioneller Beschwerden und zu emotionalen Effekten wie Loslassen, Gelassenheit, Ruhe, Erholung, Öffnung neuen Erfahrungen gegenüber. Beide Effekte sind wichtig, Entspannung bedeutet nicht nur physiologische Lockerung der Muskulatur, sondern auch eine innere Haltung. Sie haben eine palliative Funktion, d. h., sie mildern Symptome, ohne die Ursachen zu beheben. Sie setzen am Organismus (O) an. Wenn Entspannung beherrscht wird, können Spontanentspannungstechniken abgeleitet werden.

Wirkung

Unmittelbare Wirkungen der Übungen sind z. B.: abnehmender Sauerstoffverbrauch, z. B. reduzierte Herzfrequenz, gesenkter Blutdruck, verbesserte Hautdurchblutung u. a. Ebenso wird der Spiegel von bestimmten Hormonen im Blut abgesenkt. Insgesamt ist zu beobachten, dass der Körper in einen Ruhezustand mit vermindertem Energieverbrauch versetzt wird (vgl. Benson, 2009; Howald, 1995).

Langfristig konnte nachgewiesen werden, dass die Angstbereitschaft abnimmt, der Belastbarkeitspegel steigt und positive Veränderungen in der Selbsteinschätzung u. a. auftreten (vgl. Benson, 2009; Vaitl, 2004).

Ausgangsbasis ist die Progressive Muskelrelaxation nach Jacobson, kombiniert mit einer selbstsuggestiven Reise durch die Muskelpartien *(konzentrative Entspannung)*. Das autogene Training nach Schulz und Atemübungen werden als Aufbautechniken vermittelt, um die vegetative Ebene gezielt ruhigzustellen.

Progressive Muskelentspannung

Entwickelt wurde die Progressive Muskelentspannung in den 30er-Jahren von Edmund Jacobson (vgl. Bernstein & Borkovec, 2007). Bei diesem Verfahren wird die Erkenntnis genutzt, dass muskuläre Spannungen mit den vegetativen und zentralnervösen Prozessen verknüpft sind, die für die Steuerung der Stressreaktion zuständig sind. Wird die muskuläre Spannung abgebaut, bewirkt dies Entspannung.

Über eine zeitweise aktiv verstärkte Anspannung von Muskelgruppen erfolgt bei der Methode der Progressiven Muskelentspannung daraufhin eine tiefe Entspannung der Muskulatur. Die Tn/Kl lernen, Entspannung und Anspannung gezielt voneinander zu unterscheiden. Durch diesen Zyklus Anspannung–Entspannung, der nacheinander fortschreitend (= progressiv) auf alle Muskelgruppen des Körpers angewendet wird, entsteht Entspannung zunächst auf der muskulären und dann auf allen vier Verhaltensebenen.

Ein Hinweis auf von fast allen Krankenkassen angebotene Rückenschulen oder auch das Durchführen einiger Übungen im Training (wenn Tr/Th über ausreichende Qualifikationen verfügt) empfiehlt sich, da viele Tn/Kl unter Rückenschmerzen leiden.

Eine weitere Alternative bzw. Ergänzung zur systematischen Muskelentspannung bietet Hatha-Yoga, die Lehre von der Körperbeherrschung mit Dehnungs- und Entspannungsübungen, z.B. die Asana-Reihe von Rishikesh (siehe Lysebeth, 1999).

Autogenes Training

Beim autogenen Training handelt es sich um eine autosuggestive Methode auf der Grundlage der Selbsthypnose. 1932 von J. H. Schultz entwickelt, zählt sie seither zu den im deutschsprachigen Raum am weitesten verbreiteten Entspannungsmethoden (vgl. Schultz, 2010).

Der Ausdruck autogen kommt aus dem Griechischen und bedeutet, einen bestimmten Zustand in sich selbst (griech.: autos) entstehen (griech.: gen) zu lassen. Der Zustand der Entspannung wird durch inneres Sprechen von Formeln und unterstützende Vorstellung erzielt.

Vegetative Entspannung wird in der Grundstufe des autogenen Trainings vermittelt, eher meditativen Charakter haben die Übungen der Oberstufe.

Ein weiterer Weg zur vegetativen Entspannung ergibt sich über die *Atmung*. Deshalb werden aufbauend auf Muskelrelaxation auch Atemtechniken vermittelt.

Fantasiereisen und nach innen geschaute Bilder

Damit werden Methoden bezeichnet, die zur emotionalen Entspannung (mit oder ohne Musik) und zur Anregung – beispielsweise im Rahmen einer Therapie – von Selbstreflexionsprozessen dienen. Nach innen geschaute Bilder sind intensive positive Imaginationen, bei denen alle Sinne in Richtung Stressreduktion miteinbezogen werden.

Meditative Verfahren

Zu den meditativen Verfahren zählen vielfältige und unterschiedliche Methoden, z. B. die aus dem Buddhismus stammende Vipassana-Meditation oder die Za-Zen-Methode, sowie transzendentale Meditation.

Ungeachtet der oft weitreichenden spirituellen Hintergründe sollen hier die spezifischen Techniken der Meditation zur Ausführung kommen. In ihrer praktischen Anwendung haben sie im Wesentlichen die gleichen Effekte wie das autogene Training und die Progressive Muskelentspannung.

US-Therapeuten haben aus diesen Ursprüngen zum Teil Meditationsverfahren entwickelt, die von fernöstlichen ideologischen bzw. religiösen Wertvorstellungen frei sind. Dazu zählen beispielsweise die »Clinical Standardized Method« von Carrington (1987) oder die »Atemmeditation« von Benson (2009).

Zu den zentralen Wirkfaktoren zählen: die Konzentration auf einen bestimmten Reiz (z. B. ein Wort, wie bei der transzendentalen Meditation) oder einen körperlichen Reiz (z. B. den Atem bei der Vipassana-Meditation), die körperlich bequeme Haltung, das passive Geschehenlassen und die (äußerliche) Ruhe. Bei der Za-Zen-Meditation ist das Sitzen selbst der »Anker« für die Konzentration.

Auf dem Markt existieren zudem viele Musikmeditations-Kassetten und -CDs.

Formen von Entspannungstechniken	
1. Muskuläre Ebene	• konzentrative Muskelentspannung • progressive Muskelrelaxation • muskuläres Tiefentraining
2. Vegetative Ebene	• autogenes Training • Atemtechniken
3. Emotionale Ebene	• Fantasiereisen • suggestive Musik
4. Kognitive Ebene	• Meditation

Abb. 21: Formen von Entspannungstechniken

Weitere unterstützende systematische Maßnahmen zur Entspannung

Viele Tn/Kl praktizieren weitere Maßnahmen oder Techniken, die sich zur Entspannung eignen. Dazu gehören beispielsweise:

- **Tai-Chi (Taijiquan):** Chinesische Bewegungsmeditation. Ziel ist der freie Fluss der Lebensenergie CHI.
- **Qigong:** Ziel ist die Veränderung und Harmonisierung der Lebensenergie Qi. Grundlage ist die daoistische Lehre von den komplementären Kräften Yin und Yang. Lenkung der Qi-Energie durch ritualisierte Bewegung, Atemkontrolle und Vorstellung.
- **Yoga:** Der Geist soll zur Ruhe kommen. Der Erkennende und das Erkennen sollen eins werden. Atemmeditation, Konzentrationstechniken, Körperübungen mit tausenden verschiedenen Positionen und Bewegungsmustern.
- **Zen:** Form des Buddhismus mit dem Ziel, den Strom der Gedanken völlig zur Ruhe kommen zu lassen und Erleuchtung zu erlangen.
- **Benson-Meditation:** Dient der Stressbewältigung. Die Aufmerksamkeit wird auf das Atmen und ein frei wählbares Wort, einen Laut oder Satz fokussiert. Dies wird bei jedem Ausatmen wiederholt. Ruhige entspannte Sitzhaltung. Dauer: 20 Minuten.

- **CSM (clinically standardized meditation):** Ein beliebiges klangvolles Wort ohne emotionale Bindung wird laut und rhythmisch gesprochen, dann immer leiser wiederholt, bis es kaum mehr hörbar ist. Dauer: 2-mal täglich, 20 Minuten.
- **Achtsamkeitsbasierte Stressreduktion (mindfulness – based stress reduction/MBSR):** 8-Wochen-Programm mit Einführungsworkshop und mehreren weiterführenden Trainingseinheiten. Sitzmeditation mit gedanklichem Durchwandern und Abtasten des Körpers sowie Konzentration auf den Atemvorgang. Dazu kommen bestimmte Yoga-Übungen.
- **Feldenkrais:** Ziel dieser Methode ist es, neue und flexiblere Bewegungsmuster auszubilden, indem die Sensibilität für den Körpereinsatz in der Bewegung geschärft wird und das Ausmaß an Körpereinsatz reduziert wird. Automatisierte Bewegungen sollen wieder bewusst gemacht und optimiert werden.

Wirkung

Alle systematischen Entspannungsübungen führen

- zu einer Senkung des Erregungsniveaus
- zu einer Erhöhung der Belastbarkeit
- zum Abbau von bereits bestehenden psychosomatischen Beschwerden (wie Spannungskopfschmerz, Herz-Kreislauf-Störungen etc.).

Sie können auf verschiedene Weise eingesetzt werden:

- man kann sie gut mit anderen langfristigen und kurzfristigen Stressbewältigungsmaßnahmen kombinieren und erhöht so deren Effekt.
- Kurzformen der Entspannung lassen sich als *Sofortmaßnahmen* in der akuten Stresssituation verwenden.

Aufbau der Übungen, bezogen auf die Verhaltensebene

muskulär:

- konzentrative Muskelentspannung
- progressive Relaxation (Lang-/Kurzform)
- muskuläres Training und Tiefentraining

vegetativ:

- autogenes Training
- Atemtechniken

emotional:

- Fantasiereisen
- suggestive Musik

kognitiv:

- Meditation

Lernziele

Die Tn/Kl

→ wissen, dass es verschiedene Wege zur systematischen Entspannung gibt
→ kennen den hier beabsichtigten Aufbau
→ wissen um die Bedeutung von systematischer Entspannung
→ kennen weitere sinnvolle Möglichkeiten, zu entspannen.

Ablauf

Tn/Kl sollte eine Wahlmöglichkeit ihrer bevorzugten Kombination von Techniken im Sinne selbstständiger Stressbewältigung gegeben werden.

Vorrangiges Ziel ist jedoch das sichere Beherrschen der Muskelrelaxation, da diese Methode leicht erlernbar ist und die Tn/Kl aktiv Entspannung herbeiführen können, was unserem wesentlichen Lebensstil entspricht.

In den letzten Sitzungen können die Übungen auch mit Fantasiereisen und (Musik-)Meditation gekoppelt werden. Wichtig ist hierbei die Lenkung auf positive Ruhe-Imaginationen.

Vorbereitung für die Entspannung

Übungsort: Wenn möglich, extra Entspannungsraum, ruhig, nicht zu kühl, Störungen weitgehend ausschalten (Telefon usw.). Anfangs empfiehlt es sich, immer am gleichen Ort zu üben, deshalb behalten Tn/Kl ihren Platz/ ihre Decke, es sei denn, etwas stört sie dort.

Umfeld: Hotelpersonal, andere Tn/Kl (wenn in der Praxis geübt wird) etc. informieren, dass nicht gestört werden soll.

Medien: Evtl. mit Tonträger arbeiten, damit Tn/Kl für zu Hause Übungskassetten mitnehmen können und damit Text der Lerntheorie entsprechend immer im gleichen Tempo etc. gesprochen ist, keine Versprecher auftauchen und Tr/Th die Übenden besser beobachten kann.

Häufigkeit: 1 – 2 × täglich bei Kompaktseminaren, ansonsten in jedem Kursabschnitt (z. T. nur sehr kurz).

Kleidung: Bequem und locker, störendes Zubehör (Schmuck, Brille) entfernen, enge Gürtel bzw. Bund lösen, Hemdkragen lockern.

Innere Vorbereitung: Augen schließen und Gedanken wandern lassen, Konzentration auf den Körper lenken und das Gefühl der Ruhe instruieren, evtl. Vorformeln benutzen:

»Ich bin ganz ruhig.«

»Ich bin vollkommen ruhig und gelassen.«

Wenn störende Gedanken auftreten, sollten Tn/Kl diese im Stillen beiseiteschieben mit der Selbstaufforderung

»Nicht jetzt, später«

oder sich vorstellen, diese in eine große Truhe zu legen und den Deckel zu schließen.

Verschiedene Körperhaltungen

1. Liegen

Für die meisten Menschen ist die Entspannung im Liegen am angenehmsten und am leichtesten zu erlernen:

- bequem auf einer nicht zu harten Unterlage
- entspannt auf dem Rücken liegen
- Knie ein wenig anwinkeln
- Füße locker auseinanderklappen lassen
- Arme mit leicht gebeugten Ellenbogen liegen lassen
- Handflächen zeigen nach unten
- Finger berühren einander nicht
- bei Nackenverspannung ein Kissen/Rolle unter den Nacken legen.

2. Lehnstuhlhaltung

- Stuhl mit hoher Lehne benutzen
- ganzen Rücken bequem anlehnen
- Unterarme ruhen bequem auf den Seitenlehnen
- Ellenbogen stumpf anwinkeln
- Füße stehen mit voller Sohle auf dem Fußboden mit leicht nach außen gewinkelten Fußspitzen
- Ober- und Unterschenkel stehen im rechten Winkel
- Knie fallen leicht nach außen.

3. *Droschkenkutscherhaltung*

- auf dem vorderen Teil des Stuhles nach vorherigem Aufrechtsitzen in sich zusammensacken lassen
- die Füße stehen voll auf dem Boden
- die Hände hängen locker zwischen den Beinen herunter
- die Unterarme liegen auf
- der Kopf hängt locker nach vorne
- der Rücken bildet einen »Katzenbuckel«
- die Hände berühren sich nicht.

Sitzhaltungen empfehlen sich dann, wenn keine Möglichkeit zum Liegen besteht oder wenn bei einzelnen Tn/Kl z. B. durch Wirbelsäulenschäden beim Liegen dauerhafte Schmerzen auftreten, und als zusätzliche Übungsform für breiteren Transfer.

Checkliste für Tr/Th

Entspannungsinstruktion

- Raum verdunkeln
- Tn/Kl auf Decken oder Matten (jeder behält seine Decke!) legen lassen
- in die Runde schauen und Tn/Kl beobachten
- längere Pausen zwischen den einzelnen Entspannungsinstruktionen einhalten
- Pausen gleich lang halten
- gleichmäßiges Sprechtempo
- ruhig und in gleichmäßiger Lautstärke sprechen
- anfangs die Entspannung frühzeitig zurücknehmen lassen, später den Zeitpunkt den Tn/Kl selbst überlassen
- immer am gleichen Ort sitzend instruieren; nicht zwischen den Tn/Kl sitzend – am besten leicht erhöht (Akustik!)
- Störungen vorher ausschalten (Telefon abstellen, »Bitte-nicht-stören«-Schild an die Tür).

Checkliste für Tr/Th

Rückmelderunde nach der Entspannungsübung

- Sich in den Kreis der Tn/Kl setzen.
- Tn/Kl sitzen bei noch verdunkeltem Raum auf ihrer Decke.

- Fragen an Tn/Kl und Anmerkungen werden in ruhigem und entspanntem Tonfall besprochen.
- Blickkontakt zum gerade befragten Tn/Kl.
- Tn/Kl wird Verständnis signalisiert (z. B. durch Nicken oder durch die Worte »sehr schön«, »ja«, »danke«).
- Die Ausführungen der Tn/Kl werden möglichst nicht unterbrochen.
- Nachfragen besonders bei »Wortkargen«.
- Positives wird verstärkt, Negatives gelöscht oder konstruktiv umformuliert.
- Speziell am Anfang immer etwas Positives für Tn/Kl herausstellen.
- Tn/Kl werden bezüglich der Sensibilität und der Wahrnehmungen von An- und Entspannung geschult.
- Fragen nach Inhalten, Theorie, Allgemeinem ruhig, aber bestimmt zurückstellen.
- Die Tn/Kl können ihren Entspannungszustand auf einer Skala von 0 bis 100 einschätzen.
- Lachen etc. »löschen«.
- »Störer« z. B. durch Blickkontakte oder Anheben der Stimme zur Ruhe bringen; notfalls müssen sie angesprochen werden.
- Bei der Rückmelderunde alle Tn/Kl konsequent der Reihe nach abfragen; die Reihenfolge wechseln.

7.1.2 Muskuläre Entspannung

Hintergrundinformationen

Als Einstieg in aktive Entspannung ist die Muskulatur meist der günstigste Ansatzpunkt, besonders für aktive Tn/Kl, z. B. Typ A. Es ist recht einfach, die Muskeln *willkürlich* in ihrem Spannungsgrad zu beeinflussen (durch an- und entspannen), und man *tut* etwas.

Nacheinander werden folgende Muskelpartien zunächst an- und dann wieder entspannt:

1. Hände
2. Unterarme
3. Oberarme
4. Schultern und Nacken
5. Rücken
6. Gesicht
7. Vorderhals
8. Brust

9. Bauch
10. Gesäß
11. Oberschenkel
12. Unterschenkel
13. Füße.

Mögliche Lernabfolge

1. Schritt

- Konzentrative Entspannung

2. Schritt

- Systematische Entspannung der Gesamtmuskulatur (progressive Relaxation nach Jacobson)
    - Arme und Hände
    - Nacken, Schultern, oberer Rücken und Gesicht
    - Brust, Bauch und unterer Rücken
    - Beine und vollkommene Körperentspannung.

3. Schritt

- Kurzentspannung der Gesamtmuskulatur (Embryo) (evtl. kombiniert mit Schritt 1)
- Systematische Entspannung einzelner Muskelpartien
- Muskuläres Tiefentraining.

4. Schritt

Wenn Tr/Th über derartige Kenntnisse verfügt:

- evtl. Übungen aus der Rückenschule
- evtl. Übungen aus Hatha-Yoga.

Lernziele

Die Tn/Kl

→ erleben An- und Entspannung
→ beobachten sich
→ entwickeln Körperbewusstsein
→ werden ruhig

→ haben eine Grundlage für spätere Übungen
→ regenerieren
→ werden mit Entspannungsgefühlen zunehmend vertraut
→ erleben, dass Muskelentspannung auch in kurzer Zeit erreicht werden kann
→ können selbstständig Muskelentspannung herbeiführen
→ erleben eine Alternative zur Langform
→ kennen Aktivierungsübungen
→ werden wach(er)
→ erleben Lockerung im Nackenbereich und im oberen Rücken
→ kennen die Effekte dieser Übung und deren Einsatzmöglichkeiten
→ beobachten, welche Übungsabfolge ihnen am ehesten entspricht.

Ablauf

Informationen für Tn/Kl

Methode und Wirkung

Man lernt, die Entspannung herbeizuführen, indem man zunächst die einzelnen *Spannungsgrade* der Muskelgruppen *beobachtet*. Dazu vergleicht man den angespannten und den entspannten Zustand jeweils einer einzelnen Muskelgruppe.

Man spannt zunächst nur leicht an, achtet dabei genau auf die Empfindungen und lässt dann locker und achtet wieder genau auf die Empfindungen. So lernt man, immer feinere Unterschiede wahrzunehmen, und kann die jeweilige Muskelgruppe von Versuch zu Versuch immer tiefer entspannen.

Durch die anfängliche Anspannung lernt man auch, die mit beginnender Belastung verbundenen Verspannungen schneller und besser wahrzunehmen.

Sie gehen in der Übung nacheinander alle wichtigen Muskelgruppen des Körpers einzeln durch, bis der ganze Körper entspannt ist.

Tiefe *Muskelentspannung* ist eine *Fertigkeit*, die man erlernen kann und die es einem dann ermöglicht, Belastungsgefühlen entgegenzuwirken. Man kann nur entweder unruhig oder entspannt sein – aber nicht beides gleichzeitig. Wenn man sich in den kritischen Situationen früh genug entspannt, kann man Stressreaktionen abschwächen oder verhindern. Dazu muss man aber zunächst diesen tiefen Zustand der Entspannung herbeiführen können.

Entspannung ist eine Fertigkeit wie viele andere. Fertigkeiten (z. B. Skifahren) erlernt man durch *regelmäßiges Training*. Meist treten dabei immer wieder Phasen auf, in denen es keine Fortschritte gibt, lassen Sie sich davon nicht entmutigen!

Wenn die körperliche Entspannung »auf Kommando« (»Spontanentspannung«) hervorgerufen werden kann, ist es möglich, in bestimmten Situationen weniger nervös, gereizt, hektisch, aufgeregt oder ängstlich zu reagieren. Außerdem kann man sich auf immer wiederkehrende und voraussehbare Belastungssituationen leichter vorbereiten und sich konzentriert und zielstrebig damit auseinandersetzen.

Körperliche Wirkung

Während der Anspannungsphase wird das Blut aus den zahlreichen Blutgefäßen des Muskels gepresst. Bei der Entspannung erweitern sich die Gefäße durch die parasympathische Wirkung stärker als vor der Anspannung und füllen sich wieder mit Blut.

Durch diesen Pumpvorgang und die Erweiterung der Blutgefäße fließt mehr Blut, und es fließt schneller. Die Zunahme des Blutvolumens an der Peripherie wird dann oft als *Schwere* wahrgenommen.

Das in den erweiterten Gefäßen benötigte Blut kommt mit 37 Grad aus dem Körperinneren, gelangt schnell in die gelockerten Muskeln und führt meist zu *Wärmegefühlen*.

Diese Entspannungseffekte werden häufig auch als Kribbeln oder Fließen beschrieben.

Anleitung

a) *Konzentrative Entspannung – Beispiel einer Durchführung*
   Dauer ca. fünf Minuten

Bereiten Sie sich innerlich auf die Entspannung vor. Legen Sie sich ganz ruhig und locker hin. Genießen Sie einfach den ungestörten Zustand und gehen Sie in Gedanken ganz in Ihren Körper hinein.

Wir werden jetzt alle für eine Entspannung wichtigen Muskeln nacheinander durchgehen und versuchen, sie durch reine Konzentration zu lockern und zu entspannen.

Gehen Sie jetzt als Erstes in die **rechte Hand.** Lassen Sie die Fingerspitzen ganz entspannt und schwer auf die Unterlage sinken: den Daumen, den Zeigefinger, den Mittelfinger, den Ringfinger und den kleinen Finger ganz schwer und entspannt werden lassen.

Lassen Sie dann auch die Handinnenfläche ganz schwer und entspannt werden.

Beziehen Sie jetzt auch die **linke Hand** mit ein.

Lassen Sie die Fingerspitzen ganz entspannt und schwer auf die Unterlage sinken: den Daumen, den Zeigefinger, den Mittelfinger, den Ringfinger und den kleinen Finger ganz schwer und entspannt werden lassen.

Lassen Sie dann auch die Handinnenfläche ganz schwer und entspannt werden. Beide Hände liegen jetzt locker und schwer und entspannt auf der Unterlage.

Konzentrieren Sie sich nun auf beide **Unterarme.**

Lassen Sie die Unterarme schwer und entspannt nach unten sinken.

Gehen Sie dann weiter in die **Oberarme.**

Lassen Sie auch diese locker und schwer auf die Unterlage sinken.

Gehen Sie dann in Gedanken weiter in den **Schulter**bereich.

Lassen Sie die Schulter breit, rund und schwer auf die Unterlage sinken.

Gehen Sie nun in Gedanken zum **Nacken.**

Lassen Sie auch diesen locker und schwer werden.

Gehen Sie jetzt weiter in die **Rückenmuskulatur.**

Lassen Sie auch die Rückenmuskulatur ganz locker und schwer werden.

Gehen Sie dann weiter in das **Gesicht.**

Lassen Sie die Gesichtsmuskeln locker wegsinken, ganz locker und entspannt werden, die Stirn, die Wangen, die Mundpartie ganz locker und entspannt werden.

Gehen Sie weiter in die **Brustmuskeln.**

Lassen Sie die Brustmuskeln breit und schwer nach unten wegsinken.

Gehen Sie in Gedanken weiter in den **Bauchraum.**

Lassen Sie den Bauch locker und entspannt nach unten sinken.

Gehen Sie weiter in die **Gesäßmuskulatur.**

Lassen Sie auch diese locker und entspannt und schwer auf die Unterlage sinken.

Gehen Sie weiter in die **Oberschenkelmuskulatur.**

Lassen Sie die großen Muskeln schwer nach unten wegsinken.

Gehen Sie weiter in die **Unterschenkel.**

Lassen Sie auch die Unterschenkelmuskulatur angenehm locker und schwer werden.

Gehen Sie zuletzt weiter in die **Füße.**

Lassen Sie die Füße ganz locker und entspannt werden bis hin zu den

Zehen. Registrieren Sie, wie jetzt der ganze Körper angenehm schwer und entspannt ist, und genießen Sie diesen Zustand.

b) *Spannungs-Entspannungs-Training – Anleitung (nach Jacobson)*
   Dauer 25 – 30 Minuten

Ablaufschema progressiver Muskelrelaxation:

Aufmerksamkeit wird auf einen Bereich des Körpers gelegt

Anspannung der Muskeln

Aufrechterhalten der Spannung

Entspannung der Muskeln

Legen (setzen) Sie sich bequem auf Ihre Unterlage (Ihren Stuhl). Lockern Sie den Bund oder Gürtel, legen Sie die Brille und evtl. störende Gegenstände (Uhr, Schmuck) ab. Korrigieren Sie Ihre Lage, bis Sie bequem und druckfrei liegen (sitzen) und nichts an Ihrer Lage Sie stört. Ihre Arme sind leicht abgewinkelt, die Handgelenke liegen locker auf, Ihre Beine sind bequem ausgestreckt, die Füße fallen von allein leicht nach außen. Nun schließen Sie die Augen. Lassen Sie Ihre Gedanken einfach kreisen. Genießen Sie die Vorstellung, dass Sie im Augenblick nichts berühren oder behelligen kann. Es gibt nichts zu tun. Sie können sich zuerst völlig der Beobachtung muskulärer Anspannung und dann dem wohligen Gefühl der Entspannung hingeben.

Konzentrieren Sie sich auf jeden Muskel Ihres Körpers, versuchen Sie jeden Muskel zu erfühlen und ihn schon – so gut es geht – zu entspannen. Geben Sie sich ganz der Ruhe und Entspannung hin.

1. Übungsabschnitt: Entspannung der Hände und Arme
   S = Spannung
   E = Entspannung
Anspannung und Entspannung der Muskeln erfolgt im zeitlichen Verhältnis von 1 : 3.
S   Nachdem Sie sich entspannt haben, ballen Sie die rechte Faust, ballen sie fester und fester und beobachten Sie die Spannung. Halten Sie die Faust geballt und fühlen Sie die restliche Spannung in der rechten Faust, in der Hand, im Unterarm ...

E Und nun entspannen Sie. Lassen Sie die Finger der rechten Hand locker werden und beobachten Sie den unterschiedlichen Eindruck. Lassen Sie sich völlig gehen und entspannen Sie sich am ganzen Körper, immer weiter entspannen, von selbst weiter entspannen.

S Noch einmal: Die rechte Faust ganz fest halten … sie gespannt halten und die Spannung wieder beobachten …

E Nun lassen Sie los, entspannen Sie sich; Ihre Finger strecken sich wieder und Sie merken den Unterschied zwischen der Anspannung vorher und der Entspannung jetzt. Lassen Sie sich völlig gehen und entspannen Sie sich am ganzen Körper, immer weiter entspannen, von selbst weiter entspannen.

S Nun machen Sie das Gleiche mit der linken Faust. Ballen Sie die linke Faust, während der Körper sich entspannt; … ballen Sie die Faust fester und fühlen Sie die Spannung …

E Und entspannen Sie. Genießen Sie den Unterschied …

S Wiederholen Sie es noch einmal: Spannen Sie die linke Faust ganz stark …

E Entspannen Sie und fühlen Sie den Unterschied. Überlassen Sie sich einige Zeit dieser Entspannung … Lassen Sie sich völlig gehen und entspannen Sie sich am ganzen Körper, immer weiter entspannen, von selbst weiter entspannen.

S Ballen Sie jetzt beide Fäuste fester und fester, beide Fäuste ganz fest halten, die Unterarme ganz entspannt, … beobachten Sie Ihre Empfindungen …

E Und nun entspannen Sie; strecken Sie die Finger und fühlen Sie die Entspannung. Fahren Sie fort, die Hände und Unterarme zu entspannen, entspannen Sie immer mehr … Ihre Hände sind jetzt warm und schwer. Wenn Sie sich ganz auf die Fingerspitzen Ihrer rechten Hand konzentrieren, werden Sie dort ganz leicht Ihren Puls pochen fühlen können. Lassen Sie sich völlig gehen und entspannen Sie sich am ganzen Körper, immer weiter entspannen, von selbst weiter entspannen.

S Nun beugen Sie beide Ellenbogen und spannen Sie den Bizeps an. Fester und fester spannen und die Spannungsgefühle beobachten.

E Und die Arme wieder strecken, entspannen und auf den Unterschied achten. Nun breitet sich die Entspannung aus … Lassen Sie sich völlig gehen und entspannen Sie sich am ganzen Körper, immer weiter entspannen, von selbst weiter entspannen.

S Noch einmal: Spannen Sie den Bizeps an; die Spannung festhalten und genau beobachten.

E Nun strecken Sie die Arme aus und entspannen Sie; entspannen Sie, so gut Sie können … Achten Sie jedes Mal genau auf Ihre Empfindung, einmal, wenn Sie anspannen, und dann, wenn Sie entspannen. Lassen Sie sich völlig gehen und entspannen Sie sich am ganzen Körper, immer weiter entspannen, von selbst weiter entspannen.

S Nun strecken Sie die Arme aus, drücken Sie so fest auf die Unterlage, dass Sie eine große Spannung in den Trizepsmuskeln an der Rückseite der Oberarme spüren; strecken Sie die Arme und fühlen Sie die Spannung …

E Und wieder entspannen. Arme wieder bequem hinlegen. Lassen Sie die Entspannung sich weiter ausbreiten. Die Arme fühlen sich angenehm schwer an, während Sie entspannen … Lassen Sie sich völlig gehen und entspannen Sie sich am ganzen Körper, immer weiter entspannen, von selbst weiter entspannen.

S Noch einmal die Arme strecken und auf die Unterlage drücken, sodass Sie die Spannung in den Trizepsmuskeln fühlen; drücken Sie ganz fest. Fühlen Sie die Spannung …

E Und entspannen Sie. Nun konzentrieren Sie sich auf reine Entspannung in den Armen ohne jegliche Spannung. Legen Sie die Arme ganz bequem hin und entspannen Sie sie weiter und weiter, weiter und weiter. Selbst wenn Sie glauben, Ihre Arme seien nun völlig entspannt, versuchen Sie noch ein wenig weiter zu gehen; versuchen Sie, ein immer tieferes Gefühl der Entspannung zu erreichen.

2. Übungsabschnitt: Entspannung des Gesichts mit Nacken, Schultern und oberem Rücken

S Runzeln Sie nun die Stirn; ziehen Sie die Stirnmuskeln fest nach oben, sodass horizontal auf der Stirn Falten entstehen. Halten Sie diese Spannung …

E Und nun entspannen Sie die Stirn und lassen Sie sie locker und glatt werden. Beobachten Sie, wie sie immer lockerer wird, je mehr Sie sich entspannen. Die gesamte Kopfhaut wird locker und entspannt …

S Nun ziehen Sie die Augenbrauen zusammen und beobachten Sie die Spannung. Eine senkrechte Falte bildet sich zwischen den Augen und auf der Stirn …

E Beenden Sie die Anspannung wieder. Lassen Sie die Stirnhaut wieder ganz locker …

S Nun kneifen Sie die Augen zusammen, fester und fester … Fühlen Sie die Spannung …

E Und entspannen Sie die Augenpartie. Halten Sie die Augen ruhig und bequem geschlossen und beobachten Sie die Entspannung …

S Konzentrieren Sie sich nun auf die Augen selbst. Rollen Sie jetzt Ihre Augen bei geschlossenen Lidern nach oben, so, als wollten Sie ganz nach oben schauen, und halten Sie die Augen eine Weile so; jetzt drehen Sie die Augen nach links und anschließend nach rechts.

E Und nun lassen Sie die Augen wieder vollkommen locker in ihre Normallage zurückgleiten. Keiner der Augenmuskeln ist mehr gespannt. Fühlen Sie, wie ruhig und entspannt jetzt auch die Augen selbst werden.

S Nun beißen Sie die Zähne fest aufeinander und spannen Sie die Kiefermuskeln; beobachten Sie die Spannung in der Kiefermuskulatur …

E Entspannen Sie jetzt die Kiefermuskeln. Lassen Sie dabei die Lippen leicht offen … Genießen Sie die Entspannung …

S Nun pressen Sie die Zunge fest gegen den Gaumen. Beobachten Sie die Spannung …

E Lassen Sie die Zunge wieder locker und entspannt werden …

S Nun spitzen Sie die Lippen, pressen Sie die Lippen fester und fester zusammen …

E Entspannen Sie die Lippen. Beobachten Sie wieder den Unterschied zwischen Spannung und Entspannung. Beobachten Sie die Entspannung im ganzen Gesicht, an der Stirn, der Kopfhaut, den Augen, der Kiefermuskulatur, an den Lippen, Zunge, Hals. Die Entspannung breitet sich immer weiter aus …

S Nun beobachten Sie die Nackenmuskulatur. Drücken Sie den Kopf langsam zurück und beobachten Sie die Spannung im Nacken; rollen Sie den Kopf auf die rechte Seite und beobachten Sie, wie die Spannung wechselt; nun rollen Sie den Kopf zur linken Seite.

E Und entspannen Sie den Nacken. Legen Sie den Kopf bequem hin …

S Richten Sie den Kopf auf und beugen Sie ihn nach vorn, pressen Sie das Kinn fest gegen die Brust …

E Nun legen Sie den Kopf wieder bequem hin und beobachten Sie die Entspannung. Lassen Sie die Entspannung sich weiter ausbreiten … Lassen Sie sich völlig gehen und entspannen Sie sich am ganzen Körper, immer weiter entspannen, von selbst weiter entspannen.

S Jetzt ziehen Sie die Schultern hoch, ganz hoch. Halten Sie die Spannung …

E Lassen Sie die Schultern wieder fallen und beobachten Sie die Entspannung. Nacken und Schultern entspannen sich …

S Ziehen Sie die Schultern noch einmal hoch, ganz fest, und drehen Sie sie so nach vorn und zurück. Beobachten Sie die Spannung in den Schultern und im oberen Rücken ...

E Lassen Sie die Schultern wieder fallen und entspannen Sie sich. Lassen Sie die Entspannung in den Schultern sich tief ausbreiten bis in die Rückenmuskeln. Entspannen Sie Nacken und Hals, Kiefermuskeln und die gesamte Gesichtspartie und beobachten Sie, wie eine große Entspannung sich ausbreitet und tiefer wird ... tiefer ... immer tiefer.

3. Übungsabschnitt: Entspannung der Brust, des Bauches und des unteren Rückens

E Entspannen Sie den Körper. Beobachten Sie das angenehme Gefühl der Schwere, das mit der Entspannung einhergeht. Atmen Sie leicht und frei. Beobachten Sie, wie die Entspannung mit dem Ausatmen zunimmt ... während Sie ausatmen, fühlen Sie die Entspannung ...

S Nun atmen Sie fest ein und füllen die Lungen; holen Sie tief Luft und halten Sie den Atem an. Beobachten Sie die Spannung ...

E Atmen Sie wieder aus, lassen Sie den Brustkorb locker werden und lassen Sie die Luft von selbst ausströmen. Entspannen Sie sich weiter und atmen Sie frei und ruhig. Beobachten Sie die Entspannung und genießen Sie sie.

S Während der restliche Körper so entspannt wie möglich ist, füllen Sie noch einmal die Lungen voll mit Luft. Holen Sie tief Luft und halten Sie den Atem wieder an ...

E Atmen Sie jetzt langsam aus und beobachten Sie die Erleichterung. Nun atmen Sie wieder normal. Entspannen Sie die Brust und lassen Sie die Entspannung sich ausbreiten über Rücken, Schultern, Nacken und Arme. Einfach loslassen und die Entspannung genießen ...

S Nun beobachten Sie die Bauchmuskeln. Machen Sie sie ganz hart, indem Sie die Beine durchgestreckt anheben und gleichzeitig den Bauch nach außen drücken ...

E Und entspannen Sie. Lassen Sie die Muskeln locker werden und beobachten Sie den Unterschied ...

S Noch einmal: Heben Sie die Beine und spannen Sie die Bauchmuskeln. Spannung festhalten und beobachten ...

E Und entspannen. Beobachten Sie das allgemeine Wohlbefinden, das mit der Entspannung des Bauches einhergeht. Lassen Sie sich völlig gehen und entspannen Sie sich am ganzen Körper, immer weiter entspannen, von selbst weiter entspannen.

S Nun ziehen Sie den Bauch ein, spannen Sie die Muskeln fest und erleben Sie die Spannung ...

E Nun wieder entspannen. Lassen Sie den Bauch wieder los. Atmen Sie normal und leicht und spüren Sie dabei das angenehme Gefühl, das über die Brust und den Bauch läuft ...

S Nun ziehen Sie den Bauch wieder ein und halten Sie die Spannung fest, drücken den Bauch wieder nach außen; halten die Spannung fest ... Ziehen den Bauch noch einmal ein und fühlen die Spannung ...

E Und entspannen Sie die Bauchmuskeln völlig. Die Spannung verschwindet, und die Entspannung wird immer tiefer. Jedesmal, wenn Sie ausatmen, beobachten Sie die rhythmische Entspannung in den Lungen und im Bauch. Beobachten Sie dabei, wie Brust und Bauch mehr und mehr entspannt sind ... Versuchen Sie alle Spannungen in Ihrem Körper zu lockern ... Lassen Sie sich völlig gehen und entspannen Sie sich am ganzen Körper, immer weiter entspannen, von selbst weiter entspannen.

S Nun konzentrieren Sie sich auf den unteren Rücken. Wölben Sie den Rücken nach oben, sodass Sie nur mit dem Gesäß und den Schultern auf der Unterlage liegen. Fühlen Sie die Spannung entlang der Wirbelsäule ...

E Und legen Sie sich wieder bequem zurück und entspannen Sie Ihr Kreuz ...

S Nun heben Sie wieder Ihren Rücken und beobachten Sie dabei die Spannung. Versuchen Sie, den übrigen Körper so entspannt wie möglich zu halten. Versuchen Sie, die Spannung nur auf den unteren Teil des Rückens zu konzentrieren ...

E Entspannen Sie sich wieder, entspannen Sie immer mehr. Entspannen Sie das Kreuz ... entspannen Sie den unteren Rücken ... entspannen Sie den oberen Rücken, lassen Sie die Entspannung übergehen auf Bauch, Brust, Schultern, Arme, Gesicht. Diese Körperteile werden immer mehr entspannt, mehr und mehr, die Entspannung wird größer und tiefer ... Lassen Sie sich völlig gehen und entspannen Sie sich am ganzen Körper, immer weiter von selbst entspannen.

4. Übungsabschnitt: Entspannung der Hüften, Schenkel und Waden. Danach: vollkommene Körperentspannung

S Nun spannen Sie das Gesäß und die Oberschenkel und spüren Sie die Spannung in den Schenkeln. Drücken Sie die Fersen so fest wie möglich herunter ...

E Entspannen Sie und beobachten Sie den Unterschied ...

S Spannen Sie Gesäß und Muskeln der Schenkel noch einmal. Halten Sie die Spannung fest ...

E Entspannen Sie Hüften und Beinmuskeln. Lassen Sie die Entspannung sich von selbst ausbreiten ...

S Pressen Sie nun Füße und Zehen nach unten, weg vom Gesicht, sodass die Wadenmuskeln gespannt sind. Beobachten Sie diese Spannung ...

E Nun entspannen Sie Füße und Waden ...

S Beugen Sie diesmal die Füße in Richtung auf das Gesicht, sodass Sie am Schienbein Spannung verspüren. Bringen Sie die Zehen möglichst weit nach oben ...

E (ca. 3 Min.) Nun entspannen Sie weiter. Bleiben Sie für einige Zeit entspannt ... Entspannen Sie sich weiter und weiter, über den ganzen Körper. Entspannen Sie Füße, Knöchel, Waden und Schienbeine, Knie, Beinmuskeln, Gesäß und Hüften. Beobachten Sie die Schwere des Unterkörpers, während Sie sich weiter entspannen ...

Nun dehnen Sie die Entspannung auf den Bauch aus, ... auf die Taille und das Kreuz. Lassen Sie sich mehr und mehr gehen. Fühlen Sie die Entspannung. Sie breitet sich immer weiter aus, über den oberen Rücken, Brust, Schultern und Arme, ganz bis in die Fingerspitzen. Entspannen Sie sich immer tiefer. Versichern Sie sich, dass im Hals keine Spannung mehr ist; entspannen Sie den Nacken, die Kiefermuskeln und die gesamte Gesichtsmuskulatur. Lassen Sie für einige Zeit den Körper so entspannt ... Entspannen Sie sich. Halten Sie die Augen geschlossen, sodass Sie von den Gegenständen und Bewegungen Ihrer Umgebung nicht gestört werden und so jegliche Spannung von sich fernhalten, atmen Sie tief und spüren Sie, wie Sie schwerer werden, atmen Sie flach ein und dann ganz langsam aus ... Fühlen Sie, wie schwer und entspannt Sie geworden sind.

In einem Stadium völliger Entspannung fühlen Sie sich unwillig, auch nur einen Muskel Ihres Körpers zu bewegen. Denken Sie an die große Mühe, die es bereiten würde, wenn Sie den rechten Arm heben wollten. Während Sie über das Heben des rechten Arms nachdenken, beobachten Sie, ob sich irgendeine Spannung in die Schultern oder den Arm eingeschlichen hat ... Nun entschließen Sie sich, den Arm nicht zu heben, sondern bleiben Sie weiter entspannt. Beobachten Sie die Ruhe und das Verschwinden jeglicher Spannung ...

Zurücknehmen

Beenden Sie nun die Übung. Zählen Sie bei geschlossenen Augen langsam rückwärts von 5 – 1. Bei 1 nehmen Sie die Entspannung zurück, indem Sie:

1. beide Arme in den Ellbogen einwinkeln und sie kurz anspannen,
2. danach tief einatmen
3. und zuletzt die Augen öffnen und sich strecken und räkeln.

Sie sind dann wieder hellwach.

Bei Tn/Kl mit niedrigem Blutdruck reicht diese Art des Rücknehmens manchmal nicht aus. Dann sollten diese die Beine über den Kopf heben und »Rad fahren«. So kommt Blut (und Sauerstoff) in den Kopf und aktiviert schnell den Kreislauf.

c) Kurzentspannung der Gesamtmuskulatur (Embryo)
Dauer ca. 3 Minuten

Sobald die Körperentspannung mithilfe der Langform zuverlässig erreicht wird, kann man zur Kurzentspannung übergehen.

Dabei wird zunächst der ganze Körper auf einmal angespannt, und anschließend werden in der Ruhelage die einzelnen Muskelabschnitte in der erlernten Reihenfolge entspannt.

Anleitung
Anspannungsphase:

Setzen Sie sich auf, krümmen Sie den Rücken (Katzenbuckel), kippen Sie den Kopf in Richtung Brust. Gleichzeitig werden die Arme angewinkelt und vor der Brust gekreuzt. Die Brust wird angespannt, die Schultern werden hochgezogen, der Rücken angespannt und der Kopf in den Nacken gedrückt.

Ziehen Sie die Beine an, bis die Knie unter dem Kinn sind. Die Füße werden leicht von der Unterlage abgehoben und nach oben angewinkelt. Drücken Sie den Bauch nach außen und spannen Sie das Gesäß an.

Spannen Sie zuletzt auch das Gesicht an: Rümpfen Sie die Nase, formen Sie mit dem Mund ein Ü, runzeln Sie die Stirn in Richtung Nase, kneifen Sie die Augen zusammen, beißen Sie die Zähne aufeinander und drücken Sie die Zunge in den Gaumen.

Steigern Sie nun langsam die Anspannung der Muskeln. Zum Schluss wird der Körper noch einmal konzentriert angespannt und der Atem nach tiefem Luftholen angehalten oder, noch besser, gleichmäßig weitergeatmet.

Entspannungsphase:

Danach lassen Sie sich zurücksinken, legen sich wieder hin und atmen tief und befreiend aus. Zur Entspannung lassen Sie sich mehr Zeit als zur Spannung und gehen in aller Ruhe die Muskeln in der üblichen Reihenfolge durch und entspannen Sie sich vollkommen.

d) Entspannung einzelner Muskelpartien

Alle Übungen der systematischen Muskelentspannung können auch isoliert eingesetzt werden. So kann man verkrampfte Hände (etwa durch stundenlanges Schreiben), ein gespanntes Gesicht (nach langen Konzentrationsphasen z.B. bei Verhandlungen), einen verspannten Nacken (nach einer längeren Bahnfahrt) an- und wieder entspannen.

e) Muskuläres Tiefentraining (Aktivierungsübungen)

Brechtel (1995) hat einige einfache, aber effektive Übungen (muskuläres Tiefentraining) zusammengestellt, die z.B. die Nacken- und Rückenmuskulatur entspannen.

Wirkung

- Lösung von lokalen Verspannungen und Verspannungsschmerzen
- Anregung des Kreislaufs
- Verbesserung der Durchblutung
- Allgemeine Aktivierung

und bei Intensivierung des anschließenden Entspannungsanteils:

- Spontanentspannung.

Die Übungen können auch aufeinanderfolgend praktiziert werden. Der Aktivierungs- bzw. Entspannungseffekt ist dann umso intensiver.

1. Schultern und Rücken (»Siegfried«)

Wirkung

- beseitigt Verspannungen im Rücken
- beugt Haltungsschäden vor
- erfrischt.

Anwendungsbeispiele

- bei Verspannungen im Rücken
- bei langen sitzenden Tätigkeiten

- nach längeren Autofahrten
- bei Müdigkeit und Konzentrationsstörungen
- zur Haltungsverbesserung
- zur unauffälligen Entspannung in kleinen Pausen.

Anleitung

Anspannung:

Setzen Sie sich aufrecht hin, winkeln Sie die Arme an, die Schultern dabei möglichst weit zurücknehmen und die Ellenbogen nach hinten drücken. Legen Sie den Kopf nach vorn. Dabei tief und gleichmäßig atmen. Kräftig anspannen und die Anspannung einige Sekunden halten. Wenn Sie die Schulterblätter auf diese Weise nach hinten drücken, spüren Sie in der Mitte des Rückens einen leichten Schmerz. Sobald Sie den beschriebenen Schmerz spüren, warten Sie ein bis zwei Atemzüge.

Entspannung:

Lassen Sie die Spannung los, dabei Schultern und Kopf nach vorn fallen lassen. Überkreuzen Sie die Arme und lassen Sie sie fallen. Nehmen Sie die Droschkenkutscherhaltung ein und lassen Sie Schultern und Rücken locker, schwer und entspannt werden.

Erfolgskontrolle:

Wenn Sie ein angenehm entspanntes Gefühl in den Schultern und leichte Wärme zwischen den Schultern spüren, dann ist die Übung geglückt.

2. Nacken und Schultern (»Quasimodo«)

Wirkung

- dehnt die bei chronischer Verspannung gequetschten Blutgefäße
- verbessert die Sauerstoffversorgung des Gehirns
- löst alle Arten von Verkrampfungskopfschmerz
- erfrischt, lindert oder beseitigt Verspannungen im Nacken.

Anwendungsbeispiele

- bei aufkommenden Kopfschmerzen
- bei Nachlassen der Konzentration
- bei Verkrampfung und Erschöpfung
- bei verspannter Nackenmuskulatur
- zur Erfrischung
- zur Entspannung.

Anleitung

Anspannung:

Winkeln Sie die Arme leicht an. Lassen Sie die Hände locker hängen und ziehen Sie die Schultern möglichst weit hoch, drücken Sie den Kopf leicht zurück und die Lendenwirbelsäule heraus. Spannen Sie kräftig an und atmen Sie dabei tief und gleichmäßig.

Entspannung:

Senken Sie die Schultern und lassen Sie den Kopf nach vorn fallen. Das Kinn berührt dabei die Brust. Legen Sie den Kopf auf die rechte und danach auf die linke Schulter. Das Kinn bleibt dabei auf der Brust. Gehen Sie in die Droschkenkutscherhaltung. Lassen Sie Nacken und Schultern locker, schwer und entspannt werden.

7.1.3 Vegetative Entspannung

Hintergrundinformationen

Autogenes Training

Autogenes Training gehört zu den Techniken suggestiver Selbstentspannung. Durch Selbstsuggestion wird eine direkte Beeinflussung des Vegetativums erreicht. Diese erfolgt durch intensive, gefühlsbetonte Vorstellungen, die sich auf die Funktionen des vegetativen Nervensystems beziehen und letztendlich auf eine gesamtorganische Ruhigstellung abzielen.

Autogen heißt selbst erzeugt, und das Wort *Training* deutet schon darauf hin, dass man methodisch vorgehen und regelmäßig üben muss. Suggestion ist ein Vorgang, dem wir ständig, meist unbewusst, ausgesetzt sind. Intensive Vorstellungen lösen Gefühle und gleichzeitig vegetative Funktionen wie z. B. Speichel- oder Tränenfluss und Herzklopfen aus.

Die intensive Vorstellung einer Zitrone erzeugt zitronensauren Geschmack auf der Zunge, und die Speicheldrüsen treten in Aktion: Das Wasser läuft einem im Mund zusammen.

Bei engagiertem Betrachten eines Filmes oder Lesen eines Buches weint man oft aus Mitgefühl, verfolgt mit Herzklopfen den spannenden Krimi, ist über den Ausgang einer Geschichte erfreut oder traurig.

Das von Schultz entwickelte Autogene Training (AT) setzt primär auf der vegetativen Verhaltensebene an. Durch AT ändert sich *das vegetative Ner-*

vensystem in Richtung einer entspannten Reaktionsgrundlage. Die Belastbarkeit wird erhöht, und bereits bestehende Anspannungs- und Erregungszustände werden reduziert. Der Organismus legt sich eine »Schutzschicht gegen Stress« zu.

Autogene Übungen sind eine sinnvolle Ergänzung muskulärer Entspannung.

Das AT besteht aus 6 Übungsstufen:

1. Schwereübung
2. Wärmeübung
3. Pulsübung
4. Atemübung
5. Leibübung
6. Kopfübung

Die Effekte der traditionellen Grundübungen sind:

1. *Entspannungsphase*
   Ruheübung: Entspannung der Nerven
   Schwereübung: Entspannung der Muskulatur
   Wärmeübung: Entspannung der Blutgefäße
2. *Ökonomisierungsphase*
   Pulsübung: Ökonomisierung der Puls-/Herzleistung
   Atemübung: Ökonomisierung des Atemrhythmus
3. *Vitalisierungsphase*
   Leibübung: Vitalisierung der Bauchorgane
   Kopfübung: Vitalisierung und Aktivierung.

Lernziele

Die Tn/Kl

→ kennen Grundlagen und Vorgehensweise des AT
→ kennen die Schwereübung
→ erleben Intensivierung der muskulären Entspannung
→ erleben vegetative Entspannung immer intensiver
→ lernen nacheinander die einzelnen autogenen Übungen kennen
→ kennen die Droschkenkutscherhaltung
→ können Entspannung auch im Sitzen herbeiführen
→ kennen Alltagssituationen, in denen sie im Sitzen entspannen können
→ wissen über Ruhe und Erregung durch Atmen Bescheid
→ erleben Entspannung über Atemtechniken.

Ablauf

Im Folgenden wird die klassische Form des AT vermittelt. Dabei ist es (entgegen der klassischen Lehrmeinung) keineswegs nötig, das gesamte AT einzusetzen. Positive Effekte treten oft schon nach der Schwere- und Wärmeübung – speziell als Steigerung der Muskelentspannung – auf.

Die beiden ersten Übungsstufen sind auf den rechten Arm bezogen, da er ein viel betätigter, sensibler Körperteil ist und deshalb der Beobachtung besonders leicht zugänglich ist. Linkshänder bevorzugen meist die Konzentration auf den linken Arm.

Im Verlauf der Übung übertragen sich die autogenen Wirkungen auf den ganzen Körper (Generalisierung).

Spezielle Vorbereitung für das Autogene Training

- Muskuläre (Kurz-)Entspannung
- Ruhebilder aufkommen lassen (Blumenwiese, Meer …)
- Die Übungsformeln als eine Art innerer Stimme vorstellen, die die Formel in ruhigem Takt 1 bis 2 Minuten lang mehrmals wiederholt.

Ruhe

Wirkung

Die allgemeine Ruhigstellung ist letztlich Sinn und Zweck des AT. Deshalb wird die Ruheformel nach jedem Übungsabschnitt eingeschaltet. Die Selbstsuggestion von Ruhe erzeugt tiefe Körperentspannung, die Belastbarkeit wird durch Erregungsdämpfung erhöht. Das Gleichgewicht zwischen Sympathikus und Parasympathikus im vegetativen Nervensystem wird zugunsten des Parasympathikus, also in Richtung Erholung, verschoben.

Anweisung

Mehrmals vor Beginn der autogenen Übung und je einmal als Abschluss des einzelnen Übungsabschnitts sagt man sich vor:

»Ich bin ganz ruhig.«
Treten dennoch störende Gedanken auf, wird die Selbstaufforderung
»Nicht jetzt – später«
eingesetzt.

Zurücknehmen

Wirkung
Zur Beendigung jeder autogenen Übung wird »zurückgenommen«. Dadurch wird die völlige aktive Verfügbarkeit über alle Körperfunktionen erreicht.

Ein zuverlässiger Erfolg kann nur erreicht werden, wenn exakt zurückgenommen wird.

Wichtig: In jedem Fall die Augen zuletzt öffnen, da sonst Schwindelgefühle auftreten können.

Anweisung
Nach jedem Übungsabschnitt

- werden die Arme energisch gebeugt und gestreckt
- dann wird tief eingeatmet
- zuletzt werden die Augen geöffnet.

Dazu wird die *Formel* eingesetzt:

- »Arme fest
- Tief atmen
- Augen auf«.

Anleitung

Die sechs Übungen des Autogenen Trainings

1. Schwere
Wirkung
Die Verschiebung des Gleichgewichts zwischen Sympathikus und Parasympathikus in Richtung Parasympathikus bewirkt unter anderem eine Erweiterung der Blutgefäße. Durch Erhöhung des Blutvolumens wird der Arm schwerer. Muskuläre Entspannung wird immer als Schwere erlebt. Vergleichsweise dazu stelle man sich die angenehme Schwere nach körperlicher Anstrengung beim Sport vor. Die Erhöhung des Blutvolumens in der Peripherie durch AT hat also eine ähnliche Wirkung wie Muskelentspannung.

Anweisung
Nach der Vorbereitung und der Konzentration auf Ruhe stellen Sie sich intensiv vor:

»Der rechte Arm ist ganz schwer.«

Diese Formel wird je sechsmal monoton wiederholt, dann suggeriert man sich jeweils:

»Ich bin ganz ruhig.«

Der Ablauf wird dreimal wiederholt, dann wird zurückgenommen.

Übungsablauf

6 × Der rechte Arm ist ganz schwer.
1 × Ich bin ganz ruhig.
6 × Der rechte Arm ist ganz schwer.
1 × Ich bin ganz ruhig.
6 × Der rechte Arm ist ganz schwer.
1 × Ich bin ganz ruhig.
　　»Arme fest
　　Tief atmen
　　Augen auf«.

2. Wärme

Wirkung

Die gesteigerte Blutzufuhr (siehe Wirkung des Parasympathikus bei der Schwereübung) aus dem Körperinneren an die Peripherie bewirkt ein Wärmegefühl. Das Blut im Körperinneren ist wärmer. Um diese durch die Schwereübung an sich von selbst erfolgende Wirkung zu steigern, spricht man sich zusätzlich die Wärmeformel vor. Durch die Wärmesuggestion verhalten sich die Blutgefäße so, als ob der Arm warm wäre. Die ringförmigen Muskeln der Blutgefäße entspannen sich, es strömt mehr Blut ein, der Arm wird tatsächlich wärmer.

Anweisung

Die Schwerevorstellung erfolgt nur noch sechsmal hintereinander in rhythmischer Reihenfolge, dann die Ruheformel. Direkt im Anschluss (ohne Zurücknahme) dreimal der neue Abschnitt

je 6 × »Der rechte Arm ist ganz warm« und
je 1 × die Ruheformel.

Die Übung ist also um eine Sequenz länger geworden.

▶

Übungsablauf

6 × Der rechte Arm ist ganz schwer.

1 × Ich bin ganz ruhig.

6 × Der rechte Arm ist ganz warm.

1 × Ich bin ganz ruhig.

6 × Der rechte Arm ist ganz warm.

1 × Ich bin ganz ruhig.

6 × Der rechte Arm ist ganz warm.

1 × Ich bin ganz ruhig.

»Arme fest

Tief atmen

Augen auf«.

3. Puls

Wirkung

Durch die parasympathische Beeinflussung des Kreislaufes wird die Pulsfrequenz reduziert. Die konzentrative Hinwendung auf den ruhig pochenden Puls wird durch die große Druckempfindlichkeit der Fingerspitzen erheblich erleichtert. Man nimmt den Pulsschlag in den Fingerspitzen sehr gut wahr. Der angenehm gleichmäßige Schlag beruhigt, der gesamte Organismus schaltet durch das Erfolgserlebnis (der Puls ist, wie in der Formel vorgegeben, tatsächlich ruhig und regelmäßig) auf Entspannung. Das Wahrnehmen der eigenen Ruhe bewirkt eine noch größere Ruhe.

Anweisung

Die neue Formel lautet

»Puls schlägt ruhig und regelmäßig.«

Die Formel wird an die Schwere- und Wärmeformel angehängt.

Übungsablauf

6 × Der rechte Arm ist ganz schwer.

1 × Ich bin ganz ruhig.

6 × Der rechte Arm ist ganz warm.

1 × Ich bin ganz ruhig.

6 × Puls schlägt ruhig und regelmäßig.

1 × Ich bin ganz ruhig.

»Arme fest

Tief atmen

Augen auf«.

4. Atmung
Wirkung

Die Atemformel soll keine aktive Gestaltung der Atmung auslösen, sondern ganz im Gegenteil eine *passive* Hingabe an den Atem. Man lässt sich von ihm tragen, beobachtet das automatische Atmen, ohne es willkürlich zu verändern. Durch dieses »In-den-Körper-Horchen« ergeben sich drei Effekte:

- eine zunehmende Entspannung
- der natürliche, ruhige Atemrhythmus
- eine geringere Störanfälligkeit des Atems.

Im Lauf der Übung verlangsamt sich die Atmung und wird flacher, Ein- und Ausatmung werden gleich lang, es findet eine Angleichung an die Schlafatmung statt.

Anweisung
Die Formel

> »Atmung ganz ruhig«
> wird zusätzlich durch die Formel
> »es atmet mich«

unterstützt, damit die passive Einstellung zur Atmung erhöht wird. »Es atmet mich« wird jeweils vor der Ruheformel gegeben.

Übungsablauf

> 6× Der rechte Arm ist ganz schwer.
> 1× Ich bin ganz ruhig.
> 6× Der rechte Arm ist ganz warm.
> 1× Ich bin ganz ruhig.
> 6× Puls schlägt ruhig und regelmäßig.
> 1× Ich bin ganz ruhig.
> 6× Atmung ganz ruhig.
> 1× Es atmet mich.
>> »Arme fest
>> Tief atmen
>> Augen auf«.

5. Bauchorgane (Sonnengeflecht, Leib)
Wirkung

Das Sonnengeflecht ist ein dichtes Nervengeflecht und steuert die Bauchorgane, z. B. Magen, Leber, Dünn- und Dickdarm. Stress wirkt auch dort gefäßverengend, damit das Blut aus dem Bauchraum in die Muskeln zur Aktivierung einfließen kann. Bei der Sonnengeflecht-Leibübung werden die Blutgefäße im Oberbauch parasympathisch erweitert. Der Effekt ist ähnlich wie nach dem Essen, man wird ruhiger und entspannter. Parallel dazu wird eine Entspannung der Muskulatur an den inneren Organen, besonders an Magen und Darm, erreicht. Manchem Tl/Kl fällt die Vorstellung eines Sonnengeflechtes schwer, dann hilft eine Schautafel/ Demonstration oder ein Umformulieren in »Leib strömend warm«.

Die Sonnengeflechtübung ist demnach besonders wichtig für Menschen mit Magen-Darm-Beschwerden.

Anweisung

Erreicht wird der Effekt durch die Formel

»Sonnengeflecht strömend warm« oder »Leib strömend warm«.

Übungsablauf

6 × Der rechte Arm ist ganz schwer.
1 × Ich bin ganz ruhig.
6 × Der rechte Arm ist ganz warm.
1 × Ich bin ganz ruhig.
6 × Puls schlägt ruhig und regelmäßig.
1 × Ich bin ganz ruhig.
6 × Atmung ganz ruhig.
1 × Es atmet mich.
1 × Ich bin ganz ruhig.
6 × Sonnengeflecht strömend warm.
1 × Ich bin ganz ruhig.
　　»Arme fest
　　Tief atmen
　　Augen auf«.

6. Kopf
Wirkung

Die Kühlung der Stirn gilt schon lange als Heilfaktor. Bei Ohnmachtsanfällen oder Kopfschmerzen wurden und werden kalte Kompressen aufgelegt. Mit einem heißen Kopf sind unangenehme Empfindungen wie Zorn, Angst, Fieber verbunden. Die Kopfübung suggeriert eine angenehm *kühle* Stirn, was zur Verminderung der Kopfdurchblutung führt. Auch das entspricht dem Zustand nach dem Essen, wo der Kopf zugunsten der Verdauungsorgane weniger mit Blut versorgt wird. Man fühlt sich satt, zufrieden und passiv.

Anweisung
Die Formel lautet

>»Stirn angenehm kühl«
>oder stattdessen
>»Kopf frei und klar«.

Damit sind die autogenen Übungen komplett.

Übungsablauf

>6 × Der rechte Arm ist ganz schwer.
>1 × Ich bin ganz ruhig.
>6 × Der rechte Arm ist ganz warm
>1 × Ich bin ganz ruhig.
>6 × Puls schlägt ruhig und regelmäßig.
>1 × Ich bin ganz ruhig.
>6 × Atmung ganz ruhig.
>1 × Es atmet mich.
>1 × Ich bin ganz ruhig.
>6 × Sonnengeflecht strömend warm.
>1 × Ich bin ganz ruhig.
>6 × Stirn angenehm kühl (Kopf frei und klar).
>1 × Ich bin ganz ruhig.
>>»Arme fest
>>Tief atmen
>>Augen auf«.

Atemtechniken

Hintergrundinformationen
Ruhige Atmung wirkt entspannend auf alle vegetativen Funktionen und durch die Wechselwirkung indirekt auf die drei anderen Verhaltensebenen. Sie bringt Sauerstoff und Energie in den Körper und entschlackt den Organismus.

Die Wissenschaft entdeckte die beruhigende Wirkung gleichmäßigen Atmens durch Zufall. Beim Versuch, den Herzrhythmus perfekt zu messen, gab man den Versuchspersonen über Computer die Anweisung, wie sie atmen sollten, um möglichst wenig Störvariablen bei der Messung zu haben. Dabei stellte sich ein unerwarteter Nebeneffekt dieser gleichmäßigen, ruhigen Atmung ein: Die Versuchspersonen wurden immer ruhiger und entspannter (Schmitt, Universität von Minnesota).

Viele Atemtechniken kommen aus dem Yoga.

Ablauf
Für alle Atemübungen gilt Folgendes:

- Raum vorher gut lüften
- anfangs Rückenlage mit leicht angewinkelten Knien
- später evtl. – besonders bei der OM-Übung – aufrechtes Sitzen oder Stehen (gerader Rücken)
- vor Beginn der Übungen muskulär lockern und entspannen.

Informationen für Tn/Kl

- *Atmung mit Wortwiederholung*

Wirkung

Sensibilisierung für den persönlichen Atemrhythmus
Beruhigung der Atmung
Entspannung
Kurzentspannung.

Die Atmung mit Wortwiederholung (auch als Selbstentspannung anwendbar) ist einfach zu erlernen und eignet sich besonders als Einstiegsübung für den Laien.

Anleitung

Einatmen: Atmen Sie durch die Nase ein.
Ausatmen: Atmen Sie durch den Mund langsam und konzentriert aus. Sprechen Sie dabei in Gedanken langsam ein Wort, z. B. »Ruhe«. Wiederholen Sie diese Übung beliebig oft.

Wichtig: Atmen Sie so schnell oder langsam, wie es für Sie am bequemsten ist.

■ *Dreistufige Atmung*

Wirkung

Sensibilisierung für den persönlichen Atemrhythmus
Schwachstellenanalyse
Beruhigung der Atmung.

Anleitung
Wiederholen Sie jede der nachfolgenden Übungen 5–10-mal.

1. Stufe: Schlüsselbeinatmung

Einatmen: Legen Sie die Hände auf den oberen Teil des Brustkorbs, atmen
Sie aus und atmen Sie dann langsam ein, sodass sich der Brustkorb leicht hebt.

Ausatmen: Beim Ausatmen achten Sie darauf, dass die gesamte Luft aus-
gestoßen wird, um genug Raum für die frische sauerstoffreiche
Luft zu schaffen. Die Hände bleiben dabei passiv, sie liegen einfach auf der Brust und fühlen das Heben und Senken der Brust.

2. Stufe: Brustatmung

Einatmen: Atmen Sie normal aus. Legen Sie die Hände beiderseits des
Brustbeins auf die unteren Rippen, sodass sich die Fingerspitzen fast berühren. Beim Einatmen fühlen Sie, wie sich die Rippen weit nach außen dehnen und die Hände sich voneinander
entfernen.

Ausatmen: Beim Ausatmen nähern sich dann die Fingerspitzen wieder
einander.

3. Stufe: Bauchatmung

Einatmen: Legen Sie jetzt die Hände in Höhe des Nabels auf den Bauch.
Atmen Sie zunächst aus. Beim Einatmen hebt sich der Bauch,
und damit senkt sich das Zwerchfell und die unteren Lungen-
klappen füllen sich mit Luft. Die Hände werden dadurch nach
oben gedrückt.

Ausatmen: Beim Ausatmen kehrt das Zwerchfell in seine kuppelförmige
Position zurück. Der Bauch wird flach, und die Hände kommen
in ihre Ausgangslage zurück.

▶

■ Rhythmische Vollatmung

Wirkung

Entspannung
Kurzentspannung
Verbesserung der Blutzirkulation
Aktivierung
auch Lungenabschnitte werden belüftet, die bei flacher Atmung nicht er-
reicht werden.

Bei dieser Übung werden die drei Atemstufen aufeinanderfolgend geübt.
Das Einatmen soll durch die Nase erfolgen, das Ausatmen durch den Mund.

Anleitung

Einatmen: Beginnen Sie mit der Stufe 3 der dreistufigen Atmung, gehen
Sie dann – ohne vorher auszuatmen – weiter zur Stufe 2 und
füllen Sie zuletzt den oberen Brustkorb und Schlüsselbein-
bereich mit Sauerstoff.

Ausatmen: Das Ausatmen erfolgt in umgekehrter Richtung. Sie beginnen
mit Stufe 1 und gehen über Stufe 2 zum Bauchbereich – also von
oben nach unten. Die letzte Luft stoßen Sie durch *leichtes* Zu-
sammenziehen der Bauchmuskulatur aus.

Dann machen Sie – ohne Luft in den Lungen – eine kurze Pause (2–3 Sekunden), bevor Sie wieder mit dem Einatmen beginnen.

Beim erneuten Einatmen füllen sich die Lungen dann fast automatisch,
weil die Luft in das entstandene Vakuum einströmt.

Ein- und Ausatmen sollen ungefähr gleich lang andauern. Anfangs ist es
ratsam, bei jeder Stufe 21/22 zu zählen. Der Ablauf sieht dann wie folgt aus:

Einatmen:	1. Bauch	21/22
	2. Brust	21/22
	3. Schlüsselbeinbereich	21/22
	4. Luft anhalten	21/22
Ausatmen:	1. Schlüsselbeinbereich	21/22
	2. Brust	21/22
	3. Bauch	21/22
	4. Pause	21/22

Wiederholen Sie die Übung 5–10-mal.

Nach Beendigung der Übung atmen Sie 1 bis 2 Minuten normal. Dann setzen Sie sich zuerst auf, bevor Sie langsam aufstehen (es sei denn, Sie praktizieren diese Übung ohnehin 1–2-mal im Stehen als Kurzentspannungstechnik).

So vermeiden Sie (wie bei der Rücknahme im Autogenen Training) eventuelles Auftreten leichter Schwindelgefühle.

■ *OM-Atmung*

Wirkung

Entspannung
Kurzentspannung
Beseitigung von stressbedingter Atemnot
Verbesserung der Resonanz und der Sprachmelodie.

Die OM-Atmung ist eine Form des Bakhti-Yoga. Der Schwerpunkt der Übung liegt in der Ausatmung und der Konzentration auf Entspannung. Gerade in Stresssituationen wird häufig hyperventiliert. Man holt tief Luft und führt zu wenig Kohlendioxid ab. Subjektiv wird das als Atemnot erlebt. Das bedeutet, bei stressbedingter Atemnot (sehr häufig bei Vortragenden anzutreffen) ist das intensive und gleichmäßige Ausatmen wichtig, z. B. gegen den Widerstand der halbgeschlossenen Lippen, und es kommt nicht darauf an, wie oft in der Literatur empfohlen, »erst einmal tief Luft zu holen«.

Anleitung

Einatmen: Atmen Sie tief ein – möglichst über alle 3 Stufen.
Ausatmen: Lassen Sie dann die Luft durch den Mund abfließen. Öffnen Sie dabei leicht den Mund und stoßen Sie laut den Ton »O« aus.

Im letzten Drittel schließen Sie den Mund und pressen die restliche Luft aus dem Bauchbereich, indem Sie den Ton »M« bilden.

Wichtig: »O« und »M« sollen durch die bessere Resonanz laut und melodisch klingen – wie eine Art Gesang.

Versuchen Sie, den Stress reduzierenden Ausatmungsprozess so lange auszudehnen, wie Sie ihn problemlos ausführen können.

Die OM-Atmung kann auch »tonlos«, z. B. in akuten Stresssituationen (auch als Spontanentspannung), eingesetzt werden.

Viele Redner verwenden die OM-Übung als regelmäßige Übung zur Entspannung, zur Verbesserung der Resonanz und zur Steigerung des Lungenvolumens.

7.1.4 Konzentrativ-emotionale Wege zur Entspannung

Hintergrundinformationen

Die kognitive und die emotionale Verhaltensebene werden durch gleiche Übungen beeinflusst. Sowohl bei Konzentrationsübungen als auch bei den verschiedenen Meditationsformen versucht man primär, die Gedanken und Vorstellungen zu sammeln und zu harmonisieren. Inwieweit das Gefühlsleben betroffen ist, entscheidet Tn/Kl selbst, je nachdem, »wie viel Gefühl« er zulässt (zulassen kann). Eine Entspannungsübung sollte vorgeschaltet werden, um eine gute Ruhigstellung zu erreichen.

Die kognitive wie auch die emotionale Verhaltensebene sind schwer zu beeinflussen. Optimale Voraussetzung ist deshalb die Beherrschung von muskulärer und/oder vegetativer Entspannung.

Nach innen geschaute Bilder (auch als Wahrnehmungslenkung)

Wirkung

Verbesserung der Vorstellungskraft
Konzentrationssteigerung.

Lernziele

Die Tn/Kl

→ kennen konzentrativ-emotionale Wege zur Entspannung
→ erleben auf diese Weise Entspannung
→ können eigene Ruhebilder auswählen und einsetzen.

Ablauf

Übung 1: Kerze

Anleitung

Schließen Sie die Augen. Stellen Sie sich vor, eine Kerze steht vor Ihnen. Versuchen Sie, die Flamme vor Ihrem geistigen Auge heller und dann wieder schwächer werden zu lassen. Wechseln Sie zwischen Helligkeit und Dunkelheit. Dann stellen Sie sich vor, dass das Licht strahlender und heller wird. Versuchen Sie, es so hell werden zu lassen, dass alles hell erleuchtet ist. Lassen Sie es dann ganz langsam immer mehr an Helligkeit verlieren.

Übung 2: Am Strand

Anleitung

Machen Sie es sich bequem und entspannen Sie sich. Schließen Sie die Augen und stellen Sie sich vor:

Sie sind an einem ruhigen, einsamen Strand. Es ist ein warmer, sonniger Tag, und Sie spazieren am Strand entlang … Sie spüren den warmen Sand zwischen Ihren Zehen … Sie fühlen die angenehm warme Sonne auf Ihrer Haut … Sie atmen die frische, salzhaltige Seeluft ein … Sie betrachten den Himmel … Sie gehen zum Wasser und waten darin. Fühlen Sie das angenehm kühle Wasser …, die leichte Brise auf Ihrer Haut …! Hören Sie, wie sich die Wellen am Strand brechen … Setzen Sie sich auf einen Fels und schauen Sie auf das Meer hinaus … Sehen Sie, wie das Licht auf den Wellen tanzt, wie die Brandung gleichmäßig hereinrollt, hören Sie das Rauschen und spüren Sie das ruhige entspannte Gefühl, das dieser Anblick in Ihnen auslöst.

Übung 3: Der Zufluchtsort

Anleitung

Entspannen Sie sich. Stellen Sie sich irgendeinen Ort vor, an dem Sie sich zufrieden und geborgen fühlen, z. B. ein Zimmer, eine Landschaft, irgendeinen Ort, an dem Sie Ruhe und ein Gefühl der Sicherheit erleben können. Stellen Sie sich diesen Ort so vor, dass Sie ihn jederzeit betreten und wieder verlassen können. Versuchen Sie, Farben zu sehen und nach und nach alle Ihre Sinne in die Vorstellung mit einzubeziehen.

Versuchen Sie, Geräusche zu hören (Vogelzwitschern, Uhrenticken), Gerüche wahrzunehmen (Gras), die Oberfläche (Baumrinde, Wand) zu fühlen.

Tn/Kl soll seine ganze Fantasie einsetzen. Er/sie soll sich damit einen Zufluchtsort schaffen, der immer dann aufgesucht werden kann, wenn er/sie sich geborgen fühlen will.

Im Laufe der Zeit wird Tn/Kl die evozierten Bilder immer mehr zu seinen eigenen Vorstellungen machen. Er/sie sitzt dann vielleicht nicht mehr auf einem Fels am Strand, sondern unter einem Sonnenschirm im Liegestuhl. Wichtig ist dabei, dass das Bild möglichst konkret und plastisch ist, dass die Vorstellung nicht springt und dass möglichst viele Sinne in die Vorstellung integriert werden: Sehen, Hören, Riechen, Fühlen, Schmecken.

Vorschläge für weitere Übungen:

Blumenwiese, ein Landschaftsbild (evtl. auch -foto), Wolken, ein Vollbad in der Wanne.

Fantasiereisen

Bei Bedarf können – kombiniert mit systematischen Entspannungsmethoden – auch Fantasiereisen (z. B. auf freiwilliger Basis) angeboten werden, insbesondere solche, die eine Selbstreflexion im Sinne von Stressbewältigung anregen, z. B. »Reise zum weisen Mann« (Stevens, 2006) oder »Baum« (Basler et al., 1989). Oder Fantasie- und Märchenreisen in Anlehnung an das autogene Training (Müller, 1994) – siehe hierzu Literaturliste. Fantasiereisen mit niedrigfrequenter, suggestiver Musik (z. B. »Traumreise«, »Spaziergang am Bach« von Martin Buntrock) sind für viele Tn/Kl eine besonders angenehme Alternative.

Wichtig ist, dass in Stressverhaltenstrainings vor die jeweilige Fantasiereise eine systematische Entspannungsmethode (z. B. Kurzform Muskelentspannung) geschaltet wird und dass Tn/Kl zu diesem Zeitpunkt bereits über ausreichende Entspannungserfahrung verfügen, um negativen Empfindungen wie Ängsten vorzubeugen.

Beispiel: Weiser Mann
Dauer: ca. 15 Minuten; ausreichend lange Pausen machen
(aus: Stevens, J. O., 2006). *Die Kunst der Wahrnehmung: Übungen der Gestalttherapie.*

Stellen Sie sich vor, Sie gingen bei Nacht einen Bergpfad hinauf. Der Vollmond scheint hell, sodass Sie den Pfad und auch recht viel von der Umgebung erkennen können … Wie ist der Weg? … Was sehen Sie um sich herum? … Was empfinden Sie, während Sie so bergan steigen? … Vor Ihnen ist ein kleiner Seitenweg, der höher hinauf zu einer Höhle führt. Hier wohnt ein sehr weiser Mann, der Ihnen auf jede Frage antworten kann. Gehen Sie den Seitenweg hinauf zur Höhle … Beachten Sie, wie die Umgebung sich ändert, wenn Sie näher zur Höhle kommen …

Vor der Höhle brennt ein kleines Holzfeuer, und Sie können im Schein der tanzenden Flammen den stillen, weisen Mann undeutlich erkennen … Gehen Sie hinauf, legen Sie Holz nach und setzen Sie sich still hin … Das Feuer brennt heller, und nun können Sie den Mann deutlicher sehen. Lassen Sie sich Zeit, ihn wirklich wahrzunehmen – seine Kleider, seine Gestalt, sein Gesicht, seine Augen …

Richten Sie eine Frage an ihn, die Ihnen wichtig ist, und während Sie sprechen, geben Sie acht, wie der Weise auf das reagiert, was Sie ihm sagen.

Vielleicht antwortet er mit einer Bewegung oder mit seinem Gesichtsausdruck, vielleicht spricht er aber auch oder zeigt Ihnen etwas … In welcher Art antworten Sie? …

Jetzt sind Sie selbst der weise Mann … Wie ist Ihre Existenz als solcher? … Wie gestaltet sich Ihr Leben? … Wie begegnen Sie dem Besucher, der Sie fragt? … Was empfinden Sie ihm gegenüber? … Wie reagieren Sie auf seine Frage – mit Worten, Gesten oder mit einer Tat?

Tauschen Sie wieder die Rollen und setzen Sie den Dialog fort. Verstehen Sie, was der Weise Ihnen sagt? … Haben Sie sonst noch Fragen an ihn? … Was empfinden Sie ihm gegenüber? …

Setzen Sie das Gespräch fort – Sie sind jetzt wieder in der Rolle des Mannes. Was können Sie dem Besucher sonst noch sagen? …

Sie sind Sie selbst. Bald werden Sie sich von dem weisen Mann verabschieden müssen … Sagen Sie ihm vorher noch irgendetwas … Gerade, während Sie Abschied nehmen, wendet der Mann sich um und greift in einen alten Lederbeutel, um etwas ganz Besonderes zu suchen, das er Ihnen schenken möchte … Er zieht es hervor und gibt es Ihnen mit nach Hause … Sehen Sie sich das Geschenk an … Was empfinden Sie gegenüber dem alten Mann? … Sagen Sie es ihm und nehmen Sie Abschied …

Wenden Sie sich ab und gehen Sie den Bergpfad hinunter. Das Geschenk haben Sie bei sich … Achten Sie gut auf den Weg, damit Sie ihn später einmal erkennen, wenn Sie den weisen Mann wieder besuchen wollen … Nehmen Sie die Umgebung genau wahr. Wie ist Ihnen zumute? …

Halten Sie die Augen geschlossen und bringen Sie das Geschenk mit, wenn Sie in diesen Raum zurückkehren … Was hat der weise Mann Ihnen mitgegeben … betrachten, beriechen, befühlen Sie es … jetzt werden Sie selbst das Geschenk …, welche Funktion haben Sie …, wie kann man Sie schätzen … Nun sind Sie wieder Sie selbst … Legen Sie das Geschenk sorgsam an einen Platz in Ihrem Gedächtnis. Beenden Sie nun die Übung. Lassen Sie die Augen geschlossen, atmen Sie einige Male tief ein, bewegen Sie sich, strecken und räkeln Sie sich und öffnen Sie dann die Augen.

7.1.5 Meditative Verfahren

Hintergrundinformationen

Dass Meditation ein wirkungsvolles Mittel zum Abbau von Stress sein kann, ist seit Jahrzehnten bekannt.

Achtsamkeit hält das Gehirn jung

Fast allen Methoden sind zwei Elemente gemein: Konzentration auf den Augenblick und Schulung der Achtsamkeit. Für Befürworter der Meditation als therapeutisches Mittel, wie Jon Kabat-Zinn (2006), ist die Qualität der Aufmerksamkeit der Schlüssel zum heilsamen Effekt. Kabat-Zinn entwickelte die Mindfulness-Based Stress Reduction, kurz MBSR.

Zu dieser Methode gibt es vier Voraussetzungen:

1. Man macht sich bewusst, was man gerade tut.
2. Man lässt sich nicht von Nebengeräuschen oder Grübeleien ablenken.
3. Man versucht, die Dinge aus unterschiedlichen Perspektiven zu betrachten.
4. Man hinterfragt Gefühle und Vorurteile.

Unter meditativen Verfahren versteht man Versenkungsmethoden mit dem Ziel, sich weitgehend unabhängig zu machen von körperinneren und äußeren Reizen, zugunsten einiger weniger Reize. Das heißt, weg von der Gedankenflut, hin zur intensiven Konzentration.

Seit Jahrhunderten wird meditiert, bei Haltungs- und Atemtechniken, beim Fixieren der Gedanken auf oft religiöse Inhalte. In buddhistischen Ländern wird schon im Kindergarten damit begonnen. In den letzten Jahren ist die transzendentale Meditation (TM) – besonders in Managerkreisen – in Mode gekommen.

Viele Meditationsformen haben das Ziel, das Bewusstsein auf ein Objekt zu konzentrieren. Meditation lässt sich dabei als Vorgang intensiver Betrachtung beschreiben. Dies kann bis zur Identifizierung mit dem betrachteten Objekt gehen. Grundvoraussetzung dafür sind körperliche Entspannung und geistige Konzentration.

Ziel der Meditation ist hier die Ruhigstellung des gesamten Organismus unter besonderer Berücksichtigung des kognitiven Systems z. B. durch Ausschalten der auf Umweltanpassung gerichteten diffusen Wahrnehmung (Abschirmung des Bewusstseins). Voraussetzung ist tiefe körperliche Entspannung und geistige Konzentration.

Lernziele

Die Tn/Kl

→ wissen, was meditative Verfahren sind
→ wissen, dass sie zur Senkung des Erregungsniveaus eingesetzt werden können
→ erleben eine meditative »Schnupperübung«.

Ablauf

1. Muskuläre Entspannungsübungen zur Ruhigstellung der Motorik
2. Ruhigstellung des Vegetativums (AT)
3. Meditation mit einer weitergehenden Reduktion »äußerer« und »innerer« Wahrnehmung.

Die so erreichte »Entlastung« des kognitiven Systems von inneren Rückmeldungsreizen ermöglicht eine »freiere Wahrnehmung«: Der Kreislauf zwischen vegetativer Erregung und kognitiver Registrierung dieser Erregung mit daraus resultierender verstärkter selektiver Aufmerksamkeit für die im Zusammenhang mit innerer Erregung stehenden äußeren Reize wird so unterbrochen.

In der Meditation stellt Tn/Kl seine Aktivität zugunsten passiver Hingabe und Öffnung zurück. Dies bedeutet ein zeitweiliges Aufschieben der Urteilsbildung: Das Objekt wird kritiklos betrachtet. Der Tn/Kl wendet ihm passive Aufmerksamkeit zu und denkt nicht darüber nach.

Leitmotive: Betrachten, Sichöffnen, Loslassen, Geduld.

Dazu werden verschiedene Hilfsmittel benutzt, durch die das Bewusstsein des Tn/Kl von den alltäglichen Dingen abgelenkt werden soll. Das kann ein vorgestelltes Bild sein, ein Wort, ein Geräusch, ein Gegenstand, eine Idee, eine Tätigkeit o. Ä.

Meditation ist sehr viel leichter zu erlernen, wenn Tn/Kl schon andere Entspannungstechniken beherrscht und sich muskulär und vegetativ ruhigstellen kann.

Wirkung
Eine Reihe physiologischer Veränderungen durch Meditation konnte nachgewiesen werden (Biofeedback).

- Der Hautwiderstand steigt durch die Abnahme der Schweißreaktion.
- Puls- und Atemfrequenz sinken. Der Körper arbeitet auf Sparflamme.
- Spannungen und Stress werden reduziert.

- Der Organismus wird ruhiger, aber nicht schläfrig, sondern wacher.
- Der Blutdruck sinkt bei Hypertonikern.

Außerdem führt Meditation langfristig

- zu Ruhe und Gelassenheit
- zur Mobilisierung von Kraftreserven
- zu einer Erhöhung der kognitiven Leistungsfähigkeit
- zur Verbesserung der Konzentration.

Informationen für Tn/Kl

Meditation muss erlebt, erfahren werden.

Sie kann nicht beschrieben werden, bestenfalls ist eine Annäherung in Bildern und Vergleichen möglich oder aber eine negative Definition durch Auflistung dessen, was Meditation nicht ist.

Meditation ist jederzeit möglich.

Man kann auch in meditativem Zustand aktiv sein. Meditative Ruhe ist wie ein klarer Himmel: Gedanken kommen und gehen wie vorüberziehende Wolken, stehen nie still, verändern sich ständig. Irgendwann ist der Himmel vollkommen klar und wolkenlos. Es gibt keine Ablenkung mehr. Es bleibt ein ruhiges Beobachten ohne Inhalt, ohne Konzentration, ohne Anstrengung.

Meditationshaltungen

Es gibt zwei gängige Wege zur Selbstversenkung:

Von der Haltung zum Gehalt (Zen-Meditation/Yoga) oder vom Gehalt zur Haltung (Meditation mit einem Mantra). Die Haltung spielt bei allen »meditativen Sitzungen« eine wesentliche Rolle.

Die Übungen werden sitzend absolviert, da das Ziel der Meditation nicht entspanntes Träumen, sondern wachbewusste Hingabe ist. Die Haltung während der Meditation ist sehr wichtig.

Bei allen Sitzhaltungen soll die Wirbelsäule gerade gehalten werden.

Die einmal gewählte Stellung soll möglichst bis zum Ende der Übung beibehalten oder nur geringfügig verändert werden. Ein wesentlicher Bestandteil der Meditation ist die Regungslosigkeit. Sie allein führt bereits zu erwünschten physiologischen und psychologischen Veränderungen (Zen-Meditation).

Es gibt drei typische Sitzhaltungen. Für alle drei Beispiele gelten die gleichen Vorbereitungen wie bei den Entspannungsübungen.

Zusätzlich sollte man

- frühestens eine Stunde nach der letzten Mahlzeit beginnen
- vorher keine anregenden Getränke zu sich nehmen
- sich mit dem Rücken zur Lichtquelle setzen
- sich genügend Zeit nehmen (20–30 Minuten)
- eine möglichst reizarme Umgebung wählen (keine tickende Uhr oder stark gemusterte Tapete).

1. Sitzen auf einem normalen Stuhl

Anleitung

Wählen Sie einen harten Stuhl oder eine Holzbank. Bequeme Sessel und Armlehnen behindern die Haltung. Setzen Sie sich auf die Mitte der Sitzfläche, ohne sich anzulehnen. Versuchen Sie, aufgerichtet zu sitzen. Das fällt anfangs schwer. Der Rücken krümmt sich immer wieder. Im Laufe der Zeit jedoch kräftigt sich die Rückenmuskulatur. Der Rücken soll allein von der Wirbelsäule getragen werden. Die anderen Muskeln bleiben locker. Achten Sie besonders auf Entspannung in den Schultern.

Versuchen Sie, auch den Kopf gerade zu halten und das Gesicht zu entspannen. Schließen Sie die Augen oder lassen Sie sie halb offen. Sie können die Beine entweder mit geöffneten Knien überkreuzen oder mit geschlossenen Knien parallel nebeneinanderstellen.

Die Hände liegen locker im Schoß. Sie können sie wie bei der Zen-Meditation schalenförmig ineinanderlegen. Die rechte Hand nach unten, die linke nach oben (Linkshänder umgekehrt), die Daumen berühren sich leicht.

2. Lotossitz und Halblotossitz

Anleitung

Setzen Sie sich auf den Boden oder anfangs zur Erleichterung auf eine zusammengefaltete Decke oder ein Kissen (ca. 5 cm Höhe), zunächst im Schneidersitz.

Beim Halblotossitz legen Sie den linken Fuß auf den rechten Oberschenkel; beim Lotossitz legen Sie den rechten und den linken Fuß auf Ihre Oberschenkel. Beide Knie sollen dabei den Boden berühren. Setzen Sie sich kerzengerade wie bei der Stuhlhaltung. Auch die Haltung des Kopfes und der Hände soll der oben beschriebenen Form entsprechen.

3. Fersensitz

Anleitung

Knien Sie sich auf eine zusammengefaltete Decke oder ein Kissen und lassen Sie sich auf die Fersen nieder. Die Fersen kippen auseinander, und die großen Zehen berühren sich. So entsteht eine Mulde, in die Sie sich bequem setzen können. Die Haltung des Kopfes und der Hände soll der oben beschriebenen Form entsprechen.

Lotos- und Fersensitz sind für Anfänger meist anstrengend und verursachen häufig Dehnungsschmerzen, z. B. in den Oberschenkeln. Deshalb empfiehlt es sich für den Tn/Kl zunächst, die Stuhlhaltung einzunehmen oder aber Fersen- und Lotossitz regelmäßig auch als gymnastische Dehnungsübungen zu trainieren.

Tn/Kl soll versuchen herauszufinden, welche der drei Formen ihm/ihr am ehesten entsprechen.

Wirkung von Meditationsübungen

- Verbesserung der Konzentration
- Kognitive Entspannung
- Abstand vom Alltag
- Einstieg in meditative Prozesse.

Einige Meditationsübungen:

Atemzählen (Vipassana)
Atemzählen ist eine altbewährte, einfache Meditationsübung, um sich vom Alltag zu lösen und ruhig zu werden. Wer geduldig sitzt und zählt, wird von selbst ruhig.

Wichtig: Zeit nehmen! (ca. 20 – 30 Minuten)

Nicht zu früh aufhören, denn es dauert längere Zeit, um überhaupt zur Meditation zu kommen. In der 2. Phase nicht mehr aktiv den Atemrhythmus verändern, sondern einfach los- und geschehen lassen. Den Meditationsvorgang nicht abrupt beenden, sondern langsam zurücknehmen.

Anleitung
Nehmen Sie Sitzhaltung ein. Am besten nur das Ausatmen zählen. Atmen Sie aus und zählen Sie in Gedanken »1«, oder stellen Sie sich eine

»1« vor. Beim nächsten Ausatmen eine »2« usw. bis »10«. Beginnen Sie dann erneut. Wenn Sie störende Gedanken ablenken, beginnen Sie wieder bei »1«.

Konzentration auf ein Objekt
Einfach ist für den Anfänger auch diese Form. Dabei konzentriert er sich auf ein beliebiges Objekt.

Anleitung
Rollen Sie zu Beginn der Übung die Augen nach oben (in Richtung Augenbrauen) und halten Sie den Kopf gerade. Schließen Sie nach einer Weile langsam die Augen und fahren Sie mit geschlossenen Augen fort. Atmen Sie entspannt und ungezwungen. Konzentrieren Sie sich auf ein imaginäres Objekt (Kreuz, Kerzenflamme, Lichtkreis). Verweilen Sie bei dem vorgestellten Objekt. Schieben Sie aufsteigende Gedanken sanft beiseite (»Nicht jetzt, später«).

Wie alle Meditationsformen erfordert auch diese viel Geduld und Selbstdisziplin.

Meditieren mit einem Mantra
Die Transzendentale Meditation (TM) basiert auf der alten indischen Mantra-Technik. Sie ist auf westliche Bedürfnisse zugeschnitten und laufend verändert worden. Der Meditierende konzentriert sich auf ein oder mehrere Wörter (Mantra). Dieses Mantra muss nicht wie bei der alten indischen Technik einen religiösen Hintergrund haben, aber mit Ruhe und Harmonie verknüpft werden können.

Benson (1974) konnte durch TM eine Senkung des Blutdrucks bei Hypertonikern nachweisen.

Anleitung
Wählen Sie ein für Sie geeignetes Mantra. Sie können eines der zwei hier angegebenen Worte verwenden oder ein Wort Ihrer Wahl mit gutem Klang und ohne emotionale Bedeutung für Sie.

- Shirim (hebräisch: Gesang)
- Ahnam (sanskrit: namenlos)

Gehen Sie bei der Meditationssitzung in folgender Reihenfolge vor:

1. Das Mantra langsam und rhythmisch sprechen. Zuerst laut, dann immer leiser
2. innerlich vorsagen
3. denken.

Tn/Kl sollte sich möglichst zweimal täglich 20 Minuten Zeit dafür nehmen. Ansonsten ist die Vorgehensweise genauso wie bei den beiden vorherigen Übungen.

Musikmeditation

Beim Einstieg in meditative Verfahren kann auch geeignete Musik unterstützend wirken. Außerdem können Tn/Kl, die Schwierigkeiten haben, sich längere Zeit zu konzentrieren, einfach nur der Musik lauschen und träumen, wodurch sie keine Misserfolgserlebnisse haben.

Arbeitsblatt 8: Trainingsprotokoll

Für viele Tn/Kl ist das Führen eines Entspannungsprotokolls eine wichtige Transferhilfe. Insbesondere wenn das Stressverhaltenstraining über mehrere Wochen verteilt ist, können sich Tn/Kl anhand der Protokolle bei der Transferkontrolle im Kurs detailliert über ihre Erfahrungen austauschen.

Trainingsprotokoll Entspannungsübungen

Datum	Tageszeit	Übungs-dauer (Min.)	Entspannungs-verfahren Übungsschritt	Zufrie-denheits-note	Bemerkungen

7.2 Systematische Problemlösung

7.2.1 Vorgehensweise in acht Schritten

Diese Technik dient der Bewältigung von wesentlichen individuellen Belastungen (aus der Stressorenliste) der Teilnehmer (Ansatzpunkt primär: Stressoren <S>). Zusätzlich erlernen die Teilnehmer Problemlösen als Fertigkeit (Ansatzpunkt Person <O>), womit sie über eine weitere effektive Bewältigungstechnik anderer (auch zukünftiger) Belastungen verfügen. Hier ist ein Gruppentraining von großem Vorteil, da einerseits durch die anderen Teilnehmer eine Vielzahl von denkbaren Bewältigungsmöglichkeiten vorgeschlagen wird, zum anderen jeder einzelne von den Problemlösungsschritten der anderen profitiert (Generalisierung/Modelllernen).

Die systematische Problemlösung kann gut bei Sachproblemen (z. B. am Arbeitsplatz) angewandt werden – gerade in homogenen Gruppen – und überzeugt daher auch sachorientierte Menschen.

Das Hinterfragen des Problems erzeugt bei der Gruppe Einsicht in die Notwendigkeit, Bewertungen zu verändern.

Möglichst nicht bei Problemen anwenden, bei denen offensichtlich eine Einstellungsänderung angebracht ist! Beide Techniken (Einstellungsänderung und Problemlösung) sind in der Kombination meist zu komplex, daher besser trennen.

Eine spezielle Form der systematischen Problemlösung kann für homogene Gruppen, beispielsweise für die Lehrerschaft einer Schule oder für die Mitarbeiter eines Betriebs, in der Form durchgeführt werden, dass man

- gemeinsam Stressoren sammelt
- nach Problemfeldern geordnet Gruppierungen bildet
- dann die Probleme herausgreift, die man langfristig innerhalb des Betriebs, z. B. als strukturelle Veränderungen etc., durchsetzen und erreichen möchte
- Aufgaben, Verantwortlichkeiten verteilt
- die Beteiligten sich zur Übernahme der Aufgaben schriftlich bereit erklären (»comitten«)
- die Erfolgskontrolle plant
- und z. B. alle vier Wochen gemeinsam durchführt.

Dies wird häufig im Rahmen von Förderkreisen praktiziert. Individuelle Stressbewältigung erfolgt hierbei aber nur indirekt oder als erfreulicher Nebeneffekt.

Lernziele

Die Tn/Kl

→ kennen die systematische Problemlösung als Methode zur langfristigen Stressorenbewältigung
→ können die Schritte der systematischen Problemlösung anwenden und auf eigene Beispiele aus ihrem Alltag übertragen
→ können sich konstruktiv mit der Stressorenbewältigung anderer auseinandersetzen
→ kennen Wege zum Zeitmanagement (falls daran gearbeitet wird).

Ablauf

Hintergrundinformationen

Im Kurs wird ein typisches Beispiel erzählt, bei dem jemand immer wieder ähnlichen/den gleichen Stressoren ausgesetzt ist und sich belastet fühlt. Zur Verdeutlichung können Geschichten, Metaphern o. Ä. herangezogen werden, z. B. »Die Grube im Gehsteig«.

Die Grube im Gehsteig
Eine Autobiografie in fünf Kapiteln von Portia Nelson
(aus: Sogyal Rinpoche: The Tibetan Book of Living and Dying)

1. Kapitel

> Ich gehe die Straße entlang.
> Im Gehsteig gähnt eine tiefe Grube.
> Ich stürze hinein,
> fühle mich verloren. Hoffnungslos!
> *Mein* Fehler ist das nicht!
> Es dauert eine Ewigkeit,
> bis ich den Ausweg
> aus der Grube gefunden habe.

2. Kapitel

> Ich gehe dieselbe Straße entlang.
> Im Gehsteig eine tiefe Grube.
> Ich tue so, als würde ich sie nicht sehen
> und stürze neuerlich hinein.
> Kaum zu glauben: schon wieder
> bin ich in derselben Lage.
> *Mein* Fehler ist das nicht!
> Es dauert einige Zeit, bis ich den Ausweg gefunden habe.

3. Kapitel

> Ich gehe dieselbe Straße entlang.
> Im Gehsteig eine tiefe Grube.
> Ich sehe sie
> und stürze trotzdem hinein –
> einfach, weil ich es so gewohnt bin.
> Meine Augen sind offen,
> ich weiß, wo ich gehe.
> Es ist allein *mein* Fehler!
> Im nächsten Augenblick schon bin ich hinausgeklettert.

4. Kapitel

> Ich gehe dieselbe Straße entlang.
> Im Gehsteig eine tiefe Grube.
> Ich mache einen Bogen um die Grube.

5. Kapitel

> Ich folge einer anderen Straße.

Die Strategie der Problemlösung in acht Schritten wird dann für den Bereich langfristiger Belastungen – auch rein sachlicher Probleme – als Methode, ein optimales Verhalten vorzubereiten und zu ermöglichen, vorgestellt.

Dazu wird ein Beispiel aus dem Teilnehmerkreis (z. B. chronische Zeitnot, hektischer Tagesablauf) gemeinsam im Plenum erarbeitet, diskutiert und auf Flipcharts festgehalten. Die anderen Teilnehmer überprüfen dieses Exempel auf seine Übertragbarkeit auf die eigenen Probleme. Als Hausaufgabe sollen die Tn/Kl eigene Situationen auswählen, die für die systematische Problemlösung geeignet sind. Sie benennen das Problem und beschreiben es genau. Die weiteren Schritte erfolgen dann im Plenum oder – von Tr/Th begleitet – in Kleingruppen.

Informationen für Tn/Kl

Stressoren bewältigen heißt, langfristig individuelle stressauslösende Bedingungen verändern, z. B. Probleme lösen, ungerechtfertigte Kritik zurückweisen, Gespräche mit Konfliktpartnern führen, Arbeiten delegieren usw.

Durch systematisches Überlegen und Planen kann man effektiver als durch zielloses Vorgehen Lösungen für häufig auftretende und wichtige Stressoren erarbeiten. Außerdem kann man sich auf zukünftige Belastungen vorbereiten und damit deren unangenehme Wirkungen abschwächen oder sogar verhindern.

Bei guter Überlegung in entspannter Situation gelingt es eher, sich der eigenen Schwachstellen bewusst zu werden. Im Stress jedoch machen viele Menschen immer wieder dieselben Fehler. Viele Personen tragen jahrelang die gleichen Stressoren mit sich herum, ohne sich jemals intensiv mit ihnen auseinanderzusetzen. Vielleicht, weil man keine Zeit hat oder man über eigene Schwächen verärgert ist oder glaubt, dass es eben keine Lösung gibt. Die Neigung, Probleme aufzuschieben oder sie impulsiv und wenig durchdacht in »altbewährter Manier« zu lösen, ist weitverbreitet.

1. Schritt: Stressorenauswahl
Die Teilnehmer suchen aus ihren Stressorenlisten je ein für sie wesentliches Problem aus, das sie aktiv bewältigen wollen.

2. Schritt: Beschreibung des Problems
Das Problem/die Situation, die eigenen Reaktionen sowie daraus entstehende Konsequenzen werden nach dem Prinzip der Verhaltensanalyse möglichst konkret und detailliert erfragt. Das ist z. T. bereits bei der individuellen Stressanalyse erfolgt.

Interessant ist oft auch, wann und wo das Problem nicht auftritt. Darin sind durchaus bereits Lösungsmöglichkeiten enthalten.

3. Schritt: Zieldefinition
Dann legen Tr/Th und Tn/Kl gemeinsam das erwünschte Ziel – auf der Verhaltens- und auf der emotionalen Ebene – fest.

4. Schritt: Sammeln von Lösungsmöglichkeiten
Nun werden im Sinne eines »Brainstormings« von allen Gruppenteilnehmern (auch Tr/Th) möglichst viele Problemlösungen gesammelt und schriftlich für alle gut sichtbar auf dem Flipchart festgehalten. Auch die betroffene Person kann sich nach einiger Zeit mit Lösungsvorschlägen einbringen. Zunächst erfolgt keinerlei Bewertung, auch momentan unsinnig erscheinende Vorschläge werden zugelassen, die Fantasie hat freien Lauf. Kombinationen und Verbesserungen von Strategien werden ebenfalls notiert.

Durch die Trennung von Lösungssuche und Bewertung wird die Menge der Vorschläge erhöht, eine vorschnelle Gegenargumentation/Verteidigung des betroffenen Teilnehmers wird verhindert.

5. Schritt: Bewertung und Auswahl

Der Sammlung folgt die Bewertung der Lösungen: Aus dem gesammelten Material streicht der/die betroffene Tn/Kl die ungeeigneten Lösungen (ohne Hilfe der Gruppe). Tr/Th sollte darauf achten, dass Tn/Kl nicht unreflektiert Lösungen aussortiert. In diesem Fall ist die Begründung von Tn/Kl zu hinterfragen. Die verbleibenden Möglichkeiten werden auf ihre Realisierbarkeit hin überprüft. Kriterien hierfür sind die zu erwartenden Konsequenzen: die persönlichen Folgen für Tn/Kl und die sozialen und beruflichen Folgen für andere beteiligte Personen, und zwar in kurz- und langfristiger Hinsicht. Hier können alle konstruktiv mitwirken. Lösungsvorschläge können Tn/Kl umformulieren, falls das günstiger ist.

Falls sinnvoll, kann eine Rangliste der Lösungen gebildet werden (Priorität 1 – 3). Daraufhin wird entschieden, welche der möglichen Lösungen oder welche Kombination von Lösungen durchgeführt wird. Dies ist die Strategie, die am erfolgversprechendsten, ohne unangemessenen Aufwand durchführbar ist und die geringsten oder keine negativen Folgen hat.

6. Schritt: Handlungsplan

Es werden Maßnahmen zusammengestellt, die die gewählte Lösung verwirklichen helfen. Die Schritte müssen dabei dem genau geplanten Handlungsablauf entsprechen. In einem Zeitplan wird festgelegt, bis zu welchem Termin die einzelnen Schritte realisiert werden sollten. Es ist zu beachten, dass zur Verwirklichung genügend Zeit vorhanden ist und nicht zu viele Maßnahmen gleichzeitig ergriffen werden. Die Durchführung der Schritte erfolgt als »Hausaufgabe« außerhalb des Kurses.

7. Schritt: Umsetzung

Die Realisierung erfolgt gemäß der Handlungsplanung in möglichst einfachen Belastungssituationen als Hausaufgabe. Wenn die Belastung so bewältigt wird, ist das Ziel der Technik erreicht; führt die Umsetzung zu Misserfolgen und Pannen, muss eine Analyse der Ursache folgen.

8. Schritt: Erfolgsprüfung

Die Durchführung wird an Tr/Th und die anderen Tn/Kl gemailt und, falls sich die Gruppe weitere Male trifft, diskutiert. Erfolge/Misserfolge in den einzelnen Teilschritten werden auf Konsequenzen überprüft. Waren die Maßnahmen erfolgreich, ist die Problemlösung beendet. Bei Misserfolg/ Teilerfolgen wird überlegt, zu welchem Schritt der Teilnehmer zurückgehen soll, ob z. B. die Beschreibung des Problems nicht ausreichend war, ob weitere Schritte zur Problemlösung gesammelt werden müssen oder der Handlungsplan überarbeitet werden muss.

Fallbeispiel der systematischen Problemlösung (Flipabschrift)

Managementtrainerin, 41 J.

1. Stressorenauswahl
   »Montags-Stress«

2. Problembeschreibung
   Anfang der Woche liegen viele Dinge unerledigt vor
   trotzdem/bzw. gerade deshalb Krimi lesen
   am Abend schlechtes Gewissen
   Unerledigtes hindert an anderen Beschäftigungen:

   - an »Neuem«
   - am »Freisein« für etwas anderes
   - leicht und schnell ablenkbar

   zusammengefasst: Leistungsreduktion und kein Genießen der Freizeit.

3. Zieldefinition
   Ich möchte montags effektiv arbeiten, meine Freizeit genießen und
   mich wohlfühlen können.

4. Lösungsmöglichkeiten

   1   Prioritäten setzen für den Tag
   1   To-do-list anfertigen
   1   genaue Zeitangaben eintragen
       Großen Tages-/Wochenplan für die Wand
       am Computerdesktop Erinnerungen anlegen
   3   Motivationshinweis am Desktop
       in Outlook eintragen und erinnern lassen
       Outlook-Kalender
       Belohnung nach dem Tag
       Störquellen abstellen
       Freizeitplatz einrichten
   1   Freizeit einplanen
       Post-Its zu Erinnerung
       Pinnwand
       Schreibtisch ordnen
       Post-Its-Kontrolle (durchstreichen/wegwerfen)
       Personen, die kontrollieren/nachfragen
   2   Erinnerungsmeldung am Handy
       Vorbereitung (z. B. Essen), damit keine Ablenkung
   1   Arbeitszeiten festlegen

2 Entspannungspausen (Kopf auslüften)
Spazieren gehen
Delegieren
Buch lesen (z. B. Seiwert, s. Literaturliste)
Seminar besuchen (Stress)
Ablageregal am Schreibtisch mit Prioritätenangaben (1 … 2 … 3 …)
mit leichter Sache beginnen

1 Vorgänge durchziehen (nicht unterbrechen)
Unerledigtes sofort in Ablageregal ordnen

2 Anrufbeantworter, Mail-Box

3 leichte Tätigkeiten für Tiefpunkte sammeln

5. Bewertung und Festlegung der Reihenfolge

1 To-do-Liste anlegen, Prioritäten setzen für den Tag, die Tätigkeiten mit genauen Zeitangaben versehen, die Arbeits- und Freizeit festlegen

2 Entspannungsübungen einplanen, den Anrufbeantworter ggfs. einschalten, Wecker stellen

3 leichte Tätigkeiten »sammeln«, um Tiefpunkte auszufüllen, Belohnungen für den Tag festlegen, Motivationshinweis am Desktop.

6. Handlungsplan (Zeit/Ort)
nächster Montag: Wochenplan (Di. – Fr.) ausarbeiten, d. h.

- Planung/Festlegung von Arbeits- und Freizeit
- Prioritäten setzen, Ablagekästen anlegen
- Zeiten für Entspannung/Sport einplanen

Dienstag: Umsetzung des Tagesplans

7. Umsetzung ab dem nächsten Montagmorgen

8. Erfolgskontrolle

- auf Band sprechen – abends anhören
- Flips aufhängen und abschreiben
- Freitag:
  - Überprüfung der Punkte
  - Veränderungen festhalten
  - Wie ging es mir an jedem der Tage?
  - Hat die Leistungseffektivität zugenommen?
  - Kann ich die Freizeit genießen?
- Beim Stressfolgetraining über meine Erfolge berichten.

Arbeits- und Informationsblatt 9 für Tn/Kl

Systematische Problemlösung

1. Schritt: Stressorenauswahl

_____

2. Schritt: Beschreibung des Problems
Möglichst konkrete Suchfragen stellen wie:

Entwicklung des Problems?

_____

_____

Welche Hindernisse gibt es?

_____

_____

Was für Hilfestellungen gibt es?

_____

_____

3. Schritt: Zieldefinition
Was will ich erreichen?

_____

_____

Wie will ich mich fühlen?

_____

_____

4. Schritt: Sammeln von Lösungsmöglichkeiten
Brainstorming-Verfahren:
Welche Hilfen sind möglich?

_____

_____

Möglichst viele, auch unsinnige Ideen zulassen und zunächst nicht bewerten.

5. Schritt: Bewertung und Auswahl

- Ungeeignete Lösungen werden ausgesondert.
- Rangreihe nach vermutlicher Qualität und Realisierbarkeit der Lösungen bilden.
- Entscheidung für eine (Kombination von) Lösung(en).

1. _____

2. _____

3. _____

4. _____

6. Schritt: Handlungsplan
Reihenfolge, Zeitplan, Ort festlegen und schrittweise vorgehen.

Handlungsplan:	Wann?	Wo?	Wie?	Mit wem?

7. Schritt: Umsetzung
Handlungsplan in der Realität erproben.

8. Schritt: Erfolgsprüfung
Planen, wie Erfolg festgestellt werden kann, und die Effizienz überprüfen, bei Misserfolg eine Fehleranalyse durchführen und neue Lösungen wählen. Definition neu fassen, evtl. andere Personen um Tipps bitten.

_____

_____

_____

_____

Exkurs: Zeitmanagement und Arbeitsmethodik

Häufig werden Zeitnot, fehlende Arbeitsmethodik etc. als Stressoren geschildert. Wenn im Training viele davon Betroffene sind, empfiehlt es sich, kurz auf Zeitmanagement oder Arbeitsmethodik einzugehen – besonders wenn Tn/Kl sagen, dass sie zu viel in einen Tag packen. Informationsfülle und Schnelligkeit am Arbeitsplatz nehmen immens zu. Unklare Aufgabenstellungen, fehlende Entspannung, Zeit- und Termindruck (es ist immer kurz vor 12), hohes Arbeitstempo, komplexe Anforderungen durch die Globalisierung, Dienstreisen mit nachfolgendem Jetlag, ständige Erreichbarkeit durch Handy, Blackberry und E-Mail – die freiwilligen elektronischen Fesseln, auch am Wochenende und im Urlaub – und damit fehlende Erholungszeiten gehören zum Alltag von Managern und Vorgesetzten.

Schnelligkeit ist zu einem zentralen Wert in unserer Gesellschaft geworden, doch die Protagonisten fühlen sich oft wie in einem Hamsterrad, das vom Alltagsstress angetrieben wird.

Informationen für Tn/Kl

»Leider keine Zeit«, bekommt man in unserem hektischen Tagesablauf immer häufiger zu hören. Bedenkt man, dass wir so viel Freizeit haben wie nie zuvor, ist das recht erstaunlich. Trotzdem sind Eile, Termindruck und Unerledigtes Stressoren, die viele von uns betreffen. Gerade in unserer »atemlosen« Zeit mit sehr vielen »Zeitsparern« geraten wir paradoxerweise immer mehr unter Zeitdruck. Speziell Personen, die z. B. Handys, Freisprechanlage im Auto, Fax, E-Mails, Laptop, I-Phone, Blackberry und andere hervorragende »Zeitsparer« zur Verfügung haben, sind besonders häufig in Zeitnot. Nicht zuletzt deshalb, weil eben die Pufferzeiten fehlen. Alles muss sofort erledigt werden; man ist sofort, überall und jederzeit erreichbar und soll sofort jederzeit reagieren und umfassend informiert sein. Auch von den Unternehmen wird zunehmend von den Mitarbeitern erwartet, ständig, auch in Freizeit und Urlaub, erreichbar zu sein. So kann man auch im Urlaub immer mehr wichtige Menschen sehen, die ihr Blackberry neben dem Liegestuhl deponiert haben.

Ungeduld hat häufig Schuld

Wilhelm Busch

Blackberry, I-Phone, Palm, Token, E-learning usw. können Stressoren und Zeitfresser sein, aber bei klugem und nicht übertriebenem Einsatz werden sie zum echten Zeitsparer. Sicher ist es oft nicht ganz einfach, sich dieser elektronischen Fesseln zu entledigen und sich die Freiheit zu nehmen, auch mal nicht präsent zu sein, langsam und überlegt zu handeln statt eilig und hektisch.

Wenn du es eilig hast, gehe langsam

Konfuzius

Jede fehlende Pufferzeit kann sich so auswirken, dass an und für sich völlig banale Dinge – wie z. B. zwei rote Ampeln hintereinander – zum Stressor werden. Wenn die entsprechende Pufferzeit eingeplant wurde, empfindet man dies vielleicht als lästig, aber auch nicht mehr.

Den individuellen, typischen »Zeitfressern« kommt man am besten auf die Spur, wenn man zunächst einige Tage (noch besser: zwei bis drei Wochen) beobachtet, womit man seine Zeit verbringt, dabei Prioritäten setzt und die Störungen im Arbeitsablauf feststellt.

Häufige Gründe für Zeitverschwendung
Tn/Kl sollen die für sie zutreffenden Punkte ankreuzen und diese in ihr persönliches Antistressprogramm eintragen.

Störungen von außen

- Besucher
- Telefon/Handy
- E-Mails
- zu viele, zu lange und schlecht vorbereitete Meetings
- ständige Störungen
- unzuverlässige Kollegen
- unpünktliche Klienten, Mandanten oder Kollegen
- fehlende Information/Kommunikation

Selbstverursachte Zeitfresser

- fehlende Zielsetzung
- mangelnde Delegation
- Unentschlossenheit
- Perfektionismus
- Mangel an Selbstdisziplin
- nicht Nein sagen können
- Entscheidungen vor sich her schieben
- überflüssiger Kleinkram
- Internet
- Typ-A-Verhalten (z. B. Hektik)
- mangelnde Prioritäten
- alles gleichzeitig machen wollen
- es anderen recht machen wollen
- immer und überall erreichbar sein
- Profilierungswunsch
- zu viel auf einmal beginnen
- fehlender oder zu später Schlusspunkt
- häufiger Wechsel von einer angefangenen Arbeit zur anderen
- zu enger Zeitplan, kein Platz für Unvorhergesehenes

- unordentlicher Schreibtisch oder Ordnungswahn
- benötigte Zeit unterschätzen
- hastiges und fehlerhaftes Arbeiten
- fehlende Kontrolle über Arbeitsfortschritt

Zeitgewinn – Ökonomische Arbeitsweise
In der folgenden Checkliste sind einige wichtige Tipps zum Zeitmanagement zusammengestellt.

Zeit gewinnen und ökonomisch arbeiten heißt:

1. Zeitbewusstsein entwickeln
2. Nie mehrere Ziele gleichzeitig zu erreichen suchen
3. Rangordnung für die vorliegenden Arbeiten schaffen
4. Positive Selbst- und Fremdkontrolle

Das bedeutet im Einzelnen:

- das tägliche Tun an eigenen Zielen ausrichten
- Tagespläne und Wochenpläne aufstellen
- am Abend den neuen Tag planen
- gleichartige Aufgaben zusammenfassen
- Morgens richtig anfangen
- Prioritäten setzen
- Zeit für Unerwartetes und Routine einplanen
- Unerledigtes sichtbar machen
- den eigenen Arbeitsplatz sinnvoll organisieren
- mit Checklisten arbeiten
- mit Soll- und Kann-Vorsätzen arbeiten
- wissenschaftliche Erkenntnisse nutzen
- Arbeit delegieren
- erfolgreich zusammenarbeiten (Teamwork)
- systematische Problemlösung betreiben
- systematische Fehleranalyse anwenden
- gute Arbeit anerkennen
- den eigenen Arbeitsrhythmus kennen und nutzen
- abends rechtzeitig abschalten
- nicht ablenken lassen
- Wichtiges festhalten (Notizen)
- Wichtiges von Unwichtigem trennen

- mit der eigenen Energie haushalten
- Ordnung halten

Kurzform der systematischen Problemlösung
Wenn nur zwei oder drei Kurstage zur Verfügung stehen, kann man die systematische Problemlösung exemplarisch an einem Fall behandeln (Dauer: $^1/_2$ – 2 Std.). Wenn die Zeit ausreicht, kann noch jeweils ein weiteres Beispiel in kleinen Gruppen behandelt werden.

Zusätzlich gibt es eine weitere Möglichkeit, vom ersten Seminartag an zumindest einige Schritte zur Problemlösung so anzugehen, dass sämtliche im Kurs vermittelte Methoden integriert werden und jede Person intensiv an einem eigenen Stressorenbeispiel arbeitet:

1. Schritt:
Tn/Kl sammeln und beobachten ihre Stressoren (bereits bei der persönlichen Stressorenanalyse). Jede(r) entscheidet sich dann, an welchem Stressor er/sie über das ganze Seminar hinweg weiterarbeiten möchte. Dieses

PAROLE!
niemals aufgeben…

© Ellen und Frank Lamers
www.eheleute-lamers.de

Stressorenbeispiel wird im Plenum genannt. Tr/Th sollte die Beispiele zumindest als Überschrift gehört haben, um z. B. traumatische Belastungen
oder solche, die ganz sicher im Training (Kurs) nicht lösbar sind, auszuschließen.

2. Schritt:
Danach gruppieren sich Tn/Kl zu dritt, je nach Interesse, an dem Problem
und natürlich auch nach Sympathie, wie sie zusammenarbeiten wollen.
Hier ist es wichtig, darauf hinzuweisen, dass Tn/Kl nicht am gleichen Problem arbeiten sollen: Stress ist individuell, und es kommt auf die Bewertung
an. Wenn alle drei die gleiche Themenüberschrift haben, ist die Gefahr
sehr groß, dass sie sich darin bestätigen, »na ja, Stress mit der Schwieger-
mutter, das kenn ich«, nicht mehr richtig zuhören und hinterfragen, sondern nur das eigene Beispiel im Hinterkopf haben, sich in ihrem »Leid«
bestätigt sehen und passiv bleiben.

3. Schritt:
Dann wird so gearbeitet, dass Person A 10 Minuten Zeit bekommt, ihr
Problem zu schildern. Die anderen Gruppenmitglieder hören zu, bewerten
nicht, geben keinerlei Lösungsvorschläge und versuchen mit Schlüsselfragen wie:

»Seit wann besteht dieses Problem?«
»Welche Personen sind beteiligt?«
»Was geht dir durch den Kopf?«

der betroffenen Person zu helfen, das eigene Problem besser zu verstehen.
Wenn B und C Lösungsvorschläge haben, können sie sich diese notieren,
damit sie nicht in Vergessenheit geraten, aber nicht schon an dieser Stelle
nennen.

Dann schildern B und danach C die eigene Belastungssituation auf dieselbe Weise.

4. Schritt:
Nach dieser Runde (30 Min.) trifft man sich wieder im Plenum. Jetzt kann
ein wenig Theorie-Input zur Stressorenbewältigung folgen. Dabei kann
man zurückgreifen auf Coping-Vorschläge der Tn/Kl.

5. Schritt:
Danach gehen Tn/Kl wieder zurück in ihre Dreierkonstellationen, um systematisch Problemlösungen zu sammeln.

Hilfreich ist vielleicht, mit einem Formblatt zu arbeiten, z. B. »*Arbeits-blatt Stresssituation*«. Tn/Kl überlegen, ob die diskutierten, gesammelten Möglichkeiten der Stressorenbewältigung für einen selbst oder die beiden anderen geeignet sind bzw. welche Vorschläge man für die beiden anderen Tn/Kl notiert hat.

6. Schritt:

Dann werden die eigenen und fremden Lösungsvorschläge für jede Person gesammelt, diese hört zunächst nur zu, notiert die Vorschläge möglicher-weise in ihrem Arbeitsblatt und bewertet nicht.

Es sollte nicht diskutiert (und damit »zerredet«) werden, nur mög-licherweise hinterfragt, z. B. wenn jemand eine Methode vorschlägt und die betroffene Person nicht weiß, worum es sich handelt.

7. Schritt:

Bei allen Techniken, die zu diesem Zeitpunkt noch nicht besprochen und trainiert wurden (z. B. kurzfristige Erleichterungstechniken, Einstellungs-änderung), werden die Tn/Kl später aufgefordert, wieder in ihre Dreier-gruppen zu gehen und die eben erarbeiteten Methoden in ihre persön-lichen Beispiele zu integrieren.

8. Schritt:

Die Handlungsprobe kurzfristige Erleichterung sollte dann auch mit den Beispielen, die die Tn/Kl nun ja schon sehr intensiv bearbeitet haben, erfol-gen. Es sei denn, einzelne Tn/Kl tun sich sehr schwer damit, hier Interven-tionszeitpunkte zu definieren, bzw. wollen das Problem primär langfristig lösen.

In diesem Fall empfiehlt man zunächst, zu Übungszwecken eine Stress-situation wie Warteschlange, Verkehrsstau, Zahnarztbesuch, hektisches Verhalten oder Aggressionen anderer als Arbeitsbeispiel zu verwenden.

7.3 Einstellungsänderung

7.3.1 Hintergrundinformationen

Da subjektiven Einstellungen eine wesentliche Rolle bei der Entstehung von Stress zukommt, sind kognitive Verfahren in einem Stressbewältigungstraining von großer Bedeutung. Sie helfen den Tn/Kl, sich der individuellen, Stress erzeugenden Einstellungen und Gedanken bewusst zu werden, sie infrage zu stellen, auf ihre Angemessenheit hin zu prüfen und sie in der Auseinandersetzung mit sich selbst und anderen zu verändern. Üblicherweise verwendete Methoden sind u. a.:

- Selbstbeobachtung
- Verhaltensanalyse
- die spezifische Form des Gesprächs mit dem Tn/Kl über dessen Werte- und Einstellungshintergrund (der sog. »sokratische Dialog«)
- Gruppengespräche mit direkter Rückmeldung durch die anderen Tn/Kl
- das Training von sich selbst unterstützenden positiven Selbstgesprächen in Stresssituationen
- Vorstellungsübungen zum Aufbau neuer, stressmindernder Einstellungen und Gedanken.

Einstellungen haben mehrere Aspekte (McGuire, 1969). Sowohl kognitive als auch affektive Komponenten sowie die Komponente der Verhaltenstendenz beeinflussen die Einstellung gegenüber einer Person oder einer Situation. Eine Veränderung setzt demnach sinnvollerweise an allen drei Aspekten an.

Die Effektivität verschiedener Verfahren zur Einstellungsänderung konnte nachgewiesen werden (vgl. Baumann & Perez, 2005; Meyer et al., 1991). Ein häufig angewendetes Verfahren zur Einstellungsänderung ist die Rational-Emotive Therapie (RET), deren Verfahren von Albert Ellis in den 50er-Jahren des letzten Jahrhunderts entwickelt wurde. Im Mittelpunkt dieser Therapieform stehen dysfunktionale Kognitionen, z. B. in Form von Bewertungen, Ideen oder Schlussfolgerungen, die das psychische Wohlbefinden des Individuums beeinträchtigen und/oder als Erklärungen von Verhaltensstörungen dienen können. Da sie unser Denken und Handeln beeinflussen, sind sie im S-O-R-K-Modell verantwortlich für Konsequenzen und Probleme.

Von Interesse in einem Verhaltenstraining zur Stressbewältigung sind:

- Bewertungen und selbsterfüllende Prophezeiungen, die bei der Bewältigung von Belastungssituationen nicht hilfreich oder sogar gegenläufig sind wie

  »Der will mich ärgern«
  »Das schaff ich nie«.

Viele Ereignisse werden erst dadurch belastend, dass sie als unangenehm, ärgerlich etc. bewertet werden. Die Realität wird oft so konstruiert, dass sie mit erheblichen negativen Konsequenzen verbunden ist.

Diese Bewertungen können für das Individuum zum Verstärker werden, indem sie zu Eigenschaften von Situationen bzw. der eigenen Person deklariert werden. Die persönlichen Reaktionen (Stressreaktionen) auf diese Bewertungen werden wiederum als Verstärker (Beweise) für deren Richtigkeit wahrgenommen. Es ist oft schwierig, die auslösenden Situationen (Chef, Partner usw.) zu verändern. Bei solchen Stressoren, die (derzeit) nicht geändert werden können, lebt es sich besser (Hedonismus), wenn man die Situation, andere und nicht sich selbst abwertet, sich nicht schuldig fühlt oder ständig ärgert.

- Irrationale Einstellungen (nach RET/Ellis, 2008)
  Irrationale Bewertungen sind nicht wahr:

  Sie ergeben sich nicht aus der Realität, werden nicht durch Beweise gestützt und sind oft Ausdruck von Übergeneralisierungen. Irrationale Einstellungen sind auch häufig extrem übertriebene Bewertungen einer Situation (Katastrophierungen), die sich z.B. in Beschreibungen wie »schrecklich«, »entsetzlich« oder »unerträglich« widerspiegeln.

  Eine irrationale Überzeugung stellt eine Forderung dar:

  Sie äußert sich in Ansprüchen statt in Wünschen, unbedingten Ansprüchen statt in Präferenzen und absolutem Verlangen statt in Bedürfnissen.

  Eine irrationale Einstellung behindert die Zielerreichung:

  Das Festhalten an absoluten Gedanken und Ansprüchen und die Beeinträchtigung durch damit einhergehende negative Gefühle hindern daran, im eigenen Leben möglichst viel Genuss und Freude zu erleben.

  Irrationale Einstellungen erzeugen häufig Stress, sind Stresssignale und spiegeln sich in Äußerungen, Vorstellungen, Fantasien wie:

- Alle sollen mich lieben
- Man kann niemandem vertrauen
- Die Welt sollte gerecht sein
- Starke Menschen brauchen keine Hilfe

- Keiner hat das Recht, mich zu kritisieren
- Ich bin vom Pech verfolgt
- Änderungen sind unnatürlich
- Ich muss besser sein als die anderen
- Ich werde es nie schaffen, mich zu ändern
- Es ist wichtig, dass alle mich akzeptieren
- Es gibt nichts Schlimmeres, als Fehler zu machen
- Es gibt immer eine perfekte Lösung
- Es ist wichtig, immer recht zu haben
- Wenn man Problemen und unangenehmen Situationen aus dem Weg geht, verschwinden sie mit der Zeit von selbst
- Ich bin für alles verantwortlich
- Man kann sich auf niemanden verlassen
- Die anderen sind besser, schöner, stärker als ich
- Es ist wichtig, dass ich immer die volle Kontrolle über alles habe
- Er/sie ist an allem schuld
- Ich habe überhaupt keine Probleme
- Ich kann es nicht mehr ertragen
- Ich bin meinen Gefühlen ausgeliefert

Letztendlich ist diese Aufzählung unbegrenzt fortsetzbar. Bestimmte **irrationale Überzeugungen** finden sich bei Männern und Frauen, aber unterschiedlich häufig:

Bei Männern:

Abb. 22: Typische irrationale Überzeugungen bei Männern

Bei Frauen:

Abb. 23: Typische irrationale Überzeugungen bei Frauen

Lernziele

Die Tn/Kl

→ erkennen die Bedeutung ihrer Bewertungen für das Stressgeschehen

→ wissen, was Einstellungen, insbesondere Stress erzeugene und verstärkende Bewertungen, sind

→ kennen typische »irrational beliefs«

→ können eigene stressinduzierende Einstellungen aufspüren

→ können diese kritisch hinterfragen

→ erleben (erste Schritte der) Einstellungsänderung.

Ablauf

Bereits vom ersten Treffen an können Einstellungen (»Stress ist individuell, auf die Bewertung kommt es an«) hinterfragt und bei der Stressdefinition bzw. -analyse benannt werden. Zusätzlich empfehlen sich passende Anekdoten (z. B. die chinesische Legende), die freundlich-humorvoll-direktiv bis provokativ oder durch Blickkontakt oder auch Hinweise auf persönliche Berichte der Tn/Kl, auf deren Stress erzeugende und irrational beliefs hinweisen.

Anschließend kann ein Kurzvortrag folgen, was Einstellungen sind und wann es sinnvoll ist, sie zu ändern.

Einige Kriterien für irrationale Einstellungen werden erarbeitet wie z. B.:

- überhöhte Anforderungen an sich selbst (+ Perfektionismus)
- Alles-oder-nichts-Prinzip
- Schwarz-Weiß-Malerei
- Übertreibungen und Katastrophierungen
- selbsterfüllende Prophezeiung
- unrealistische und selbsterfüllende Erwartungen
- unzulässige Generalisierungen und Schlussfolgerungen.

Typische Formulierungen werden erarbeitet wie:

»Es ist schrecklich, unerträglich, dass …«
»Ich/die anderen/die Welt sollte, müsste …«
»Wenn …, bin ich nichts wert« usw.

Es wird außerdem diskutiert, dass diese Art zu denken weder logisch ist noch dazu hilft, glücklich zu werden und effektiv zu handeln (Prinzipien der Rationalität, des Hedonismus, der positiven und negativen Verstärkung, der Selbstkontrolle).

Was die Menschen bewegt, sind nicht die Dinge selbst, sondern die Ansichten, die sie von ihnen haben.

Epiktet, 1. Jahrhundert n. Chr.

Informationen für Tn/Kl

Die Ursache für Stress liegt häufig in uns selbst. Denn unsere *Gedanken, Erwartungen* und *Einstellungen* beeinflussen uns in der *Bewertung* der Umwelt. Wenn man Bewertungen von Stresssituationen hinterfragt, kann man zu den zugrunde liegenden Einstellungen vordringen. Häufig stellt man dann fest, dass diese Bewertungsmuster die Bewältigung der Situation hemmen oder sogar für das Entstehen von Stress verantwortlich sind.

Es gibt eine ganze Reihe von *typischen Merkmalen*, die eine ineffektive Einstellung *kennzeichnen*:

Wenn man z. B. glaubt, dass man eine Situation ohnehin nicht bewältigen kann, obwohl objektiv gesehen durchaus Bewältigungsstrategien vorhanden sind, wird man es auch nicht versuchen. So nimmt man sich die Möglichkeit, vom Gegenteil überzeugt zu werden, und *erlernt Hilflosigkeit*.

Oder wenn man davon überzeugt ist, dass es immer eine perfekte bzw. »noch perfektere« Lösung gibt, kann man sich mit keiner wirklich zufriedengeben. Derart *unrealistische Erwartungen* oder eine einzige negative Erfahrung, die *verallgemeinert* wird (vielleicht war ich tatsächlich einmal zu schnell mit einer Notlösung zufrieden …), erzeugen Stress.

Anforderungen werden übersteigert unangenehm bzw. unrealistisch wahrgenommen (»schlimmer geht's nicht«).

Wenn man ausgerechnet am Tag einer wichtigen Besprechung mit einem neuen Kunden im Stau steckt, ist das möglicherweise ärgerlich und ein dummer Zufall. Aber ist es eine Katastrophe, werde ich deshalb entlassen, werde ich noch in zehn Jahren über dieses grauenhafte Ereignis berichten? Nein? Warum rege ich mich dann so auf?

Manchmal sorgen wir geradezu selbst dafür, dass sich unsere Vorahnungen bewahrheiten (selbsterfüllende Prophezeiung). Wenn man Schlimmes erwartet, tritt es auch oft ein: Nehmen Sie an, Sie seien im Skiurlaub. Sie sind ein mittelmäßiger Skifahrer und Ihr Partner ermuntert Sie, eine in Ihrer Vorstellung schwierige Abfahrt zu wagen. Je mehr Sie befürchten, dass sie »schlecht fahren«, »stürzen« etc., desto größer Ihre Chance, dass Sie recht behalten. Sie verkrampfen sich, sind unsicher, wackelig auf den Beinen und stürzen.

Es ist außerdem wichtig zu erkennen, ob man eigene Probleme der *Umwelt zuschreibt*: »Ich bin ganz nervös, weil mein Vorgesetzter heute so unfreundlich zu mir ist.«

Typisch für Stress erzeugende oder Stress aufrechterhaltende Einstellungen ist auch die Verwendung von Generalisierungen:

immer		oft
nie		selten
alle	*statt*	viel/manche
sicher		wahrscheinlich
keiner		manche

Bei Überprüfung der eigenen Stressorenliste werden Sie auf eine Reihe von Belastungssituationen stoßen, die momentan nicht verändert werden können oder die Sie nicht verändern wollen, obwohl sie belastend sind (z. B. abendliche Weiterbildung, von der Sie sich langfristig berufliche Chancen versprechen, die Sie derzeit aber stark belastet). Auch hier ist es sinnvoll, die Bewertungen zu überdenken.

- »Dieses Glas ist zwar tatsächlich schon halb leer getrunken, aber es ist erfreulicherweise auch noch halb voll!«
- Ich habe zwar noch einen Riesenberg Arbeit vor mir, aber für mein Wohlbefinden und meine Leistungsfähigkeit ist es sicher günstiger, wenn ich auch sehe, welche Menge an Arbeit ich schon bewältigt habe und mich darüber freue.

Wenn man *zu viel* von sich fordert, nimmt der Aufwand, den man betreibt, um ein Ziel zu erreichen, überproportional zu, und man programmiert viele Misserfolge automatisch mit ein. Diese wiederum führen häufig zur Selbstabwertung, besonders bezüglich der persönlichen Belastbarkeit und der eigenen Fertigkeiten und Fähigkeiten.

Ein mittleres Anspruchsniveau bewährt sich eher: Es zeichnet sich durch einen besseren Realitätsbezug aus und führt bei Fehlschlägen nicht zu übertriebener Schuldzuschreibung an die eigene Person (»nicht ich allein habe versagt, sondern die konkreten Umstände, die Rahmenbedingungen etc. haben es mir wirklich zusätzlich schwer gemacht …«; »ich weiß nun, wie ich das nächste Mal vorgehen werde …«).

Im Rahmen einer Karrierelaufbahn kommt es oft zu einem unbemerkten Anstieg des Anspruchsniveaus, sei es durch eigene steigende Erwartungen oder durch die der Umwelt, die Belastbarkeit nimmt dann häufig langsam und unbemerkt ab. Meist kann die Leistung noch über einige Zeit mit Mühe aufrechterhalten werden. Hält dieser Zustand aber länger an und die vorhandenen Fertigkeiten reichen nicht mehr aus, nimmt die Belastbarkeit rapide ab und es kommt zu einem plötzlichen oder chronischen Leistungsabfall.

Fragen Sie sich, welchen Preis Sie zahlen für Ihre Ideale, Ihre Ansprüche, z. B. für ein harmonisches Familienleben, einen perfekten Haushalt, beruflichen Erfolg, finanzielle Sicherheit oder das eigene Haus. Stimmt das Kosten-Nutzen-Verhältnis? Wie sieht es mit meiner Lebensqualität aus? Lebe ich im Hier und Jetzt oder nur in der Zukunft? Lebe ich?

Einstellungsänderung ist also sinnvoll, wenn

- die Stresssituation derzeit nicht verändert werden kann (soll) und durch eine Umbewertung leichter ertragbar wird
- die Einstellung selbst Stress produziert.

Zu unrealistischen und selbsterfüllenden Erwartungen kann als klassisches Beispiel das harmonische Weihnachtsfest mit dicken weißen Schneeflocken, strahlenden Kinderaugen, entspannter Familie und trautem Zusammensein genannt werden. Oder aber die Fantasie vom Märchenprinzen bzw. der erhofften Wandlung vom Frosch zum Prinzen. Obwohl die Realität häufig genau umgekehrt ist. Viele Prinzen (und Prinzessinnen) werden durch häufiges Küssen ja bekanntlich zu FröschInnen.

> Hoch auf dem Felsen, abgeschieden,
> Lebten der Alte und sein Sohn
> In stiller Eintracht, wohlzufrieden.
> … Da lief den beiden das Pferd davon.
> Der Nachbar, nach geraumer Frist,
> Kam, den Verlust mitzubeklagen.
> Da hörte er den Alten fragen:
> »Wer weiß, ob dies ein Unglück ist?«
> Und bald darauf, im nahen Walde
> Vernahmen sie des Pferdes Tritt:
> Das kam und brachte von der Halde
> Ein Rudel wilder Rosse mit.
> Der Nachbar, schon nach kurzer Frist,
> Pries den Gewinn nach Menschenweise.
> Da lächelte der Alte leise:
> »Wer weiß, ob dies ein Glücksfall ist?«
> Nun ritt der Sohn die neuen Pferde.
> Sie flogen über Stock und Stein,
> Ihr Huf berührte kaum die Erde …
> Da stürzte er und brach ein Bein.
> Der Nachbar, nach geraumer Frist,
> Kam, um das Leid mit ihm zu tragen.
> Da hörte er den Alten fragen:
> »Wer weiß, ob dies ein Unglück ist?«
> Bald dröhnt die Trommel durch die Gassen:
> Es ist die Kriegsproklamation.
> Ein jeder muss sein Land verlassen.
> – Doch nicht des Alten lahmer Sohn.
>
> *Chinesische Legende*
>
> (aus: Kaleko, M. [1983]. *Heute ist morgen schon gestern*, dtv)

Tn/Kl werden aufgefordert, eigene Einstellungen und Belastungssituationen zu schildern, in denen irrationale Bewertungen eine wesentliche Rolle spielen. Dann wird die Methode der Einstellungsänderung in fünf Schritten an einem Tn-Beispiel im Plenum exemplarisch durchgeführt (siehe auch A-B-C-D-Modell von Ellis).

Einstellungsänderung in fünf Schritten

1. Schritt: Erkennen der belastenden Einstellung

1 a) Objektive Situationsbeschreibung
Zunächst soll die belastende Situation erkannt und genau beschrieben werden. Diese objektive Situationsbeschreibung gleicht dem Blick durch das Objektiv einer Kamera.

1 b) Analyse des mit der Situation verbundenen Gefühls
   Schlüsselfrage:

– Wie fühlt sich Tn/Kl in der Situation?

Hilfreich kann sein, wenn sich Tn/Kl die Stresssituation mit geschlossenen Augen möglichst bildhaft vorstellt und sich auf die dabei aufkommenden Gefühle konzentriert. Das/die Gefühl/e kann Tn/Kl auf einer Skala von 1 – 10 einordnen.

0	Gefühl	10

0	Gefühl	10

1 c) Benennung der belastenden Bewertung / irrationalen Gedanken
   Schlüsselfragen:

Was sagt sich Tn/Kl in der Situation? Gibt es Parallelen zu früheren Situationen?
   – Was erwartet Tn/Kl von sich, von anderen?
   – Welchen Anspruch hat Tn/Kl in solchen Situationen an sich/andere?
   – Was könnte geschehen?

Nun wird versucht, die belastende Bewertung auf einen Satz, den *Extremsatz*, zuzuspitzen. Der Satz könnte folgendermaßen beginnen: »… andere dürfen …, sollten …, ich muss, ich erwarte in solchen Situationen …, … ich sollte immer …, z. B.: »Ich muss fehlerfrei arbeiten, sonst bin ich nichts wert.«

   An dem Satz wird so lange gearbeitet, bis der Tn/Kl sich damit identifizieren kann.

2. Schritt: Inhaltliche Überprüfung

2 a) Überprüfung des Realitätsbezugs
Um die alte unangemessene Einstellung auf Realität zu überprüfen, eignen sich folgende Schlüsselfragen:

- Wie realistisch ist der Anspruch des Tn/Kl?
- Sieht Tn/Kl nur die negative Seite?
- Wie sehen andere die Belastungssituation bzw. die betroffene Person darin?
- Hat Tn/Kl zu hohe/falsche Erwartungen an sich/an andere?
- Übertreibt Tn/Kl?

2 b) Überprüfung der Konsequenzen (K+/K–)

- Dient diese Einstellung dazu, glücklich zu sein, sich selbst zu verwirklichen?
- Zu welchen positiven Konsequenzen führt diese Einstellung? (z. B. Zuwendung durch andere / man kann provozieren, Aggressionen abführen)
- Zu welchen negativen Konsequenzen führt die Einstellung? (z. B. man überfordert sich und andere; man nimmt Unannehmlichkeiten auf sich; man läuft mit Scheuklappen durch die Gegend; man leidet)

3. Schritt: Veränderung des Denkens und Fühlens

3 a) Umbewertung der Einstellung
Die alte unangemessene Einstellung wird infrage gestellt und zugunsten einer neuen funktionaleren Haltung umbewertet.
Schlüsselfragen:

- Wo ist der Beweis, dass es Tn/Kl am schlechtesten geht, dass er/sie sich solche Sorgen machen muss usw.?
- Welche negativen Konsequenzen würde man sich »ersparen«?
- Wie wird man später darüber denken?
- Was könnte man sich Positives sagen?
- Sind diese Gedanken hilfreich?
- Welche anderen Perspektiven, die man bisher noch nicht berücksichtigt hat, sind noch wichtig?
- Wie würde Tn/Kl sich lieber fühlen?
- Was würde man einem Freund/Freundin mit einer solchen Einstellung raten?
- Wie sehen/verhalten sich andere in einer solchen Situation?

3 b) Formulierung der neuen Einstellung
An dieser Stelle wird ein neuer Satz formuliert, der die neue angemessene Einstellung in der betreffenden Situation widerspiegelt.

4. Schritt: Veränderung des Handelns

Hier wird ein konkret abgestufter Handlungsplan entwickelt. Die neugewonnene Einstellung wird nun im Verhalten bzw. Handeln konkret erprobt. Bisher problematische Situationen werden nun aktiv aufgesucht und die neue Einstellung und die daraus resultierende Verhaltensänderung getestet.

5. Schritt: Kontrolle

Die neue Einstellung und das daraus folgende Verhalten werden kontrolliert. Falls ein Rückfall in alte Verhaltensgewohnheiten eintritt, werden die Fehler analysiert und an dem entsprechenden Schritt neu mit der Einstellungsänderung begonnen. Eventuell müssen einige Schritte wiederholt werden.

Fall-beispiel

Fallbeispiel Psychologin, 52 Jahre (Flipabschrift)

1. Schritt: Erkennen von Belastungssituationen

1.1   Objektive Situationsbeschreibung

  a) 30 unterschiedliche Frauen (Akademikerinnen)
  b) Fachkolleginnen
  c) eine alte Tante (Tante T.)

wollen etwas von mir:

  a) Information, psychosoziale Beratung bei der Wiedereingliederung ins Berufsleben, Therapie
  b) Anregung und Mitarbeit
  c) materielle und psychologische Unterstützung

Konsequenz: Ich nehme mir für einen einzigen Tag viel zu viel vor!

1.2   Analyse des mit der Situation verbundenen Gefühls
Der Erwartungsdruck (Stärke 9 auf einer Gefühlsskala von 1 – 10) löst aus:

■ positive Gefühle: Energie und Elan, »mein Programm durchziehen«
■ negative Gefühle: Unruhe, Nervosität, Angst; im schlimmsten Fall: Panik.

1.3   Analyse der körperlichen Symptome
Herzklopfen, Kurzatmigkeit, Mundtrockenheit, Durst, Pulsschlag: erhöht, Stimme: rau, Gehen: gehetzt.

1.4 Benennung der belastenden Bewertungen / irrationalen Gedanken

1.4.1 Personenbezogen

a) Ich muss ein Optimum an Inhalten vermitteln und die Wünsche, Bedürfnisse und Forderungen jeder einzelnen Frau erfüllen. Wenn die Frauen das Seminarziel (Berufsrückkehr) nicht erreichen, ist das meine Schuld.

b) Ich muss meinen Fall in der Supervision perfekt vorstellen, damit's den anderen auch was bringt.

c) Da ich schon nicht regelmäßig Tante T. betreuen kann, muss ich – wenn ich's tue – wenigstens 100 %ig »da« sein. Vielleicht bekommt sie wieder einen Herzinfarkt, und ich kann nichts mehr nachholen.

1.4.2 Allgemein

Ich will die verfügbare Zeit gut nutzen, damit ich mir später keine Vorwürfe mache. Wenn ich nicht alle Erwartungen erfülle, werden sie an meiner Kompetenz zweifeln. Ich will immer eine »gute Mutter« sein. Wenn ich es nicht immer bin, verliere ich Sympathie, Zuwendung, Achtung, Wichtigkeit. Ich muss die anderen schützen.

Extremsatz: Ich bin für alle verantwortlich.

2. Schritt: Inhaltliche Überprüfung

2.1 Überprüfung des Realitätsbezugs

a) Niemand (außer mir!) hat die Erreichung des Seminarziels der 30 Teilnehmerinnen von meiner Leistung abhängig gemacht.

b) Es gibt in der Supervision keine von anderen (!) gesetzten Perfektions-Standards für Fallvorstellungen.

c) Tante T. ist schon über kleinste Hilfestellungen meinerseits beglückt. Ein Zusammenhang zwischen unterlassener Hilfeleistung und Herzinfarkt war in der Vergangenheit nicht nachweisbar.

2.2 Überprüfung der Konsequenzen

Positiv (K+): Ich bekomme viel Zuwendung und Anerkennung. Man hält mich für leistungsfähig und kompetent. Mein Leben ist nie langweilig. Was ich tue, hält mich jung, füllt mich aus, macht mich zufrieden. Ich werde gebraucht, mache mich nützlich. Ich vermeide, dass mehr als fünf Frauen unzufrieden sind. Ich vermeide Konflikte, die aus unbefriedigten Erwartungen – meinen eigenen und denen anderer – entstehen.

Negativ (K–): Ich gerate in Zeitdruck. Ich fühle mich ausgelaugt. Ich spüre meine nachlassenden Kräfte, mein Alter. Ich bin von mir enttäuscht. Der Berg vor mir wird immer größer.

3. Schritt: Veränderung des Denkens und Fühlens

3.1 Umbewertung der Einstellung
3.1.1 Personenbezogen

a) Ich bin nicht dafür verantwortlich, wenn mehr als fünf Frauen unzufrieden sind. Nicht ich bin für die Erreichung des Seminarziels verantwortlich, sondern jede einzelne der 30 Teilnehmerinnen für sich selbst.

b) Perfektion ist unnötiger Energieverschleiß. Warum für andere so viel Kraft hergeben? Was legen die denn für Arbeitsunterlagen vor? Da kann man mit meinen – auch wenn sie nicht so perfekt sind – allemal mehr anfangen.

c) Ich kann bei Tante T. weder den nächsten Herzinfarkt noch den Tod aufhalten. Aber ich kann mich selbst durch zu viel Stress gefährden, und dann nütze ich ihr gar nichts mehr.

3.1.2 Allgemein

Ich will nicht mehr die Erwartungen aller erfüllen, denn ich zeige dadurch keineswegs Kompetenz, sondern konterkariere vielmehr meine Aussagen im Seminar (= »Grenzen setzen!« – »Nein sagen!« – »Sich wehren!«). Perfektion ist auch kontraproduktiv, denn sie kann anderen Angst machen und das Gegenteil von Sympathie und Zuwendung bewirken. Meine Zeit der »guten Mutter« ist vorbei. Ich will nicht mehr ständig bereit sein. Ich will Zeit zum Entspannen, zum Mich-selbst-Belohnen haben und nutzen. Das habe ich verdient. So bleibt mein Leben erfüllt, und ich bleibe jung.

3.2 Formulierung der neuen Einstellung

Ich bin für mich verantwortlich.
Ich darf mich verwöhnen.

4. Schritt: Veränderung des Handelns

Konsequenzen – Handlungsplan

- Ich benenne mein Angebot. Ich lade andere zu meinem Angebot ein. Sie können es nutzen oder ablehnen. Das ist ihre Verantwortung.
- Ich zeige früher meine Grenzen.
- Ich sage häufiger Nein.

- Ich überprüfe meine Planungen nicht allein vom Kopf, sondern auch vom Gefühl her.
- Ich lasse auch meine Entscheidungen von Kopf *und* Gefühl beeinflussen.
- Ich tue häufiger, was ich mag.

5. Schritt: Erfolgskontrolle

- Ich bin ruhiger.
- Ich bin ausgeglichener.
- Ich schlafe besser.
- Mein Frustrationserleben nimmt ab.
- Ich bin so richtig stolz auf meine Änderungen.

Arbeitsblatt für Tn/Kl

Einstellungsänderung in fünf Schritten

1. Schritt: Erkennen der belastenden Einstellung

1a) Objektive Situationsbeschreibung
1b) Analyse des mit der Situation verbundenen Gefühls
1c) Benennung der belastenden Bewertung / irrationalen Gedanken

Extremsatz:

2. Schritt: Inhaltliche Überprüfung

2a) Überprüfung des Realitätsbezugs
2b) Überprüfung der Konsequenzen (K+/K−)

3. Schritt: Veränderung des Denkens und Fühlens

3a) Umbewertung der Einstellung
3b) Formulierung der neuen Einstellung

4. Schritt: Veränderung des Handelns

5. Schritt: Kontrolle

Alternative
Wenn nicht ausreichend Zeit zur Verfügung steht, können einige für die Zielgruppe typische Stress erzeugende Denkmuster in einem Arbeitsblatt skizziert werden. Die Tn/Kl erarbeiten dann die Einstellungen, mit denen sie sich identifizieren können.

Arbeitsblatt 10: Einstellungsänderungen

Denkmuster	woher kommt es?	führt zu:		besser wäre:
		möglichem **Gewinn** kurz – lang	vermutlichem **Schaden** kurz – lang	neues Denk-muster
Beispiel: Ich hab ja ohnehin keine Chance	▪ erlernte Hilflosig-keit ▪ ängst-liche Bezugs-personen	▪ Ich muss mich nicht anstrengen ▪ Ich muss mich nicht mit Misserfol-gen ausein-andersetzen ▪ Andere müssen sich darum kümmern ▪ Ist bequem	▪ Ich entwickle mich nicht weiter ▪ Mir wird weni-ger zugetraut, mein Ansehen sinkt ▪ Andere ärgern sich über mich ▪ Erfahre nie, dass ich es viel-leicht doch ge-schafft hätte	▪ Ich ver-suche es und erlaube mir Fehler ▪ Daraus kann ich lernen und mich weiter-entwickeln
Ich muss es allen recht machen				
Ich muss besser sein als die anderen				
Ich darf nicht Nein sagen				
Ich muss stark sein				
Was ich mache, muss perfekt sein				
Das schaff ich nie				
Nur wenn ich absolut sicher bin, kann ich Entscheidungen treffen				
Es ist wichtig, immer recht zu haben				
Ich bin vom Pech verfolgt				
Dem werde ich es zeigen				
Harmonie geht über alles				
Starke Menschen brauchen keine Hilfe				
Ich bin für alles verantwortlich				
Ich hasse diese Arbeit				
Was ich kann, ist doch selbst-verständlich				
Eigene Beispiele:				

Es gibt neben Stress erzeugenden Einstellungen aber auch Stress reduzierende (siehe auch Zusatzmodul Gesundheitspsychologische Ansätze). Im Kurs sollten diese gefördert und auf sie hingewiesen werden.

Stress reduzierende Bewertungen und Einstellungen

- Ich darf mir auch erlauben, Fehler zu machen, das ist nur menschlich, alle Menschen machen Fehler.
- Auch der Weg macht einen Sinn, ist wichtiger Teil der Aufgabe.
- Hindernisse gehören dazu, sind eine Herausforderung.
- Ich werde meinen Weg finden.
- Ich kann auch mal in der zweiten Reihe stehen.
- Ich sehe eine sinnvolle Aufgabe für mich darin, diese schwierige Situation zu akzeptieren und aus ihr zu lernen.
- Wenn ich mir meiner Erfolge und Leistungen bewusst bin, macht die Arbeit mehr Spaß.
- Ich bin zum großen Teil für mein Glück selbst verantwortlich.
- Ärger macht's nur ärger.
- Ich setze Grenzen, um Dinge zu tun, die mir guttun.
- Ich nehme mir Zeit für meine Freizeitgestaltung.

Arbeitsblatt 11: Reflexion des eigenen Anspruchsniveaus

Überprüfen Sie von Zeit zu Zeit, ob Ihr Anspruchsniveau, Ihre Fähigkeiten und Ihre Belastbarkeit zusammenpassen oder ob sich deutliche Abweichungen ergeben!

- Was sind Ihre Ideale?
- Was sind Ihre Werte im Leben?
- Welche Lebensziele haben Sie – was ist Ihnen im Leben wichtig?
- Wie definieren Sie Erfolg?
- Welchen Preis zahlen Sie für Ihre Ideale (z. B für ein harmonisches Familienleben, einen perfekten Haushalt, beruflichen Erfolg, finanzielle Sicherheit, das eigene Haus)?
- Stimmt das Kosten-Nutzen Verhältnis?
- Wie sieht es mit Ihrer Lebensqualität aus?
- Erzeugt die Einstellung selbst den Stress?

Um belastende Einstellungen verändern zu können, muss man sie zunächst wahrnehmen und erkennen. Hilfe hierzu leisten folgende Schlüsselfragen:

- Wie ist die Situation ganz neutral betrachtet?
- Wie wichtig ist diese Situation für mich?
- Was sage ich zu mir selbst (speziell in Belastungssituationen)?
- Welche Erwartungen oder Befürchtungen habe ich?
- Wem schreibe ich meine Probleme zu?
- Wie realistisch schätze ich eine Situation ein?
- Sehe ich nur die negativen Seiten der Lage?
- Gibt es auch Positives?
- Verallgemeinere ich?
- Habe ich zu hohe/falsche Erwartungen?
- Führe ich durch meine Befürchtungen erst unangenehme Situationen herbei?
- Schiebe ich meine Probleme auf die Umwelt?
- Fühle ich mich unnötig hilflos?
- Dramatisiere oder übertreibe ich?
- Wie sehen andere die gleiche Situation?
- Was würde ein Freund in dieser Situation sagen?
- Welche negativen Konsequenzen hat die Einstellung für mich selbst?
- Inwiefern schade ich mir mit meiner Einstellung selbst?
- Was würde geschehen, wenn ich die alte Einstellung ändern könnte?
- Habe ich eine solche Situation schon einmal gemeistert?

7.4 Belastungsausgleich (Zufriedenheitserlebnisse)

7.4.1 Hintergrundinformationen

Unter Belastungsausgleich wird der Aufbau von Aktivitäten zur aktiven oder passiven Entspannung verstanden, das Schaffen von Zufriedenheitserlebnissen etc. als Ausgleich zu Anstrengung und Anspannung des Alltags.

Dieser Baustein soll den Tn/Kl ihre persönlichen, alltäglichen und spezifischen Möglichkeiten, Freude, Genuss und Spaß zu erleben, wieder vor Augen führen und diese verstärken.

Diese Verfahren haben sich besonders im Rahmen der Depressionstherapie bewährt und wurden vielfach auf ihre Effektivität hin überprüft. Ergänzt werden können sie durch ein *Genusstraining* (vgl. Koppenhöfer, 2005).

Die Bedeutung von positiven Erlebnissen und Konsequenzen eigenen Verhaltens gilt als grundlegend für die physische und psychische Gesundheit.

Probanden einer Studie (Hartig, Evans, Jamner, Davis & Gärtling, 2003), die zunächst einige Denksportaufgaben zu lösen bekamen und sich dann in einer natürlichen Umgebung passiv (aus dem Fenster ins Grüne blicken) oder aktiv (ein Spaziergang durch den Park) erholen konnten, berichteten über zahlreiche positive Affekte wie bessere Aufmerksamkeitsleistung und weniger Stress und Ärger. Ihre Vergleichsgruppe hatte sich nach den Tests dagegen in einer städtischen Umgebung (Pausenraum ohne Fenster und Gang durch die Stadt) aufgehalten. Ergebnis der Studie war, dass Probanden, die sich in der Natur erholen konnten, ihre Reserven »auftankten«, die »städtischen« Probanden hingegen nicht. Diese Studie spielt v. a. auch auf den möglichen Belastungsausgleich der Arbeitnehmer am Arbeitsplatz an.

Exkurs: Work-Life-Balance

Auch Arbeitgeber können im Sinne der Work-Life-Balance zum Belastungsausgleich der Arbeitnehmer beitragen.

Work-Life-Balance gilt heute als »Wettbewerbsfaktor«. Arbeitgeber bzw. Arbeitsplätze sind besonders attraktiv, wenn sie diesem Anspruch gerecht werden. Unter dem Begriff Work-Life-Balance versteht man die Ausgewogenheit von Arbeit und Privatleben. Ein gestörtes Verhältnis dieser Bereiche beeinträchtigt das physische und psychische Wohlbefinden und damit die Leistungsfähigkeit. Um das Leben in Balance halten zu können, müssen vor allem vier Lebensbereiche harmonieren:

- **Beruf und Finanzen:** Bereits zwei Drittel der Unternehmen bieten ihren Führungskräften Unterstützung bei der Optimierung der »Work-Life-Balance« an, unter anderem durch Gesundheitschecks, Betreuungsservice, Sport während der Arbeitszeit.
- **Familie und soziale Unterstützung (social support):** In einer Emnid-Umfrage (2002) gaben 80% der befragten Unternehmen an, dass Zufriedenheit und Motivation der Mitarbeiter durch die Berücksichtigung ihrer familiären Belange, z. B. durch die Einführung familienfreundlicher Maßnahmen, deutlich gestiegen seien.

- **Gesundheit und Fitness:** Regelmäßiger Sport und Entspannungsübungen dienen der Verbesserung der Stressresistenz und der Erhaltung der physischen und psychischen Gesundheit.
- **Lebenssinn und Vision:** Träume und Visionen waren schon immer die wichtigsten Motivatoren für hohe Leistungen. Eine klare Lebensvision bündelt die Energie, und Informationen werden entsprechend gefiltert.

Gesundheitswissenschaftler interessieren sich vor allem für die gesundheitlichen Folgen einer offensichtlich als immer problematischer empfundenen Unvereinbarkeit von Arbeit, Familie und Freizeit. Zu wenig Berücksichtigung findet bisher die salutogenetische Perspektive, die Frage positiver, unterstützender Auswirkungen der Privatsphäre auf den Arbeitsbereich und umgekehrt.

Nach bisher vorliegenden Erkenntnissen wirken belastende Einflüsse sehr viel häufiger von der Arbeit in die Familie als umgekehrt. Auf der anderen Seite hat die Privatsphäre deutlich mehr positive Auswirkungen auf den Arbeitsbereich als umgekehrt.

Ein erfülltes Arbeitsleben kann Stress im familiären Bereich reduzieren, und gleichzeitig trägt Zufriedenheit im privaten Leben zu einer gesteigerten Leistungsfähigkeit in der Arbeit bei.

Lernziele

Die Tn/Kl

→ wissen um die Bedeutung von Belastungsausgleich und Work-Life-Balance
→ überprüfen ihren eigenen Belastungsausgleich
→ verfügen über ein breites Repertoire an praktischen Möglichkeiten, die Belastbarkeit zu steigern
→ wissen, wie sie ihr Freizeitverhalten Stress reduzierend gestalten können
→ reflektieren über Zufriedenheitserlebnisse zum Typ-A-Muster und/oder zum überzogenen Harmoniedenken.

Ablauf

Tr/Th informiert über die Wichtigkeit von qualitativ und quantitativ ausreichenden Zufriedenheitserlebnissen und Belastungsausgleich.

Informationen für Tn/Kl

Ein oft nicht wichtig genommener Weg ist das Ausüben von Dingen, die Spaß machen und auch langfristig positiv wirken, die also zu Zufriedenheitserlebnissen und Belastungsausgleich führen. Gerade für Typ-A-Persönlichkeiten ist jeder Augenblick kostbar, und sie erledigen oft mehrere Aufgaben gleichzeitig. Zeit für Muße und Erholung bleibt dann kaum. Aber auch viele andere Menschen glauben, keine Zeit mehr für Hobbys, Einladungen, Freunde zu haben, und empfinden vieles, was ihnen früher Spaß gemacht hat, heute als überflüssig.

In den Medien wird dagegen immer wieder berichtet, dass die Menschen über so viel Freizeit verfügten wie nie zuvor. Tatsache ist, dass der Medienkonsum rapide zunimmt und viele Menschen ihre Freizeit hauptsächlich passiv mit den neuen Medien – Internet, Fernsehen etc. – verbringen. Die Reduktion dieses passiven Konsums öffnet die Tür für alternativen Freizeitausgleich. Anfänglich erscheint dieser andere Ausgleich aufwendig. Mit einer gewissen Regelmäßigkeit führt er aber längerfristig zu einem Mehr an Entspannung und Erholung.

Ziel ist es, angenehme, entspannende und genussvolle Aktivitäten zum Ausgleich für bestehende Belastungen regelmäßig in den Alltag zu integrieren.

In stressreichen Phasen sinkt die Bereitschaft, sich positivem Erleben und Erholung zu widmen. Sowohl positive Erlebnisse im Alltag als auch aufwendigere Aktivitäten wie Theater- und Konzertbesuche werden in solchen Zeiten weniger wahrgenommen und auch weniger genossen. Stattdessen wird die Aufmerksamkeit verstärkt auf Stress, unerledigte Aufgaben, Ärger etc. gelenkt, oder man flieht in die Arbeit, wird zum »Workaholic« mit einem Lebensmotto in Anlehnung an Descartes' »Ich leiste, also bin ich«.

Dann wird Befriedigung nur noch aus Leistung geschöpft. Man ist nicht mehr fähig zur Muße oder dazu, Zufriedenheit und Genuss aus Hobbys zu holen. Die Verminderung von Zufriedenheitserlebnissen wird dann zur Bedingung für weitere Belastungen.

So paradox es klingt: Gerade bei Dauerstress und der daraus entstehenden Zeitnot müssten wir uns für einen befriedigenden Ausgleich Zeit nehmen, um zwischen Anspannung und Erholung Ausgleich zu schaffen.

Selbstverständlich gibt es Phasen im Leben, in denen ganz wenig Zeit für Belastungsausgleich bleibt sowohl im Privaten (Familienzuwachs, Umzug) als auch im Beruf (Jahresabschluss, Präsentationstermin). Das darf aber nicht zum Dauerzustand und zur Selbstverständlichkeit werden. Auch in diesen Hochphasen sollte man sich bewusst – wenn auch nur kurz – Zeit für Ausgleich nehmen, z. B. eine halbe Stunde am Abend Musik hören oder eine Zeitschrift lesen.

Fall-beispiel

»Tennis als Ausgleich«
Ein Kl, 45 J., Jurist und hohe Führungskraft in einer Versicherung, klagt über extreme Spannungskopfschmerzen. Die Anamnese ergibt deutliches Typ-A-Verhaltensmuster. Auf meine Frage, was er denn zum Ausgleich mache, antwortet er strahlend: »Ich spiele Tennis – sehr gut sogar« (daran hatte ich nicht gezweifelt), und zwar während der Arbeitszeit (meist von 7.00 – 22.00 Uhr, der Tennisplatz befindet sich direkt gegenüber seinem Büro).

Auf meine Frage, ob es ihm wichtig sei, beim Spiel zu gewinnen, gab er sich sehr souverän und meinte: »Aber ich bitte Sie, darüber sind wir ja wohl hinaus!«

Meine Nachfrage, wie oft er denn in letzter Zeit verloren habe, löste bei ihm Entsetzen aus. »Verloren, verloren?«, stotterte er, »nie, wissen Sie, es ist mir nicht wichtig zu gewinnen, aber ich spiele gegen meine Mitarbeiter und Kollegen – glauben Sie denn, ich möchte gegen einen von denen verlieren?«

Von Tennis als Ausgleich kann hier sicher nicht die Rede sein!

Es ist wichtig, sich Zufriedenheitserlebnisse zu erlauben und zu genießen, ohne ein schlechtes Gewissen zu entwickeln. Man sollte versuchen, sich einen persönlichen Freiraum zu schaffen. Ist man zur Zeit zu rastlos, um sich anspruchsvollen Interessen zu widmen, kann man ja mit banaleren Vergnügungen beginnen.

»Wenn ich mein Leben noch einmal leben könnte,
im nächsten Leben würde ich versuchen, mehr Fehler zu machen.

Ich würde nicht so perfekt sein wollen,
ich würde mich mehr entspannen.

Ich wäre ein bisschen verrückter, als ich es gewesen bin,
ich würde viel weniger Dinge so ernst nehmen.
Ich würde nicht so gesund leben.
Ich würde mehr riskieren,
würde mehr reisen,
Sonnenuntergänge betrachten,
mehr bergsteigen,
mehr in Flüssen schwimmen.

Ich war einer dieser klugen Menschen,
die jede Minute ihres Lebens fruchtbar verbrachten;
freilich hatte ich auch Momente der Freude,
aber wenn ich noch einmal anfangen könnte,
würde ich versuchen, nur mehr gute Augenblicke zu haben.

Falls du es noch nicht weißt,
aus diesen besteht nämlich das Leben;
nur aus Augenblicken;
vergiß nicht den jetzigen.

Wenn ich noch einmal leben könnte,
würde ich von Frühlingsbeginn an
bis in den Spätherbst hinein barfuß gehen.
Und ich würde mehr mit Kindern spielen,
wenn ich das Leben noch vor mir hätte.

Aber sehen Sie ... ich bin 85 Jahre alt
Und weiß, daß ich bald sterben werde.«

Der argentinische Schriftsteller *Jorge Luis Borges* (1899–1987) kurz vor seinem Tod

Informationen für Tr/Th

Die Tn/Kl beobachten und bewerten Menge und Qualität ihrer Freizeitaktivitäten/Zufriedenheitserlebnisse. Checklisten können dabei helfen. In Kleingruppen entscheidet sich jeder Tn/Kl, welche Aktivitäten er/sie wieder aufnehmen und welchen neuen Hobbys/Interessen er/sie sich widmen möchte und wie das bewerkstelligt werden kann. Die anderen Gruppenmitglieder helfen dabei.

Da die Qualität der Aktivitäten ausschlaggebend ist, wird dann im Plenum diskutiert, dass

- jeder Mensch ein Recht auf eigene Bereiche hat
- Ausgleich auch bedeutet, bisher im Alltag brachliegende Interessen zu befriedigen und man nicht wieder genau das praktizieren sollte, was man den ganzen Tag macht (z. B. der Computerfreak)
- Leistung, Wettbewerb und Kampfgeist (Typ A), aber auch Hektik, zu

viel auf einmal (Freizeitstress usw.), kontraindiziert sind (hierzu kann das Fallbeispiel »Tennis als Ausgleich« erklärt werden)

- die Aktivitäten Spaß und Genuss bringen sollen
- man sich auch Zufriedenheitserlebnisse ohne großen organisatorischen Aufwand verschaffen kann
- Aktivitäten eventuell gemeinsam mit Menschen aus dem unmittelbaren sozialen Umfeld oder auch Freunden, für die man sonst nur wenig Zeit hat, durchgeführt werden sollten
- ein und dieselbe Aktivität (z. B. Laufen) in unterschiedlichen Situationen (am Morgen, um sich auf den Tag vorzubereiten; am Abend, um den Kopf freizubekommen) eingesetzt zum Belastungsausgleich bzw. Zufriedenheitserlebnis führen kann

»Wer nicht genießt, wird ungenießbar.«

An dieser Stelle empfiehlt es sich auch, mit der Gruppe einige »Genussübungen« zu praktizieren. Dazu werden Übungen zum Riechen, Tasten, Schmecken, Schauen und Hören durchgeführt. Möglichkeiten dazu ergeben sich über Blumen, Obst (z. B. Pfirsiche), die Natur (z. B. Wiesen, Bäume, der Hotelgarten) oder das gemeinsame bewusste Genießen einer guten Mahlzeit.

© Peter Gaymann / www.cartoon-conzept.de

7 Regeln für den Genuss nach Koppenhöfer (2005):

1. Genuss braucht Zeit
Ein emotionaler Zustand, besonders ein positiver, braucht genug Zeit, um sich zu entwickeln.

2. Sich selbst Genuss erlauben
Familiärer Hintergrund, Erziehungsstil und Sozialisation sind für eine genussfeindliche oder genussfreundliche Grundhaltung mit verantwortlich.

3. Genuss geht nicht nebenbei
Die Aufmerksamkeit muss auf genussfördernde Reize gelenkt werden, andere Wahrnehmungen müssen ausgeblendet werden.

4. Jedem das Seine
Geschmack und Vorlieben sind individuell verschieden.

5. Weniger ist mehr
Die Steigerung von Lust wird nicht durch ungezügelte Bedürfnisbefriedigung ermöglicht. Wichtige Aspekte von Genuss, wie z. B. Differenzierung und Fokussierung, sind bei einem Überangebot nicht mehr möglich. Wer gesättigt ist, kann nicht mehr genießen.

6. Ohne Erfahrung kein Genuss
Die differenzierte Wahrnehmung bei Genuss erfordert ein durch Lernprozesse geschultes Informationsverarbeitungssystem. Dazu ist Vorerfahrung nötig. Eine genaue sprachliche Ausdrucks- und Differenzierungsfähigkeit ist hilfreich.

7. Genuss ist alltäglich
Man benötigt keine besonderen Ereignisse, um Genuss erleben zu können. Der Alltag bietet hier genug Möglichkeiten.

Informations- und Arbeitsblatt 12 für Tn/Kl

Checkliste: Belastungsausgleich

Bei der Reflexion über Ihre bisherigen befriedigenden Aktivitäten und
bei deren Zukunftsplanung soll Ihnen die folgende (unvollständige) Auflistung helfen. Kreuzen Sie die Aktivitäten an, die Sie in den nächsten
Wochen wieder bzw. häufiger praktizieren wollen. Planen Sie dann, wann,
wo, mit wem und wie Sie das machen wollen.

	wann?	wo?	mit wem?	wie genussvoll?
Kinobesuche				
Theater-/Konzertbesuche				
Ausstellungen/Museen besuchen				
Einen interessanten Vortrag anhören				
Lesen				
Spazieren gehen				
Einkaufsbummel				
Urlaub				
Verreisen				
Musizieren				
Musik hören				
Singen				
Werken				
Fotografieren				
Malen				
Puzzles				
Sich seine »Wohlfühl- kleidung« anziehen				
Gemütlich faulenzen				
Sport betreiben				
Sportveranstaltungen besuchen				
In einem Verein mitarbeiten				
Gäste haben				

	wann?	wo?	mit wem?	wie genussvoll?
Besuche machen				
Etwas mit Freunden unternehmen				
Essen gehen				
Kochen				
Denksportaufgaben lösen				
Computerspiele				
Gesellschaftsspiele				
Sich mit Tieren beschäftigen				
Partys besuchen				
Gartenarbeit				
Sich etwas Gutes tun (Massage, Kosmetik)				
In die Sauna gehen				
Barfuß laufen				
Ein Wellnesswochenende einlegen				
Zärtlichkeiten austauschen				
Erotik				
Am Ofen/Kamin sitzen				
Naturereignisse beobachten				
Anderen persönlichen Hobbys nachgehen				
Ins Grüne fahren				
Wandern gehen				
Am Meer, an einem See oder in den Bergen sein				
Weitere eigene Beispiele:				

Auch am Arbeitsplatz ist Belastungsausgleich möglich. Wenn man z. B. berufsbedingt viel sitzt, kann man dafür sorgen, dass der Arbeitsalltag ein bisschen bewegter wird.

Bewegter Arbeitsalltag

- Bildschirmschoner (»Bewegen!«, »Sitz dynamisch!«)
- »Eine Runde um den Block drehen«
- Papierkorb weg vom Schreibtisch
- Besprechungen im Stehen
- Kollegen besuchen statt telefonieren
- Treppen statt Aufzug
- Telefonate im Stehen
- Post, Briefe im Gehen lesen
- Aktendurchsicht im Stehen
- Dynamisches Sitzen
- Weitere eigene Beispiele:

7.5 Soziale Unterstützung

7.5.1 Hintergrundinformationen

Soziales Netzwerk

Die Gesamtheit der Beziehungen, die eine Person zu anderen Personen unterhält, bildet ihr soziales Netzwerk. Die Qualität des sozialen Netzwerks – vor allem das Vorhandensein einer oder mehrerer guter, enger Beziehungen – bestimmt das Ausmaß an *sozialer Geborgenheit*.

Sowohl direkt als auch indirekt über Vermittler beeinflusst das eigene soziale Netzwerk in seiner Struktur und seinen unterschiedlichen Funktionen Gesundheitsverhalten sowie physische und psychische Merkmale (Knoll & Schwarzer, 2005).

Untersuchungen zu sozialen Netzwerken haben deren Auswirkungen auf Lebenserwartung und Krankheitsanfälligkeit belegt (House et al., 1982; Berkman & Syme, 1979). Personen mit einem intakten sozialen Netzwerk, d. h. vor allem mit guten Beziehungen im Bereich der Familie, im Freundeskreis oder am Arbeitsplatz, erkranken insgesamt nur mit 30 – 50 Prozent der Wahrscheinlichkeit physisch oder psychisch und leben länger als Personen ohne entsprechende soziale Unterstützung (von Holst & Scherer, 1988, S. 321 ff.). Berkman und Syme (1979) fanden in einer Längsschnittstudie einen deutlichen Zusammenhang zwischen dem Grad der Einbindung in ein soziales Netzwerk und der Lebenserwartung, wobei sich enge persönliche Beziehungen als wichtigster Faktor erwiesen. In allen Altersgruppen zeigten verheiratete Personen niedrigere Mortalitätsraten als unverheiratete. Die gleiche Lebenserwartung wiesen unverheiratete Personen auf, die enge Freunde oder nahestehende Verwandte hatten. Schwächere soziale Bindungen, wie etwa die Mitgliedschaft in einer Kirchengemeinschaft oder einem Verein, erhöhten ebenfalls die Lebenserwartung, aber deutlich geringer (siehe auch Schröder & Schmitt, 1988, S. 151). Der soziale Rückhalt in dieser Untersuchung besteht vorrangig die der emotionalen Unterstützung.

Qualität und Ausmaß der sozialen Unterstützung unterscheiden sich bei Frauen und Männern in allen Lebensphasen und Altersstufen (Knoll & Schwarzer, 2005).

Das soziale Netzwerk von **Männern** im Bereich von informellen, persönlichen und vertrauten Beziehungen ist weniger stabil als das von Frauen. Sie haben nur selten einen Kreis von engen Freunden, mit denen sie persönliche und intime Probleme besprechen und sich dabei Unterstützung und Hilfe holen können. Dieser wichtigste protektive Faktor ist bei erwachsenen Männern zwar in Partnerschaftsbeziehungen meist verfügbar, ist aber stark gefährdet, wenn diese Beziehungen nach Trennungen verloren gehen. Verheiratete Männer leben deutlich gesünder und länger als Singles, bei Frauen ist dieser Unterschied dagegen nur minimal. Depressiv werden alleinstehende Frauen sogar deutlich seltener als verheiratete, bei Männern ist es umgekehrt. Männer scheinen bisher vom »social support« mehr zu profitieren als Frauen. Diese wiederum suchen Trost und Unterstützung meist bei anderen Frauen. Das direkte soziale Netz von Männern besteht häufig nur aus ihrer Partnerin und den Kindern. Freunde und andere Bezugspersonen fallen im Lauf der Zeit weg, da Männer in ihrer Sozialisation selten gelernt haben, soziale Beziehungen aktiv zu pflegen.

Intakte menschliche Netzwerke sind für den Menschen als Sozialwesen und für dessen Gesundheit wichtig. Geborgenheit empfindet man durch häufige und regelmäßig stattfindende menschliche Kontakte mit gegenseitiger Anteilnahme und Fürsorge. Wichtig ist, dass die Beziehungen auf Dauer verlässlich sind.

Frauen sind viel stärker in soziale Beziehungen integriert, die ihnen emotionale Unterstützung und soziale Hilfe vermitteln. Sie bringen aber auch deutlich mehr »social support« ein, Männer wiederum profitieren mehr davon. Frauen sind insbesondere in die Pflege kranker Familienmitglieder involviert. Das Gesundheitssystem profitiert von diesen unentgeltlichen Sonderdiensten.

Wallis (1983) stellte fest, dass die Todesrate bei verwitweten Personen – gleich welcher Ursache – bis zu 13-fach höher ist als bei gleichaltrigen ver-

heirateten Personen, und zwar besonders in der ersten Zeit nach dem Verlust. In dem Maße, wie das Fehlen oder der Verlust einer guten, engen Beziehung durch eine oder mehrere Beziehungen mit emotionaler Unterstützung kompensiert werden kann, wird der Stress reduziert bzw. beseitigt. So hat beispielsweise Raphael (1977) frisch verwitweten Personen einige Stunden unterstützender nondirektiver Beratung zu Hause gegeben. Während sich in einer Kontrollgruppe mit der Zeit bei 60 Prozent der Probanden der Gesundheitszustand erheblich verschlechterte, war das in der Gruppe, die die kurze emotionale Unterstützung erhalten hatte, nur bei 25 Prozent der Fall. Je besser es also gelingt, intensive und kontinuierliche emotionale Unterstützung zu erlangen (sehr wirkungsvoll ist die wechselseitige Unterstützung bei gleichermaßen betroffenen Personen und natürlich die Wiedergewinnung einer guten, engen Beziehung), desto mehr wird der soziale Stress beseitigt.

Patel et al. (1991) berichten aus dem englischen Kohlebergbau, dass die Bergleute traditionell in Gruppen zusammenarbeiteten und alle an allen Arbeitsvorgängen beteiligt waren. Durch die Industrialisierung wurden sie Spezialisten und arbeiteten isoliert. Die Folge waren verminderte Arbeitszufriedenheit, häufigere Fehlzeiten und geringere Produktivität. Durch eine Verbindung der neuen Technologie mit der alten Gruppenstruktur – eine Gruppe von Bergleuten war für die Erledigung eines größeren Aufgabenbereichs selbstständig verantwortlich – stellte sich die alte Arbeitszufriedenheit wieder ein. Bei dieser Reduzierung von beruflichem Stress dürften alle genannten Formen von sozialer Unterstützung beteiligt sein.

In einer Untersuchung von Carmelli, Swan und Rosenman (1985) ergab sich, dass Typ-A-Männer, die einen Herzinfarkt erlitten hatten, wesentlich häufiger mit aktiven und dominanten Frauen mit höherer Schulbildung verheiratet waren als Typ-A-Männer ohne Herzinfarkt. Das verweist darauf, dass der Verhaltenstyp A als Risikofaktor für Herzerkrankungen weniger zum Tragen kommt, wenn der berufliche Stress dadurch abgemildert wird, dass der Mann zu Hause von einer ihn umsorgenden Frau betreut wird. Wie hoch die Belastung für die Partnerinnen war, wurde nicht untersucht.

Auf der anderen Seite kann man sagen, dass Persönlichkeitsmerkmale von Typ-A-Männern nicht sonderlich sympathisch wirken. Daher fehlt diesem Stresstyp häufig der soziale Rückhalt, was zu einer großen Belastung für die jeweilige Person werden kann (Lisbach & Zacharopoulos, 2007).

Ein weiterer Beleg für die Verringerung von Krankheitsanfälligkeit durch gute, enge Beziehungen sind die Studien von Schleifer et al. (1983, S. 371 – 377) und Maddox (1984, S. 400). Sie konnten zeigen, dass bei verwitweten Personen nicht nur gehäuft Depressionen auftreten, sondern auch die Abwehrkraft des Immunsystems über Monate hin eingeschränkt ist, was den Körper besonders anfällig für Infektionen und Tumorwachstum macht.

Die Langzeitwirkung von sozialer Unterstützung und Geborgenheit ist daran zu erkennen, dass Belastbarkeit erhöht und Krankheitsanfälligkeit verringert wird.

Durch soziale Netzwerke werden auch Copings entwickelt. Sozialer Rückhalt durch kontinuierliche und emotional unterstützende Beziehungen zu den Eltern oder äquivalenten Bezugspersonen ist eine wesentliche Voraussetzung für die Entwicklung der Persönlichkeit und damit auch für die Entwicklung aller zur Bewältigung von Stress benötigten Fähigkeiten.

Prinzipien sozialer Unterstützung

Alternative Formeln für das Reziprozitätsprinzip sind: »Wie du mir, so ich dir«, »Do ut des« (»Ich gebe, damit du gibst«), »tit for tat«.

Das Reziprozitätsprinzip ist das angemessene Prinzip für die Beziehungen unter Erwachsenen.

Gegenseitige soziale Unterstützung wirkt aber nicht immer nur positiv, sondern kann auch Auslöser für Konflikte oder andere Probleme sein (Knoll & Kienle, 2007). Das Ideal selbstaufopfernder Liebe führt meist dazu, dass man mehr für andere tut, als das für einen selbst und die anderen gut ist. Besonders Frauen mit stark weiblicher Geschlechtsrollenausprägung sind hier gefährdet (siehe Zusammenhänge expressiveness und Depressivität).

Obwohl Beziehungen für Frauen ein hohes Ausmaß an Befriedigung bringen können, bergen Probleme und Belastungen in diesen Beziehungen einen größeren Risikofaktor für Depression in sich als Probleme oder Belastungen in anderen Lebensbereichen (Kandel et al., 1985). Die Rollenverpflichtung der Frau, nämlich für andere zu sorgen, können Stressbelastung und Depressionsrisiko erhöhen (Belle, 1982). Aufgrund ihrer Geschlechtsrollen innerhalb der Familie, z. B. als Ehefrau und Mutter, und innerhalb einer Gemeinschaft, z. B. als Nachbarin oder Freundin, wird von Frauen erwartet, dass sie auf den Kummer und die Nöte anderer eingehen, egal, ob ihre eigenen Bedürfnisse nach Unterstützung und Wertschätzung befriedigt sind oder nicht.

Der Slogan für das Reziprozitätsprinzip wird oft so formuliert: »Unterstützung oder Hilfe sollte keine Einbahnstraße, sondern eine Zweibahnstraße sein.«

Zusammenhänge zwischen psychosozialen Belastungen und Krankheit

Sozialer Rückhalt, vertrauens- und respektvolle Zusammenarbeit und Umgang mit anderen sowie ein konstruktives angstfreies Arbeitsklima beruhigen die tieferen Hirnregionen. Belohnungsrelevante und angstmindernde Hirnstrukturen und Neurotransmitter wie Dopamin werden aktiviert.

Auch die Herz-Kreislauf-Forschung bestätigt in Zusammenhang mit Stress die positive Wirkung sozialer Unterstützung (Evans & Steptoe, 2001).

Nach Siegrist (1984) ist bei Tod eines Lebenspartners das Risiko, an bestimmten lebensbedrohlichen Krankheiten (besonders Herz-Kreislauf-Erkrankungen bis hin zum Herztod) zu erkranken, überdurchschnittlich erhöht. Auch andere belastende Lebensereignisse, vor allem wenn sie gehäuft auftreten und es an angemessener sozialer Unterstützung mangelt oder aber diese von der betroffenen Person nicht angenommen werden kann, erhöhen die Wahrscheinlichkeit des Todes durch Herzinfarkt.

Das Herzinfarktrisiko war dabei größer, je häufiger die Patienten mitteilten, dass sie nicht abschalten können, bereits beim Aufwachen an Arbeitsprobleme denken müssen, sich gehetzt fühlen und übermäßig kritikempfindlich sind. Ebenfalls als gesichert gilt die Bedeutung sozialer Geborgenheit. Die oben genannte Studie zeigt auf, dass Personen mit hinreichender sozialer Geborgenheit in belastenden Lebenssituationen weitaus weniger herzinfarktgefährdet sind als solche ohne diesen Schutz.

Wadsworth (1994) fand, dass bei Kindern, die innerhalb der ersten vier Lebensjahre einen Elternteil durch Tod, Scheidung oder Trennung verloren hatten, in den folgenden 20 Jahren etwa vierfach häufiger psychische Erkrankungen auftraten als bei Kindern mit vollständigem Elternhaus. Ein weiterer Beleg für den Zusammenhang von sozialer Geborgenheit und Krankheitsanfälligkeit ist die Tatsache, dass diese Kinder auch häufiger Magen-Darm-Geschwüre hatten.

Lernziele

Tn/Kl

→ wissen um die Bedeutung sozialer Unterstützung
→ reflektieren über ihr soziales Netzwerk
→ planen evtl. Intensivierung ihrer Kontakte

Ablauf

Hinweise für Tr/Th
Vermittelt werden einige Informationen im Zusammenhang mit sozialem Rückzug, Einsamkeit, Depression und Belastung.

Informationen für Tn/Kl

Freunde in der Not sind wichtig. Bei Dauerstress sind Freunde, Partner und Familienangehörige oft Trostspender. Emotionaler Rückhalt und Geborgenheit in einem sozialen Gefüge helfen bei Stressbewältigung und Erhaltung der Gesundheit.

Die Selbstmordrate bei alleinstehenden Personen ist deutlich höher als bei Menschen, die in ein soziales Gefüge eingebunden sind. Sozialer Rückzug, Einsamkeit hängt nachweislich mit Stressproblemen zusammen. Einsam sind aber nicht nur unfreiwillige Singles, sondern oft auch sogenannte grüne Witwen (isolierte Hausfrauen), die zwar »alles haben«, aber mit ihren Problemen ganz allein sind. Genauso Arbeitssüchtige, die über Jahre hinaus ihre sozialen Kontakte vernachlässigen und irgendwann feststellen: Ich bin ja ganz allein, ich wüsste gar nicht, wem ich vertrauen könnte, wer für mich Zeit hätte. Ich habe keine Freunde mehr.

▶

Manchmal wird das erst schmerzhaft bewusst, wenn die Ehefrau die Scheidung eingereicht hat und alle Kontakte wegfallen, da sie nur von ihr aufrechterhalten wurden. Auch ältere Menschen ziehen sich oft immer mehr zurück und entwickeln dann massive Gesundheitsprobleme – möglicherweise als Hilfeschrei. Soziale Beziehungen müssen gepflegt werden, und das kostet Zeit und Kraft.

Entscheidend ist das Wissen um den sozialen Rückhalt, die sogenannte »wahrgenommene Unterstützung (auch antizipierte Unterstützung)« (Knoll & Kienle, 2007). Dabei ist weniger die tatsächliche Inanspruchnahme als vielmehr die Verfügbarkeit sozialer Unterstützung und die Möglichkeit, diese nutzen zu können, wichtig.

Grundformen sozialer Unterstützung sind:

- emotionale Unterstützung z. B. durch Verständnis und Zuneigung
- informative Unterstützung z. B. durch Hinweise zur Problembewältigung, Rat, Informationen, wie man sich Hilfe verschaffen kann
- praktische Unterstützung z. B. durch Hilfe bei einer Arbeit, Versorgungstätigkeiten oder finanzielle Unterstützung
- bewertende Unterstützung wie z. B. Anerkennung und Wertschätzung.

Quellen sozialer Unterstützung sind Familie, Freunde, Bekannte, Arbeitskollegen, Vereinsmitglieder, Nachbarn, (ehrenamtliche und professionelle) Helfer, Selbsthilfegruppen u. v. a. m.

Befriedigende soziale Beziehungen müssen gepflegt werden – und das kostet Zeit und Kraft. Sie setzen einiges voraus:

- Kontakte wichtig nehmen
- Interesse für andere zeigen
- sich selbst öffnen – auch Schwächen zugeben
- um Hilfe bitten können
- sich abgrenzen können – auch mal Nein sagen
- Bereitschaft, sich mit den Problemen der anderen auseinanderzusetzen.

Tn/Kl überlegen dann (z. B. anhand einer Kontaktauflistung), bezogen auf die o. a. Bereiche,

- wie zufrieden sie mit der Häufigkeit/Intensität der Kontakte sind
- zu wem sie die Beziehung intensivieren wollen
- wo sie Möglichkeiten sehen, neue Kontakte zu knüpfen.

Arbeits- und Informationsblätter für Tn/Kl

Um sich der Struktur des eigenen sozialen Netzwerks und der darin enthaltenen sozialen Unterstützung bewusst zu werden und diese zu optimieren, dient die folgende Übung (in Anlehnung an Moreno, 1996). Sie sollte nicht im Plenum, sondern in Lernpartnerschaften durchgeführt werden, da aus dieser Übung resultierende Erfahrungen möglicherweise schmerzhaft sein können.

Arbeitsblatt 13: Soziale Unterstützung

Zunächst setzen Sie eine Markierung für Ihre eigene Person in das Zentrum dreier ineinanderliegender Kreise.

Mittels der Kreise können Nähe (innerster und kleinster Kreis) und Distanz (zweiter und dritter, äußerster Kreis) in Ihrem sozialen Netzwerk sichtbar gemacht werden. Dazu tragen Sie die einzelnen Personen Ihrer sozialen Umwelt in die verschiedenen Kreisflächen ein. Verwenden Sie beliebige Initialen, um diese zu kennzeichnen. Sie können einzelne Personen auch farblich kennzeichnen, wodurch diese einer bestimmten Personengruppe Ihres sozialen Netzwerkes sichtbar zugeordnet werden können. Mögliche Personengruppen innerhalb eines Netzwerkes sind z. B. Freunde, Bekannte, Berufskollegen und Familie. Es können aber auch andere, wie beispielsweise Vereinsmitglieder oder Sportpartner, eingezeichnet werden. Wichtig ist nur, dass alle Personen aus demselben Personenkreis mit derselben Farbe gekennzeichnet werden.

Der innerste Kreis ist der intimste. Je intimer die Beziehung zu einer Person, desto näher liegt diese an Ihrer persönlichen Markierung, dem Mittelpunkt. Innerhalb des zweiten Kreises werden wichtige Personen eingetragen, die aber derzeit nicht sehr nahe sind, z. B. Freunde, Kollegen, Familienmitglieder etc. Im dritten Kreis stehen die sogenannten »Leute«, mit denen man häufig zu tun hat.

Reflektieren Sie das vor Ihnen liegende Bild. Es stellt eine Momentaufnahme Ihres derzeitigen sozialen Netzwerkes und des darin enthaltenen Rückhalts dar.

In einem nächsten Schritt bestimmen Sie, zu welchen Personen Sie eine größere Entfernung aufbauen wollen – wer ist Ihnen zur Zeit zu nahe, schränkt Sie ein und/oder belastet Sie? – und zu welchen Personen Sie gerne einen stärkeren Kontakt aufbauen möchten.

Dies erfolgt zunächst mit Pfeilen. Sie ziehen einen Pfeil von der jeweiligen Person zu dem Standort, wo Sie sie haben möchten. Anschließend überlegen Sie sich Möglichkeiten, wie Sie Ihre Wünsche tatsächlich umsetzen können.

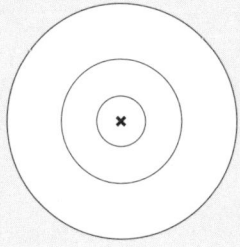

Alternativ steht folgendes Arbeitsblatt 13 zur Verfügung.

Arbeitsblatt 14: Soziale Unterstützung

Reflektieren Sie hier Ihre Kontakte im engeren sozialen Umfeld (z. B. Familie, enge Freunde) und im weiteren Umfeld (z. B. gute Bekannte, Kollegen, Nachbarn).
Tragen Sie in die Tabellen ein, wie Sie Ihre Kontakte einschätzen.

✓ steht für zufriedenstellende Kontakte
→ steht für den Wunsch, den Kontakt zu intensivieren, zu verbessern, zu reaktivieren oder neu zu schaffen

Engeres soziales Umfeld

Person(en)	meine Einschätzung	beabsichtigtes Vorgehen	Erfolg

Weiteres soziales Umfeld

Person(en)	meine Einschätzung	beabsichtigtes Vorgehen	Erfolg

8. Zusatzmodul: Gesundheitspsychologische Ansätze

Hintergrundinformationen

Im Kurs können als Ergänzung zu den Modulen der langfristigen Stressbewältigung – beispielsweise im letzten Kursabschnitt – gesundheitspsychologische Erkenntnisse wie gesundheitsfördernde Einstellungen (siehe auch Kap. 7.3) und Lebensstile (siehe auch Kap. 7.4) erarbeitet werden. Meist stoßen diese auf großes Interesse der Tn.

Psychische Krankheiten stehen bei den gesundheitlichen Beeinträchtigungen an 4. Stelle. Sie stellen 10 Prozent des Krankenstandes. Die dadurch bedingten Fehltage sind in den vergangenen 12 Jahren um fast 80 Prozent gestiegen (WIDO, 2010). Im deutschen Gesundheitswesen sind die Krankheitskosten für psychische und Verhaltensstörungen im Jahr 2006 auf 26,7 Milliarden Euro angestiegen. Die Kosten liegen durch diese Erkrankungen um 3,3 Milliarden Euro höher als 2002. Verglichen mit allen anderen Krankheitsarten war das der höchste Anstieg in diesem Zeitraum. Psychische Beeinträchtigung und Verhaltensstörungen zählten zu den besonders kostenintensiven Erkrankungen. Ihr Anteil an den Gesamtkosten lag 2006 bei 11,3 Prozent. Noch höher waren zu diesem Zeitpunkt lediglich die Kosten durch Herz-Kreislauf-Erkrankungen mit 35,2 Milliarden Euro (14,9 Prozent) und durch Krankheiten des Verdauungssystems. Laut einer internationalen Studie von Regus aus dem Jahr 2009 gab knapp die Hälfte der Deutschen an, unter mehr Stress zu leiden als noch vor zwei Jahren.

Gesundheit – insbesondere die psychische Gesundheit – und Stressstabilität verbessern sich durch den Aufbau von Schutzfaktoren zur Erhaltung und Verbesserung von gesundheitsförderndem Denken, Fühlen und Verhalten. Zahlreiche Untersuchungen aus den letzten Jahrzehnten konnten immer wieder belegen, dass etwa 30 Prozent der Menschen selbst nach traumatischen Ereignissen oder trotz starker Dauerbelastung psychisch gesund bleiben. Sie sehen ihr Leben insgesamt positiv und als sinnvoll an und stellen sich ihren Aufgaben bewusst. Derzeit existieren zwei Modelle, die zu erklären versuchen, unter welchen Bedingungen Menschen trotz hoher Belastungen, ja sogar nach außerordentlichen Krisen keinen dauernden Schaden davontragen bzw. sich wieder erholen oder sogar gesund bleiben: das **Salutogenesemodell** und das **Resilienzmodell.**

Der jeweilige Fokus von Prävention und Salutogenese sowie Resilienzforschung ist unterschiedlich. Die Prävention geht von der Krankheitsperspektive aus. D. h., hier geht es darum, Krankheit, z. B. stressbedingter, vorzubeugen. Ziele sind demnach Verhütung (primäre Prävention), rechtzeitige positive Beeinflussung von Risikofaktoren (sekundäre Prävention) sowie Heilung und Bewältigung von Krankheiten (tertiäre Prävention). Hierzu gehören Vermeidung krank machender Verhaltensweisen und Umweltbedingungen.

Die Salutogenese hingegen – der Begriff geht auf den Medizinsoziologen Aaron Antonovsky zurück – und die Resilienzforschung beschreiben ein neues Denken und eine neue Herangehensweise in Medizin und Psychologie. Nicht die Entstehung von Krankheiten (Pathogenese), sondern die Erhaltung von Gesundheit sowie das Auffinden von Schutzfaktoren stehen im Mittelpunkt. Diese Gesundheitsförderung zielt auf einen Prozess, allen Menschen ein höheres Maß an Selbstbestimmung über ihre Lebensumstände und Umwelt zu ermöglichen und sie damit zur Stärkung ihrer Gesundheit zu befähigen.

Gesundheitsförderung in der Tradition von Ottawa-Charta beinhaltet die Stärkung von Ressourcen bei gleichzeitigem Abbau von Risiken. Des Weiteren setzen passende Maßnahmen eine genaue Analyse der lebensweltlichen und sozialen Situation der Zielgruppe voraus.

Bisher werden bei Programmen zur Prävention und Gesundheitsförderung eher Frauen erreicht, dementsprechend ist die Inanspruchnahme von Präventionsprogrammen der Krankenkassen sowie von Vorsorgeuntersuchungen bei Frauen wesentlich höher als bei Männern.

Die Krankenkassen registrieren dies seit Jahren bei ihren Angeboten zu Nichtraucher-, Bewegungs-, Entspannungs- und Stressbewältigungstrainings sowie bei der Ernährungsberatung und anderen Kursen. 80 bis 90 Prozent der Teilnehmer sind weiblich.

Da Frauen gesundheitliche Beschwerden besser wahrnehmen als Männer, suchen sie verstärkt aktiv Hilfe bei Laien und Experten. Außerdem nehmen sie früher und öfter als Männer Kontakt mit professionellen Gesundheitsdiensten auf.

Präventionskampagnen müssten Männer »aktiv abholen« (Setting Ansatz), dazu ist auch Gender-spezifische Grundlagenforschung wichtig, um eine bessere Basis für Vorsorge und Therapie zu treffen.

Männer erreicht man am ehesten über betriebliche Präventionsmaßnahmen oder über Programme, die mit Sport kombiniert sind, z. B. in Vereinen.

Auch der Aufbau von Schutzfaktoren zur Erhaltung und Verbesserung von gesundheitsförderndem Denken, Fühlen und Verhalten erhöht die Stressstabilität und stärkt die Gesundheit, ganz besonders die psychische Gesundheit. Gesundheitsförderung und Prävention sind heute gesellschaftspolitisch hochbrisante Themen. Politiker, Vertreter der Krankenkassen und Betriebe versuchen vernünftige Konzepte zur Kostenreduktion zu entwickeln. Allzu oft wird dabei aber die Psycho-Logik nicht beachtet, denn der Mensch funktioniert auch nach psychischen Wirkfaktoren und nicht nur nach Vernunft.

Lernziele

Die Tn/Kl

→ wissen, wie es Menschen schaffen, gesund zu bleiben
→ kennen ihre eigenen Ressourcen, die ihnen zur Erhaltung der Gesundheit zur Verfügung stehen
→ wissen, welche weiteren Möglichkeiten es gibt
→ wissen, wie sie mit Beschwerden und Beeinträchtigungen so gut fertig werden, dass sie keinen oder nur geringen Schaden nehmen.

Informationen für Tn/Kl

Rund 80 Prozent der Zivilisationskrankheiten und deren immense Kosten erklären sich primär durch den Lebens- und Verhaltensstil der Betroffenen. Aber nur ca. 6 Prozent der Deutschen sind der Ansicht, dass sie mit ihrem Lebensstil ihre Gesundheit gefährden und nur 4 Prozent leben konsequent gesundheitsbewusst. Widersprüche, die sich nicht rein rational erklären lassen! Prävention als Vorbeugen von noch nicht oder nur wenig vorhandenen negativen Konsequenzen wie Leistungsabfall oder Krankheit und auf der anderen Seite einer eventuellen verzögerten Belohnung wie »gesund alt sein« erfordert Einsicht und hohe Selbstdisziplin.

Wir hoffen, trotz allem nicht krank zu werden, wir wollen mit möglichst wenig Aufwand möglichst hohen Gewinn erzielen. Die persönliche Bilanz soll positiv sein. Der Wunsch nach Prävention setzt dementsprechend meist zu spät ein, als Reparatur, wenn bereits Schädigungen eingetreten sind und die betroffene Person merkt, was verloren gegangen ist.

Gesund leben bedeutet im populären Verständnis, Krankheiten vorzubeugen und sich vor zukünftigen Gefahren zu schützen. Dennoch sind ungesunde Lebensweisen eher die Regel als die Ausnahme.

Irgendwann – oft erst durch deutliche Warnsignale – wird einem die drohende Gefahr bewusst, und man versucht, kurzfristig gegenzusteuern.

Prävention bedeutet in unserer Vorstellung ja zumeist Verzicht, die Vorstellung, vieles, das uns im Leben gefällt, streichen zu müssen zugunsten von Selbstkasteiung.

Prävention im positiven Sinn – also als Gesundheitsförderung – bedeutet aber u. a. mit kleinen Schritten, behutsamen Verhaltensänderungen und Aussicht auf Gewinn ein möglichst konkretes »Hin-zum-Ziel« (»das will ich erreichen, dorthin will ich mich bewegen«) zu verfolgen.

Typische Fragestellungen sind:

- Wie schaffen es relativ gesunde Menschen, gesund zu bleiben?
- Welche Ressourcen stehen ihnen zur Erhaltung der Gesundheit zur Verfügung?
- Durch welchen Umgang mit Belastungen und schädlichen Einflüssen können sie ihre Gesundheit schützen?
- Wie schaffen sie es, mit Beschwerden und Beeinträchtigungen so gut fertig zu werden, dass sie keinen oder nur geringen Schaden nehmen?

Auch das Resilienzmodell erklärt, warum manche Menschen mit extremen Belastungen fertig werden und psychisch gesund bleiben, unter denen andere zerbrechen. Mit Resilienz wird eine innere Stärke bezeichnet, die es einem Menschen ermöglicht, Krisen, Dauerbelastungen und neue Herausforderungen erfolgreich zu meistern.

Menschen mit hoher Resilienz

Trotz harter Rückschläge und Lebenskrisen bleiben sie stabil und wachsen sogar manchmal über sich hinaus. Sie suchen neue Herausforderungen, da sie gelernt haben, zu kämpfen und an ihre Grenzen zu gehen, um sich weiterzuentwickeln und den eigenen Horizont zu erweitern. Sie suchen die Gefahr nicht aktiv auf, halten aber Risiko und Gefahr stand.

Resiliente Menschen wissen, dass Fehlschläge nicht das Ende bedeuten, und schämen sich auch nicht, wenn sie keinen Erfolg haben. Stattdessen leiten sie aus Ihren Misserfolgen einen Sinn ab und nutzen dieses Wissen für ihr persönliches Wachstum. Sie haben ein System entwickelt, sich zu schützen und Probleme ganzheitlich zu lösen. Wie andere Menschen haben auch resiliente Menschen ihre Ängste und Zweifel. Sie haben aber gelernt, sich von ihnen nicht überwältigen zu lassen.

Resilienz ist eine erlernbare und ausbaubare Fähigkeit!

Neue Forschungsergebnisse zeigen, dass es sich bei Resilienz nicht um eine unveränderbare Eigenschaft handelt, sondern um miteinander verknüpfte Fähigkeiten und Einstellungen.

Resilienz ist eine Fähigkeit, die jeder Mensch lernen kann. Je früher, desto besser. Kinder erwerben diese Fähigkeit in den ersten zehn Jahren ihres Lebens. Doch auch als Erwachsener kann man noch in begrenztem Ausmaß die zugrunde liegenden Fähigkeiten und Schutzfaktoren schulen und systematisch stärken.

Widerstandsfähige Menschen haben gelernt

1. Sich zu vernetzen
2. Krisen für überwindbar zu halten
3. Veränderungen zu akzeptieren
4. Sich Zielen zuzuwenden
5. Sich zu entscheiden
6. Sich Möglichkeiten zu eröffnen, eigene Fähigkeiten zu entdecken
7. Ein positives Selbstbild zu entwickeln
8. Dinge aus einem realistischen Blickwinkel zu betrachten
9. Eine hoffnungsvolle Haltung zu bewahren
10. Auf sich selbst achtzugeben

Abb. 24: Resilienz

8.1 Gesundheitsfördernde Einstellungen

Bestimmte Sichtweisen sind irrational und belastend, andere haben sich als gesundheitsförderlich und die Eigenverantwortung unterstützend herausgestellt. Wer z. B. glaubt, wichtige Ereignisse im Leben selbst beeinflussen zu können (Optimismus und Kontrollüberzeugung), wer Verstehbarkeit, Geordnetheit und Vorhersagbarkeit erlebt (»Kohärenzsinn« s. u.), wer sich nicht äußeren Kräften oder anderen Menschen ausgeliefert fühlt (Selbstvertrauen) und wer Belastungen auch mit Humor nehmen kann, wird seltener krank und schneller gesund.

8.1.1 Optimismus und Selbstvertrauen

Grundlegendes Vertrauen in die Zukunft und in andere Menschen sowie die Hoffnung auf ein positives Ergebnis führen zu Gelassenheit und sind sogenannte Schutzfaktoren für die psychische Gesundheit. Menschen, die trotz Misserfolgen und Rückschlägen die Hoffnung nicht aufgeben, sind zudem gegen Krankheiten besser gefeit als Pessimisten.

Der Einfluss von Optimismus auf Gesundheit und Verlauf verschiedener Erkrankungen ist vielfach nachgewiesen. Optimisten erholen sich z. B. nach einer Bypass-Operation besser, und ihr Leben normalisiert sich schneller als das von Pessimisten. Eine mögliche Erklärung hierfür könnte sein, dass die Wahl von Bewältigungsstrategien durch Optimismus mitbestimmt wird (Aspinwall et al., 2001). So blickten die Optimisten vor der Operation in die Zukunft und machten Pläne für die Zeit danach. Pessimisten setzten sich dagegen mehr mit ihrer jetzigen Lage und mit ihren aktuellen Gefühlen auseinander.

Neben einer optimistischen Grundeinstellung ist es für die Entwicklung einer gesunden Lebensweise unabdingbar, dass der Mensch sich als kompetent für seine Gesundheit empfindet.

Selbstvertrauen spielt dabei eine Schlüsselrolle: Wer das Gefühl hat, etwas bewirken zu können (»Das schaffe ich schon!«), fühlt sich eher kompetent, sich in der jeweiligen Situation z. B. gesundheitsfördernd verhalten zu können. Allerdings braucht man auch die jeweiligen Kompetenzen, um wirksam handeln zu können, sonst läuft man Gefahr, sich zu hohe Ziele zu stecken oder sich selbst zu belügen. Auch ein unrealistischer Glaube an das gute Ende ist wenig hilfreich: Es führt zur Unterschätzung von Risiken und Überschätzung der eigenen Person.

Entscheidend ist auch, wie der eigene Erfolg oder Misserfolg interpretiert wird, d.h. ob man etwas der eigenen Leistung oder dem Zufall zuschreibt.

Menschen mit hohem Selbstvertrauen sind obendrein eher in der Lage, Risikoverhaltensweisen abzubauen und Gesundheitsverhaltensweisen über einen längeren Zeitraum aufrechtzuerhalten. Es lohnt sich, optimistisch zu sein!

8.1.2 Lebenssinn und Kohärenzgefühl

Lebenssinn

Das Empfinden von Lebenssinn schützt und stärkt die Gesundheit. Subjektiv sinnvolle Lern-, Arbeits- und Freizeitziele tragen zu einem lebenswerten Leben bei. Sich persönliche Ziele zu setzen und diese zu verfolgen, sich einer Sache zu verpflichten und engagiert handeln zu können, sind Merkmale, die sich als schützende Faktoren für die Gesundheit erwiesen haben.

Das Leben erscheint Menschen sinnvoll,

- wenn Ziele vorhanden sind:
  Menschen haben das Bedürfnis nach Zielen. Auf Dauer ist Ziellosigkeit für die meisten Menschen kaum erträglich.
- wenn es durch Wertvorstellungen geprägt wird:
  Persönliche Wertvorstellungen – vorgegeben z.B. durch Religion, Moral, Politik etc. – geben dem Leben eine Orientierung.
- wenn es als kontrollierbar erlebt wird:
  Erleben von Sinn ist davon abhängig, ob man sich selbst als einflussreich und wirksam erlebt (Selbstwirksamkeit). Damit ist allerdings nicht eine stark kontrollierende Haltung (»Ich muss alles im Griff haben!«) gemeint, mit der man für sich und die Umwelt Stress produziert. Das Gefühl, dem Schicksal oder anderen Menschen hilflos ausgeliefert zu sein, führt zu »erlernter Hilflosigkeit«, die u.a. als eine Ursache für Depression angesehen wird.
- wenn Menschen sich als wertvoll und wichtig erleben:
  Bedeutend sind hier günstige Erziehungseinflüsse in der Kindheit. Sie schaffen den Rahmen für eine gesunde Entwicklung des Vertrauens in sich und andere. Je sicherer das Selbstwertgefühl, desto unwichtiger wird die externe Selbstbestätigung durch Leistungen, durch begründete oder unbegründete Gefühle von Überlegenheit oder durch Zugehörigkeit zu prestigeträchtigen Gruppen.

Kohärenzgefühl

Antonovskys Untersuchung an Frauen der Geburtsjahrgänge 1914–1923 über die Auswirkung der Wechseljahre zeigte, dass immerhin 29 Prozent (!) psychisch weitgehend gesund waren, obwohl sie teilweise in einem Konzentrationslager inhaftiert gewesen waren oder Kriege miterlebt hatten. Der Organismus einiger Menschen ist offensichtlich in der Lage, unter bestimmten Voraussetzungen über einen gewissen Zeitraum auch große Belastungen aufzufangen.

Grundsätzlich betrachtet Antonovsky die Gesundheit auf einem Kontinuum. Ein Mensch ist mit anderen Worten nicht entweder gesund oder krank, sondern mehr oder weniger gesund oder krank.

Gesundheitsbegünstigend ist nach Antonovsky der sogenannte Kohärenzsinn, worunter er eine positive Grundhaltung des Individuums gegenüber der Welt und dem eigenen Leben versteht. Diese Einstellung, die Welt als zusammenhängend und sinnvoll zu erleben, setzt sich aus drei Komponenten zusammen:

1. *Verstehbarkeit*: Außergewöhnliche oder auch gewöhnliche tägliche Belastungen werden als sinnvoll, nachvollziehbar und erklärbar erlebt
2. *Bewältigung*: Die Zuversicht, dass Anforderungen mit den vorhandenen eigenen Ressourcen und Hilfen zu bewältigen sind
3. *Sinnhaftigkeit*: Das Leben hat Sinn, und auch große Belastungen können überwunden werden.

Diese drei Komponenten zusammen haben eine gesundheitserzeugende (salutogenetische) Wirkung.

Das Kohärenzgefühl beeinflusst auch die Stressoreneinschätzung: Stressoren werden nicht mehr als Belastung angesehen, sondern als Herausforderung. Somit kann man sich mit einer konkreten Situation und mit den durch sie hervorgerufenen Gefühlen konstruktiv auseinandersetzen und die Stressoren klar und differenziert einschätzen.

Ein ausgeprägtes Kohärenzgefühl und das damit verbundene Erleben von Sinnhaftigkeit führen zudem dazu, dass Belastungssituationen seltener durch gesundheitlich riskantes Verhalten wie Rauchen, Alkohol etc. »bewältigt« werden. Zudem begünstigt ein gutes Kohärenzgefühl eine gesundheitlich vorteilhafte Stimmungslage, die wiederum positive Einwirkung auf das Immunsystem hat.

8.1.3 Humor

Lachen ist für unsere Gesundheit tatsächlich essenziell, wie die Gelotologie – die Lachforschung – beweist. Denn Lachen baut z. B. Stress ab, stärkt das Immunsystem, stabilisiert den Kreislauf und vertieft die Atmung.

»Lachen ist gesund«

Angeblich haben Menschen, die mindestens dreimal täglich herzlich lachen, eine bis zu vier Jahre höhere Lebenserwartung. Lachen führt auch zu einer vertieften Atmung, sodass der Körper besser mit Sauerstoff versorgt wird. Auch können sich fröhliche Menschen an lustige Ereignisse doppelt so schnell erinnern und sich damit noch einmal amüsieren als eher negativ »programmierte« Personen.

Humor kann helfen, schwierige Lebenssituationen (z. B. Krankheit) zu meistern, Stress und Angst abzubauen und die Gesundheit zu stärken – er macht belastende Situationen leichter und nimmt ihnen ihre Strenge. Eine positive Gefühlslage wird erzeugt. Humor erleichtert den Perspektivenwechsel, indem man einen Schritt zur Seite tritt und sich selbst und die jeweilige Situation mit heiterer Distanz betrachtet. Er setzt sich über alle Beschränkungen hinweg, hält sich an keine vorgegebenen Regeln und durchbricht Tabus. Dies führt zu Spannungs- und Stressabbau. Anwandlungen von Perfektionismus und anderen irrationalen Überzeugungen werden relativiert, Denkblockaden aufgelöst. Kreativität und Effizienz werden gesteigert, und neue Lösungswege können leichter gefunden werden.

»Humor ist, wenn man trotzdem lacht«

Die ideale Lebenseinstellung wird schon von Epikur als die »Seelenruhe« (Ataraxia) beschrieben. Er versteht darunter eine akzeptierende Gelassenheit, durch die der Mensch sich von äußeren Reizen und eigenen Begierden möglichst unabhängig macht.

Humor ist auch für zwischenmenschliche Beziehungen förderlich. So hilft er, verfahrene Situationen zu entkrampfen, und ermöglicht Menschen, einen neuen Zugang zueinander zu finden und emotionalen Beziehungsstress abzubauen. Gemeinsames Lachen hat eine gruppenstärkende Funktion, da sich die Gruppenmitglieder durch das Lachen ihre gegenseitige Sympathie bekunden und sich gegenseitig motivieren können, z. B. zu gesundheitsfördernden Aktivitäten.

Es wäre durchaus wünschenswert, wenn Prävention und Gesundheitsförderung auch humorvoll vermittelt würden anstatt mit dem erhobenen Zeigefinger. Auch in der Psychotherapie hat sich Humor als Interventionsmethode nachweislich bestätigt.

8.2 Psychische Faktoren und Lebensstil

Auch der persönlich gesundheitsfördernde oder krank machende Lebensstil ist von diversen psychologischen Faktoren mit beeinflusst. Davon hängt wiederum ab, wie wir leben und arbeiten, wie viel Genuss unser Alltag uns bietet, wie wir mit Stress umgehen und wie wir sozial integriert sind. Und diese Gestaltung unseres Lebens entscheidet wesentlich über Gesundheit und Krankheit mit.

8.2.1 Lustvoll arbeiten

Der Mensch braucht Arbeit. Berufstätigkeit ist sowohl für das Selbstbewusstsein als auch für die Gesundheit wichtig. So sind z. B. Arbeitslose häufiger depressiv und körperlich krank als ins Berufsleben Eingebundene. Das extreme Gegenteil, permanente (Selbst-)Überforderung, ist allerdings mindestens genauso ungesund.

Schon Aristoteles ging davon aus, dass Menschen in der Mitte glücklich und dann auch (psychisch) gesund seien. Die Mitte ist dabei relativ und individuell, da jeder sein eigenes Bezugs- und Wertesystem hat.

Wer es schafft, sich selbst zu motivieren, positiv mit sich und den beruflichen Anforderungen umzugehen, hat mehr Spaß bei der Arbeit und erbringt bessere Leistungen als Menschen, die lustlos ihren Berufsalltag verbringen. Dazu gehört auch Unlust zu akzeptieren, um Lust erleben zu können. Wichtig ist letztlich, dass die Lust-/Unlustbilanz positiv ausfällt. Lustmomente sind besonders intensiv während eines Flow-Erlebens. Es handelt sich beim Flow um einen Zustand der totalen Hingabe an eine Tätigkeit. Um diese Konzentration zu ermöglichen oder zu erleichtern, ist es hilfreich, wenn die zu bearbeitende Aufgabe klare Ziele beinhaltet und unmittelbar Rückmeldung über deren Erreichen liefert. Flows entstehen bei Herausforderungen und Anstrengungen eher als bei Ruhe und Erholung. Während dieses Prozesses werden Sorgen und Frustrationen des Alltagslebens verdrängt durch tiefe, aber mühelose Hingabe. Man erlebt ein Gefühl der Kontrollierbarkeit der jeweiligen Aktivität. Durch hohe Konzentration auf die jeweilige Aufgabe können sogar sogenannte Flow-Erlebnisse erzielt werden. Wichtig ist, dass zwischen Anforderung und Können ein Gleichgewicht besteht und dass die körperlichen Bedürfnisse (z. B. Ruhepausen, ausreichend Schlaf, …) nicht ignoriert werden.

Stichwortartig kann man Flow beschreiben als

- vertieft sein in eine als sinnvoll empfundene Tätigkeit
- Einswerden mit einer Tätigkeit
- Hochstimmung
- völliges Aufgehen im Erleben
- Verlust von Zeitempfinden.

Das Erleben von Lust und die Fähigkeit, Genuss zu empfinden, sind maßgebliche Bestandteile für Gesundheit. Wenn die Menschen zu sehr von Leistungsstreben und Pflichtbewusstsein bestimmt werden – dies geht oftmals mit einer Abwertung und Vernachlässigung der Fähigkeit zu genussvollem Erleben einher –, werden Lebensqualität und Lebensfreude massiv beeinträchtigt.

8.2.2 Gefühlsmanagement

Wir stecken heute viel Energie, Zeit und Geld in das Erlernen hoch entwickelter Techniken, um Informationen zu erhalten und fließen zu lassen. Dem immensen Informationspool unserer Emotionen jedoch misstrauen wir, ganz besonders der männliche Anteil unserer Gesellschaft. Hier regelmäßig und in Ruhe, Energie und Know-how einzusetzen, kann uns spürbaren und gesunden Fortschritt bringen. Gefühlsmanagement ist ein wesentlicher Teil des Selbstmanagements. Es beschreibt, mit dem klarzukommen, was uns bewegt, zu steuern und nicht gesteuert zu werden.

Das bedeutet konkret:

- bereit zu sein, die eigenen Gefühle wahrzunehmen
- Gefühle als Impulse von innen willkommen zu heißen
- neugierig darauf zu sein, was die Gefühle sagen
- ernst nehmen emotionaler Botschaften
- übersetzen der emotionalen Botschaften in kurz- und langfristige »Regieanweisungen« an sich selbst, an die Denkzentrale und das Handeln
- nutzen der Regieanweisungen für den Umgang mit anderen und für die Entwicklung von Strategien im konstruktiven Sinn.

Innerhalb der Emotionen kann man zwei Systeme ausmachen. Zum einen gibt es die primären Emotionen, die wir unabhängig von der Kultur, aus der wir kommen, von Geburt an besitzen. Sie sind meist im Gesicht zu erkennen und drücken, Ärger, Ekel, Freude, Trauer und Furcht aus.

Das »sozial-kognitive System« ist das zweite Emotionssystem (Traue,

Horn & Kessler, 2005). Es kontrolliert die Emotionen durch verschiedene Hemm- und Verstärkungsmechanismen. Emotionshemmung spielt eine wichtige Rolle bei der Entstehung von Störungen und Krankheitsverhalten und gilt als deren Risikofaktor. Sie ist nicht Ursache einer Erkrankung, dennoch kann die permanente Unterdrückung von Emotionen einen Heilungsprozess verzögern und auch verhindern.

Die WHO beschreibt aus ihren Metaanalysen 10 zentrale Lebensfähigkeiten (Life-Skills):

1. *Sich selbst wahrnehmen*
   Sich selbst, seine Stärken, Wünsche und Abneigungen kennen und wahrnehmen
2. *Empathisch sein*
   Andere einfühlsam verstehen
3. *Kreativ denken*
   Den eigenen Gedanken freien Lauf lassen
4. *Kritisch denken*
   Kritische Dinge hinterfragen
5. *Entscheidungen treffen*
   Persönliche Entscheidungen treffen
6. *Probleme lösen*
   Probleme im Alltag konstruktiv angehen
7. *Kommunikationsfähig sein*
   Die eigene Kultur und Situation verbal und nonverbal ausdrücken
8. *Interpersonale Beziehungen pflegen*
   Freundschaften schließen und aufrechterhalten
9. *Mit Gefühlen umgehen*
   Sich der eigenen Gefühle und der anderer bewusst sein und angemessen mit ihnen umgehen
10. *Stress bewältigen*
    Mit Stress umgehen und ihn umgehen.

8.3 Eigenverantwortung

Vieles von dem, was wir erleiden, ist selbst erzeugt, aber Selbstanklagen im Rückblick nützen nicht, sondern schaden nur. Jeder Mensch hat das Recht, Fehler zu machen – und daraus zu lernen! Das kann er aber nur, wenn er die Verantwortung für sein Handeln und dessen Konsequenzen übernimmt. Eigenverantwortlich zu leben bedeutet dann in erster Linie, nicht abzuwarten, bis Probleme entstehen, sondern das eigene Denken, Fühlen und Handeln zu reflektieren und gegebenenfalls zu korrigieren. Und zwar schon bevor es zwingend erforderlich wird.

Wir können alle maßgeblich auf unsere Gesundheit Einfluss nehmen. Eigenverantwortung ist sowohl für Gesundheitsförderung als auch für Prävention auf Dauer unerlässliche Grundbedingung! So ist z. B. bei der Behandlung der zahlreichen lebensstilbedingten Erkrankungen Eigeninitiative des Patienten ausschlaggebend.

Wer sich für seine Gesundheit verantwortlich hält und gerne etwas dafür tut, glaubt auch daran, dass er selbst sein Gesundheitsgeschehen mitbestimmen kann, er hat mehr Ausdauer.

Das können durchaus »Eigen-artige« Wege sein wie die Morgenmeditation oder das spezielle Kraftmüsli nach Großmutters Rezept.

Wichtig ist es, die Maßnahmen in den eigenen Lebensstil zu integrieren, sie an die persönlichen Bedürfnisse, Fähigkeiten und Möglichkeiten anzupassen. Aus psychologischer Sicht kann man Eigenverantwortung sehr wohl lernen, die Psychotherapieforschung hat das ausreichend bewiesen. Der Erfolg hängt natürlich auch davon ab, inwiefern im Einzelfall und im Großteil der Bevölkerung die Möglichkeit zu konstruktiver Eigenverantwortung überhaupt gegeben ist. Denn das Gesundheitssystem und die Profession der Gesundheitsberufe behinderten lange Zeit die Möglichkeit und Bereitschaft, Eigenverantwortung zu übernehmen. Der kritisch denkende Mensch wurde oft als Querulant angesehen. Einige Beispiele hierzu sind zum einen die Reparaturmedizin, die Betroffene entmündigt und entmenschlicht, oder zum anderen der Ablauf in unseren Krankenhäusern, der für Patienten und Personal eine immense Stressbelastung und Beschränkung der Handlungsfreiheit bedeutet.

Hinzu kommt, dass Prävention oft aversiv vermittelt wird. Übliche Wege sind Edukation, Entmündigung, Belehren, Drohen, Vorschriften, Ratschläge, schlechtes Gewissen erzeugen bis hin zum Abwerten.

Wie kommt man nun zur Eigenverantwortung?

Wir müssen lernen, uns selbst besser zu verstehen. Das bedeutet, mit sich selbst in Dialog zu treten.

Eigenverantwortung wird übernommen, wenn man einen Sinn in den jeweiligen Maßnahmen, Einschränkungen sieht, wenn man Selbstvertrauen und kompetentes zielführendes Verhalten zur Verfügung hat oder es erlernen kann, wenn man optimistisch ist und Spaß an einem gesunden Lebensstil hat und in einem Umfeld lebt, das einen darin unterstützt.

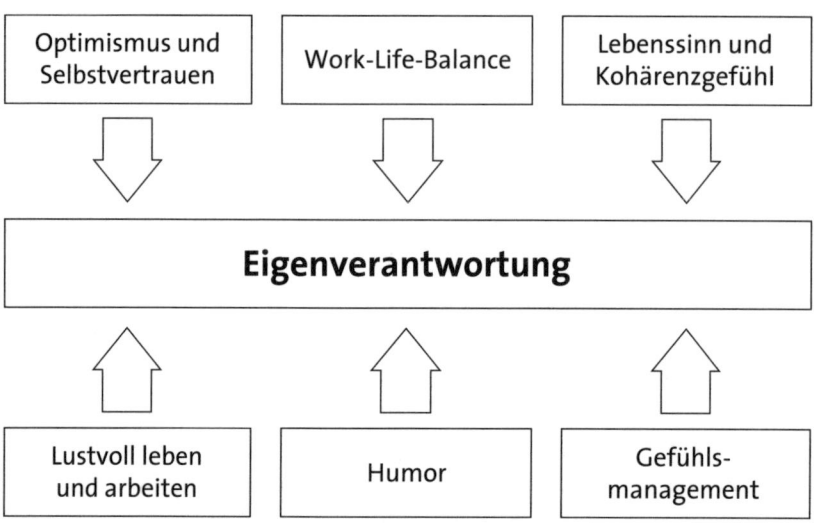

Abb. 25: Psychische Gesundheitsfaktoren

9. Unterstützung bei der Umsetzung

9.1 Umgang mit möglichen Schwierigkeiten im Seminar

Zunächst werden Hinweise für Tr/Th für den Umgang mit Schwierigkeiten, die im Laufe eines Stressbewältigungskurses auftreten können, bzw. deren Vorbeugung besprochen. In Kap. 9.2 geht es um Tipps für Tn/Kl für ihren persönlichen Transfer in den Alltag.

Probleme bei der Durchführung von Seminarbausteinen (Übungen, Diskussionen etc.) können durch Verhaltensweisen der Tr/Th und der Tn/Kl, durch die Interaktion zwischen beiden oder durch die Interaktion der Tn/Kl untereinander, also durch die Gruppendynamik, aber auch durch die Rahmenbedingungen (kalte Räume, Störungen bei Übungen) entstehen. Hier werden nur typische Barrieren bei den einzelnen Bausteinen des Programms, z. T. auch bezogen auf bestimmte Tn/Kl-Motive oder Verhaltensweisen, beschrieben. Probleme, die z. B. auf die Gruppendynamik zurückzuführen sind, können in der entsprechenden Literatur ausführlich zur Kenntnis genommen werden (Yalom, 1995; Meier, 2005).

Kursteilnahme

Für Tn/Kl, die bei einem mehrwöchigen Kurs voraussichtlich öfter als zwei Mal fehlen werden, hat das Training wenig Sinn, zumal auch die jeweiligen Lernpartner blockiert sind und die Motivation anderer Gruppenteilnehmer beeinträchtigt wird. Deshalb nützt Verständnis für Absenzgründe nichts, sinnvoller ist die Empfehlung, den Kurs ein anderes Mal zu besuchen. Wenn ein Vorinformationsgespräch für die Tn/Kl stattfindet, sollte bereits zu diesem Zeitpunkt erwähnt werden, dass mehrmaliges Fehlen das Erreichen des Kurszieles verhindert und den jeweiligen Lernpartner behindert.

Stressanalyse

Vereinzelt behaupten Tn/Kl (z. B. sehr erfolgsorientierte Menschen), »ich habe keinen Stress«. Wegschauen hilft nicht bei der Problemlösung, deshalb ist es für den/die betroffenen Tn/Kl wichtig, dass Tr/Th im Laufe des Trainings immer wieder konstruktiv und in diesem Fall nondirektiv oder mit Humor und Provokation hinterfragt, ohne bloßzustellen.

Wenn Stress individuell ist, bedeutet das auch, Eigenverantwortung zu übernehmen, und das kann unbequem sein. Einige Tn/Kl könnten daher dazu tendieren, die Eigenverantwortung für ihren Umgang mit individuellem Stress zu verneinen oder nach außen zu verlagern. Sehr häufig werden dabei von Tn/Kl z. B. Diskussionen und Schuldzuweisungen einseitig über »unsere Gesellschaft«, »unsere Zeit« etc. initiiert. Tr/Th sollte sich auf derartige Diskussionen argumentativ nicht zu intensiv einlassen, sondern behutsam (oder humorvoll-provokativ) die persönliche Bedeutung/Bewertung des/der Tn/Kl hinterfragen. Wobei einer kritischen Beleuchtung Stress auslösender Bedingungen (Stressoren) ausreichend Raum gegeben werden sollte (Kapitel 4.2).

Gelegentlich erzählen Tn/Kl eine bereits bewältigte Belastungssituation aus der Vergangenheit, um zu überprüfen, ob sie richtig gehandelt haben bzw. ob die anderen Tn/Kl ebenso gute Copings finden. Hier empfiehlt es sich, auf besseren Transfer durch Bearbeitung derzeit bestehender Belastungssituationen hinzuweisen.

Weiterhin vermischen Tn/Kl manchmal die Stressanalyse mit Stressbewältigung und geben Tipps, wie andere Tn/Kl ihre Probleme »ganz einfach lösen können«. Es ist wichtig, auf eine strikte Trennung dieser Themenbereiche zu achten (freundlich-direktiv-konstruktive Vorgehensweise)!

Kleingruppenarbeit

Manche Tn/Kl entziehen sich der Selbstverantwortung, und es ist etwas schwierig, sie zu Kleingruppenarbeiten zu bewegen, weil sie es bevorzugen, an allgemeinen Beispielen zu arbeiten oder weil sie Patentrezepte erhalten möchten, die sie dann möglicherweise wieder verwerfen können. Einige verharren in einer Konsumentenhaltung und lauschen gerne netten Anekdoten, Geschichten des/der Tr/Th, wollen nicht konkret an sich arbeiten.

Hier ist es sinnvoll, auf bessere Transferplanung und intensiveren Umgang mit persönlichen Belastungen durch Arbeit in kleineren Gruppen hinzuweisen und darauf, dass Tn/Kl ihre Beispiele, wenn sie wollen, zusätzlich im Plenum einbringen können und dadurch positive Verstärkung in Form von Zuwendung und Aufmerksamkeit erhalten oder bei sehr persönlichen Problemen mit Tr/Th ein (voranzumeldendes) Einzelgespräch führen können. Außerdem sollen alle Kleingruppen-Arbeitsergebnisse gebührend gewürdigt werden, und Tr/Th sollte immer wieder darauf Bezug nehmen.

Copings der Tn/Kl

Die Tn/Kl sind möglicherweise etwas unsicher, wo sie ihre individuellen Copingstrategien zuordnen sollen, da einige Copings sowohl an O als auch an R (Ausgleichsaktivitäten, Sport etc.) ansetzen. Beides wird durch Tr/Th als »richtig« verstärkt. Der Unterschied besteht in der Regelmäßigkeit des Copings. Wenn die jeweiligen Verhaltensweisen regelmäßig über einen langen Zeitraum durchgeführt werden, dann setzt die Copingstrategie am Organismus (O) an. Wenn sie zur Abreaktion/Ablenkung in oder direkt vor/nach der Stresssituation eingesetzt werden, dann beziehen sie sich auf die Reaktion (R).

Stressfolgeschäden

Bei der Schilderung von Stressfolgeschäden ist es wichtig, dass die Tn/Kl sensibilisiert, nicht aber geängstigt werden, denn dies würde zu erneutem Vermeidungsverhalten führen.

Kurzfristige Erleichterung

Die Techniken der KE sollten einfach durchführbar, aber nicht banal wirken. Manche Tn/Kl entwickeln Fantasien, wie und wo man die jeweilige Technik unmöglich anwenden kann. Hier sollte Tr/Th direktiv und konstruktiv auf den »höheren Stressbewältigungseffekt« hinweisen, wenn man überlegt, »was geht wo« anstelle von »wo geht das sicher nicht«.

Handlungsproben

Handlungsproben sind bei vielen Menschen angstauslösend. Deshalb ist es wichtig, selbst angstfrei, souverän und zügig die erste Handlungsprobe zu demonstrieren. Bei einer Gruppe mit ausgeprägtem Vermeidungsverhalten empfiehlt es sich, die Übung keinesfalls als Rollenspiel, sondern als Handlungsprobe oder auch als Übung zu bezeichnen. Die Handlungsproben sollen einfach durchführbar wirken. Dazu ist eine klare Struktur und Regieanweisung wichtig.

Manche Handlungsabläufe sind für die Beobachter recht amüsant. Da der/die Betroffene mit der Situation ein Problem hat – auch wenn es auf Dritte komisch wirkt –, sollten Lachen und witzige Bemerkungen (konstruktiv) unterbrochen werden.

Tr/Th sollte die Bedeutung der Situation für Tn/Kl richtig einschätzen: Wo genau liegt der Stress, was belastet in dieser Situation? Das ist besonders wichtig, wenn sich Übende beim Spiel »verzetteln«.

Bei zu hohem Schwierigkeitsgrad von Handlungsprobesituationen sind zunächst Manipulationen an der Situation, den Handlungspartnern und deren Verhalten oder aber eine Vorverlegung des Interventionszeitpunktes sinnvoll, im zweiten Schritt wird die Situation dann realistischer dargestellt.

Gelegentlich verharren Tn/Kl in der Schilderung der Situation und/oder bei der Handlungsprobe bei der Stress auslösenden Situation und eigenem Stressverhalten. Wenn so ein Stressverhalten auftritt, bricht Tr/Th das Spiel durch Klatschen ab und strukturiert die (unangenehme) Situation um, etwa durch einen Kommentar wie z. B.: »Genauso läuft es oft ab, aber jetzt üben wir es noch mal so, wie es ab jetzt sein wird.«

Bei der Erarbeitung von Kriterien streben manche Tr/Th möglichst perfekte Lösungen an. Dieses überhöhte Anspruchsniveau kann beim Tn/Kl das Gefühl erzeugen, die Technik sei äußerst kompliziert, und in der Folge Vermeidungsverhalten hervorrufen. Hier empfiehlt es sich, selbst positiv vorzugehen und Tn/Kl konstruktiv zu unterstützen. Sicher bieten viele Handlungsprobesituationen genug Ansatzpunkte zu zusätzlicher langfristiger Veränderung (z. B. Einstellungsänderung, Problemlösung). Das soll an dieser Stelle jedoch nicht berücksichtigt werden. Tr/Th kann allerdings darauf und auf die entsprechende langfristige Technik (für später) hinweisen.

Bei der Feedback-Runde sollte auf konstruktive Rückmeldungen geachtet und auf die Individualität von Stress hingewiesen werden, wenn die Beobachter ihre eigenen Erfahrungen mit ähnlichen Situationen einbringen (hier unerwünscht!).

Tn/Kl mit ausgeprägtem Vermeidungsverhalten versuchen meist, sich dezent um die Handlungsprobe »herumzumogeln«, zum Teil mit »guten Argumenten«. Tr/Th sollte darauf achten, dass alle Tn/Kl – und sei es auch nur sehr kurz – eine Handlungsprobe durchführen. Ansonsten würde das Vermeidungsverhalten verstärkt.

Entspannung

Bei der 1. Entspannungsübung werden die Regeln für alle weiteren Übungen durch Anweisung »Löschen, Verstärken« festgelegt. Deshalb Störungen wie »Lachen« etc. löschen bzw. konstruktiv zu erwünschtem Verhalten auffordern.

Manche Teilnehmer haben bereits negative Erfahrungen mit Entspannungstechniken gemacht und blockieren oder entwickeln Angst vor Kontrollverlust. Hier sollten Tn/Kl informiert werden, dass sie selbst Entspannung herbeiführen, jederzeit die Übung durch Zurücknahme beenden können und Tr/Th nur als »Sprecher« fungiert.

Es können auch körperliche Symptome wie Muskelkrämpfe, Herzklopfen etc. auftreten. Dann sollte Tr/Th – wenn er/sie über ausreichendes Wissen über psychisch-körperliche Zusammenhänge verfügt – Tn/Kl ruhig und sachlich darüber informieren.

Muskelkrämpfe deuten beispielsweise auf überhöhten Ruhetonus durch chronische Anspannung hin – deshalb sollten Betroffene erst recht Muskelentspannung praktizieren, aber nur behutsam und beobachtend Anspannung herbeiführen.

Subjektives Empfinden von Herzklopfen tritt gelegentlich bei AT oder konzentrativer Entspannung auf. Oft wird in der Ruhesituation der Herzschlag bei der Beobachtung als schneller empfunden, obwohl er nur lauter wahrgenommen wird.

Atemübungen führen manchmal zu Angst vor Atemnot. Hier hilft der Tipp, die Wahrnehmung von der Atmung abzuziehen oder auf das Ausatmen zu lenken und langsam durch die Lippen zu pusten.

Systematische Problemlösung

Die Gruppe oder einzelne Tn/Kl identifizieren sich möglicherweise mit dem beschriebenen Problem und akzeptieren gewählte Lösungen oder Handlungspläne nicht (»hab ich schon versucht – das klappt nicht«) oder diskutieren allgemein gesellschaftliche Probleme. Hier zum Tn/Kl zurückführen, auf die Individualität von Stress hinweisen und das »interessante Thema« auf Pausen o. Ä. vertagen.

Einstellungsänderung

Bei der Einstellungsänderung können, je nach Vorgehensweise des/der Tr/Th, persönliche, tiefer liegende Probleme deutlich werden. Hier kann dezent ein Einzelgespräch angeboten werden. Es ist darauf zu achten, dass

Tn/Kl von den genannten Problemen, die zur Einübung der Einstellungsänderung ausgewählt werden, nicht überfordert werden. Hilfreich ist, über den gesamten Kurs hinweg – der Zielgruppe entsprechend – Einstellungen infrage zu stellen, um einen Prozess in Gang zu setzen, auf dem organisch aufgebaut werden kann. Tr/Th sollte hier auf sein eigenes Anspruchsniveau achten: Ein Stressverhaltenstraining ist keine Therapie! Es können und müssen nicht alle Probleme der Betroffenen hier und jetzt gelöst werden.

Belastungsausgleich

Häufig werden von Tn/Kl umfangreiche Ausgleichsaktivitäten geschildert, die in der Realität kaum praktiziert werden und nur einem geschönten Selbstbild entsprechen. Hier sollte Tr/Th konkret nachfragen (»wann haben Sie hierzu Gelegenheit«, »wie führen Sie das durch?«), aber dabei Tn/Kl nicht einer Lüge überführen!

Soziale Unterstützung

Manche Tn/Kl erleben sich in ihrer Umwelt als isoliert und sehen wenig Möglichkeiten, in Selbstverantwortung ihre Isolation aufzulösen. Es können Äußerungen wie etwa »so ist unsere egozentrische Gesellschaft« auftreten. In solchen Fällen kann Tr/Th zur Aktivität ermuntern oder humorvoll provozieren.

Falsche Anwendung von Techniken

Alle Techniken können so eingesetzt werden, dass sie wesentliche Belastungsfaktoren zudecken, das Leben erträglicher machen, ohne Probleme konkret anzugehen. Im ersten Schritt, also bei Entspannungstechniken und Methoden der KE, ist das – im Sinne schrittweiser Annäherung – möglicherweise sinnvoll. Beobachtet Tr/Th jedoch, dass der Einsatz von Techniken von Problemlösungen wegführt, sollte er/sie eingreifen, zumindest aber im Einzelgespräch auf diese Gefahr hinweisen. Tr/Th könnte möglicherweise auch eine Psychotherapie empfehlen, da es sich in diesem Fall meist um größere Belastungen handelt, denen sich Tn/Kl nicht gewachsen fühlt und deshalb vermeidet, sich aktiv damit auseinanderzusetzen.

Fallbeispiel Ein Tn, mittelständischer Unternehmer, 55 Jahre alt, berichtet im Folgetraining bei der Transferkontrolle, er habe täglich 3 – 4-mal Entspannungstechniken geübt. Die weitere Exploration dieser erstaunlich hohen Übungsfrequenz – trotz des Beifalls der beeindruckten Gruppe – ergab, dass er seit zwei Jahren große Schwierigkeiten mit seiner Ehefrau habe, mit der er gemeinsam die Firma führe. Seine Frau wolle ständig mit ihm über die verfahrene Situation sprechen, eine Ehetherapie machen oder aber sich von ihm trennen. Das belaste ihn, und deshalb sage er seiner Frau jedesmal, wenn sie wieder ein Gespräch über die Eheprobleme beginne, er brauche jetzt Entspannung. Danach gehe es ihm besser …

9.2 Unterstützung für den Transfer

Hintergrundinformationen

Das Kursende ist nicht Trainingsende! Tr/Th sollte Selbstverantwortung und Stresskompetenz verstärken und alles unterstützen, was eine zielgerichtete weitere Umsetzung des Gelernten fördert, z.B. über den Kurs hinausgehende Lernpartnerschaften, regelmäßige Treffen der Gruppen; Briefe an sich selbst zu Seminarzielen oder das Durchführen von Aufbautrainings oder Refreshern.

Ablauf

Für die Vorbereitung und Unterstützung einer erfolgreichen und andauernden Umsetzung der Stressbewältigung ist es wichtig, dass dem Transfer von Anfang des Seminars/Kurses an ausreichend Rechnung getragen wird. Dabei sollen auch die zahlreichen Checklisten, Arbeitsblätter für Tn/Kl, die Lernpartnerschaften helfen.

Auch ein sogenannter »Brief an mich selbst« ist ein probates Mittel, die Umsetzung in den Alltag zu unterstützen.

Tr/Th verteilt Briefpapier und Kuverts, die Tn/Kl schreiben sich selbst, was sie sich vornehmen, worauf sie achten und wie sie sich in Zukunft öfter fühlen wollen, geben sich selbst Tipps. Die Briefe werden verschlossen Tr/Th ausgehändigt, der diese dann 4–6 Wochen später an die Tn/Kl verschickt.

Falls ein Aufbaukurs stattfindet, sollten alle Erfolge und Misserfolge in der Umsetzung intensiv besprochen werden.

Die folgenden Tipps für eine erfolgreiche Umsetzung kann man Tn/Kl aushändigen oder sie gemeinsam erarbeiten.

Handout für Tn/Kl: Tipps für die erfolgreiche Umsetzung

Folgende Punkte sollen Ihnen bei der Umsetzung der bearbeiteten und trainierten Stressbewältigungstechniken helfen.

Ziele setzen

Es ist wichtig, die eigene Zielsetzung nicht von der negativen Seite anzugehen, also zu überlegen, was nicht mehr sein soll oder darf. Viel interessanter ist es, mit *positiven Zielen* zu arbeiten, z. B. wie man kompetent mit Stresssituationen umgehen kann. Durch die Zielbestimmung kann eine konkrete Vorstellung möglicher positiver Veränderungen im eigenen Leben gewonnen werden. Die Ziele sollten möglichst realitätsnah und konkret formuliert werden und nicht abstrakt, wie etwa »Ich möchte entspannter werden«. Wichtig dabei ist es, realistisch zu bleiben, damit Sie sich nicht in eine Sache verrennen oder vorzeitig aufgeben (»Das schaffe ich nie«). Besser ist es, wenn Sie Ihr Endziel und mehrere Zwischenetappen klar formulieren: Was, wie oft, wie, wann, wo und mit wem wollen Sie etwas machen?

Machen Sie einen Schritt nach dem anderen und konzentrieren Sie sich zunächst nur auf diese erste Etappe in dem Wissen, dass Sie damit Ihrem Endziel langsam, aber sicher näher kommen.

Ziele können auch revidiert werden, wenn man z. B. erkennt, dass die ursprünglich beabsichtigte Vorgehensweise durch einfachere, sinnvollere Methoden ersetzt werden kann. Oder wenn man erlebt, dass man sich über die Maßen quält, sich in eine Sache verrannt hat, langfristig Lebensqualität einbüßt oder sich erheblichen Konflikten mit seinem Umfeld gegenübersieht. Hier ist es ratsamer, loszulassen und ein anderes Mal einen neuen Anlauf zu starten.

Sich selbst vertrauen

Das Wissen, Stress aus sich selbst heraus effektiv bewältigen zu können, ist wesentlich für eine erfolgreiche Stressbewältigung. Wenn Sie für sich realistische Ziele gesetzt haben, dann vertrauen Sie auf Ihre Fähigkeiten, das Erwünschte zu erreichen. Setzen Sie positive Selbstgespräche ein wie:

- *»Ich bin sicher, dass …« oder*
- *»Ich weiß, wie ich vorgehen werde, damit …«*

>»Unsere Hauptaufgabe ist es nicht zu sehen, was in vager Ferne liegt, sondern das zu tun, was das Nächstliegende ist.«
>
>*Thomas Carlyle (1795–1881; schottischer Schriftsteller und Historiker)*

Seien Sie zuversichtlich bezüglich Ihrer eigenen Effektivität. Damit erhöhen Sie Ihre Motivation, Ihre Etappenziele zu erreichen.

Selbstkontrolltechniken

Um nicht vorschnell aufzugeben, wenn die Dinge nicht so laufen, wie man sich das wünscht, hilft es, sich zu fragen:

- *»Was will ich erreichen?«*
- *»Soll ich meiner momentanen Laune nachgeben oder mich zur Disziplin zwingen?«*
- *»Soll ich mir Mut machen?«*

Überlegen Sie, wie Sie sich bei Erreichen Ihrer Zwischen- oder Endziele fühlen werden. Stellen Sie sich dieses Gefühl ganz intensiv vor und freuen Sie sich darauf.

Selbstkontrolle bedeutet, auf kurzfristige positive Konsequenzen zu verzichten, wenn langfristig negative Folgen drohen, und umgekehrt kurzfristig negative Konsequenzen auf sich zu nehmen, weil langfristig erwünschte Folgen in Aussicht stehen.

Kontrollieren Sie Ihre Erfolge regelmäßig. Am besten, Sie führen ein Protokoll und bewahren es für Sie gut sichtbar auf.

Sich selbst belohnen

Auch kleine Erfolge sollten Sie wichtig nehmen, und für jeden Erfolg sollten Sie sich belohnen, indem Sie sich bewusst darüber freuen und ihn nicht abwerten (»Was ist das schon?«). Jeder noch so kleine Fortschritt sollte wahrgenommen werden. Bereits erreichte Erfolge sind auch dann wichtig, wenn Misserfolge folgen sollten. Zusätzliche Belohnung kann z. B. ein wohltuendes Bad oder eine gemütliche Lesestunde sein.

Hindernisse

Wenn man weiß, was auf einen zukommt, kann man sich auch besser darauf einstellen. Verschließen Sie also nicht die Augen vor möglichen Barrieren. Besser ist, Sie überlegen sich, was Sie von der Durchführung ihrer Pläne abbringen könnte. Planen Sie dann gezielte Gegenmaßnahmen ein. Wenn Sie beispielsweise wissen, dass einige Feiertage Ihren Entspannungsplan gefährden, überlegen Sie schon vorab, wann und womit Sie gleich nach den Feiertagen beginnen oder ob Sie eventuell einen Kurzplan in die Festtage integrieren können.

Gemeinsam erreicht man vieles leichter

Viele Dinge fallen einem leichter, wenn man jemanden zur Unterstützung hat. Möglicherweise hat ein Freund oder Bekannter Lust, Entspannung zu erlernen. Sie könnten sich gegenseitig motivieren, unterstützen und belohnen. Handelt es sich dabei um den/die Partner(in), wägen Sie Vor- und Nachteile ab: Wird uns die gemeinsame Aktivität helfen, oder führt sie zu Reibereien und erschwert das Erreichen des Zieles? Das trifft ganz besonders dann zu, wenn Sie Ihre(n) Partner(in) zur »Aufsichtsperson« über Ihre Disziplin und Ihre Erfolge machen oder zu Ihrem »Schüler«.

Es gibt Methoden (wie z. B. Entspannungstechniken), die besonders gut in Gruppen trainiert werden können, da eine Gruppe manche Vorteile gegenüber Einzeltrainings bietet:

- Lernen und Arbeiten macht gemeinsam in der Gruppe mehr Spaß als allein.
- Die Bereitschaft, die eigenen Bewertungen zu hinterfragen, nimmt zu, da man sieht, dass ähnliche Situationen ganz unterschiedlich wahrgenommen werden.
- Speziell bei homogenen Gruppen können Tipps anderer übernommen werden.
- Wenn man sieht, dass alle stressbelastet sind, relativieren sich die eigenen Probleme.
- Durch die anwachsende Zahl zur Verfügung stehender Übungspartner kann mehr Praxisbezug erlebt werden.
- Man hat die Möglichkeit, an vielfältigen Modellen zu lernen.
- Man motiviert und hilft sich gegenseitig, z. B. durch positives Feedback, Lernpartnerschaften, also konkreter Unterstützung.

Die meisten Krankenkassen, Volkshochschulen oder andere Einrichtungen bieten Kurse zur Entspannung (z. B. Muskelentspannung, autogenes Training) und zur Stressbewältigung an. Wenn Sie derartige Angebote nutzen wollen, achten Sie auf die Qualifikation der TrainerInnen. Können Sie diese der Programmbeschreibung nicht entnehmen, dann fragen Sie ruhig nach! Sie sollten sichergehen, dass die Kursleiter erfahrene DiplompsychologInnen oder ÄrztInnen (oder ausgebildet für spezielle Bereiche: Ernährungsberater, Bewegungstherapeuten usw.) sind und über fundierte Erfahrung in Therapie und/oder Rehabilitation sowie über gute Kenntnisse der vermittelten Stressbewältigungsmethoden verfügen.

Umgang mit »Rückfällen«

Eine der wichtigsten Ursachen für Rückfälle in altes Problemverhalten ist Stress.

Das Gleichgewicht zwischen den Anforderungen an eine Person und die von ihr wahrgenommenen aus der Umwelt und den subjektiv eingeschätzten individuellen Bewältigungsmöglichkeiten geht verloren. Wird die Situation als Herausforderung erlebt, werden die Bewältigungsanstrengungen verstärkt. Wird sie dagegen als Bedrohung bewertet, entsteht eine Flucht- oder Vermeidungstendenz. Der Versuch, die innere Balance wiederherzustellen, kostet Kraft, und diese Energie fehlt aber meist noch für die neu erlernten Verhaltensmuster. Die Gefahr, in altes Problemverhalten zurückzuverfallen, ist groß. Planen Sie also vorab, wie Sie mit Stresssituationen umgehen.

Ein Rückschritt bedeutet nicht gleich ein Versagen auf der ganzen Linie. Der Weg zum Ziel verläuft selten gerade. Auf dem Weg zur Verhaltensveränderung sind Rückschritte in alte Verhaltensmuster normal. Oft ist es erst der Schritt zurück, der uns deutlich macht, dass wir etwas wirklich ändern wollen, und uns schließlich sicher die nächsten Schritte voranbringen. Zum Rückfall wird er erst, wenn Sie nach dem Alles-oder-nichts-Prinzip vorgehen. Ein einzelner Rückschritt ist noch kein Rückfall! Das wäre eine falsche Schlussfolgerung. Es liegt an Ihnen, ob Sie ihn dazu machen: Wie Sie damit umgehen und wie Sie ihn bewerten. Bei langfristiger Verhaltensänderung muss die Zeit als wichtiger Faktor mitberücksichtigt werden.

Der Zeitfaktor

Die guten Vorsätze fürs neue Jahr kennt jeder, und »Ab morgen ...« haben wir auch schon alle gesagt. Wenn wir gute Vorsätze haben, wollen wir dann meist auch ganz schnell Erfolge sehen. Bereits beim ersten Widerstand kommt dann der Rückfall in alte Verhaltensmuster. So mancher wird sich auf diese Weise jedes Jahr an Silvester wieder die gleichen Dinge vornehmen. Denn wir haben einen wichtigen Faktor außer Acht gelassen: die Zeit. Wir können unsere Ziele meist nur langfristig erreichen. Schneller Erfolg ist oft nur ein Schein-Erfolg. Man braucht also Geduld und Ausdauer, um das zu erreichen, was man sich vorgenommen hat: Manchmal drehen wir uns mehrmals im Kreis, weil wir an einer persönlichen Barriere angekommen sind, die wir nicht so leicht überwinden können. Verhaltensänderung geschieht z. T. mit erheblichen Schwankungen, die Selbstkontrolle funktioniert nicht immer und nicht bei jedem gleich gut. Entscheidend ist nicht jeder einzelne falsche Schritt oder Sprung. Wichtig ist die Summe der vielen kleinen positiven Schritte und wie Sie dabei vorgehen. Analysieren Sie: Warum und wie habe ich es damals geschafft, und »spicken« Sie daraus für Ihre Zukunftsplanung. Behalten Sie Ihr Ziel konstant im Auge! Öffnen Sie Ihren Blickwinkel für die gesamte Entwicklung!

10. Beispiele für Stressbewältigungstrainings unterschiedlicher Zeitdauer

Die in diesem Kapitel beschriebenen Abläufe von Stressbewältigungstrainings werden seit Jahren vielfach (u. a. von der Autorin und ihrem Team von Mensch und Management sowie von FortbildungsteilnehmerInnen) auf diese oder ähnliche Weise durchgeführt und z. T. supervisiert und evaluiert. Vielleicht hilft die detaillierte Anleitung Tr/Th bei der eigenen Planung.

10.1 Stressbewältigungstraining für zehn bis zwölf Kurseinheiten

Vorschlag für den Ablauf eines Stressbewältigungstrainings mit einer Länge von zehn bzw. zwölf Kurseinheiten, z. B. als Kurs im Rahmen von Maßnahmen zur Stressprävention für Krankenkassen. Die Präventionsmaßnahmen im Rahmen der Gesundheitsprogramme sind von unterschiedlicher Dauer, meist 8 – 10, maximal 10 – 12 Einheiten. Für jeden Kursabschnitt ist im Allgemeinen eine Zeitdauer von 1½ – 2 Stunden vorgesehen.

Sinnvoll ist es auch, einige Abende (z. B. Sitzungen 5 – 9) kompakt (etwa an einem Wochenende) durchzuführen, um

- Zeit zu sparen, da die jeweilige Transferkontrolle reduziert wird. Dies ist aber gleichzeitig ein Nachteil, da die Umsetzung in den Alltag auf diese Weise weniger intensiv begleitet wird.
- sich aus dem Kontext des Alltagslebens zu bewegen, also eine andere Perspektive einnehmen zu können und sich Zeit für sich zu nehmen.
- aufgrund des größeren Zeitvolumens intensiv arbeiten zu können.

1. Abend

- Kennenlernen
- Erwartungen
- Gruppenregeln
- Kurzübersicht des Trainings
- Konzentrative Entspannung
- Hausaufgabe:
  - eigenen Stress beobachten und Beispiele sammeln
  - konzentrative Entspannung üben

2. Abend

- Transferkontrolle
- Grundwissen: Stress
- Erarbeitung des Stressanalyseschemas
- Entspannung: PMR-Langform
- Hausaufgabe:
  - Übung der Muskelentspannung (PMR)
  - Sammeln eigener Stressbeispiele und Aufschlüsseln nach S-O-R-K

3. Abend

- Transferkontrolle
- Ansatzpunkte zur Stressbewältigung
- Bisherige Stressbewältigung
- Intensivierung der Muskelentspannung (PMR)
- Hausaufgabe:
  - Übung der Muskelentspannung (PMR)
  - Sammeln weiterer Möglichkeiten zur Stressbewältigung

4. Abend

- Transferkontrolle
- Persönliche Stressanalyse: Stressoren und Reaktionen
- Kurzform muskuläre Entspannung
- Hausaufgabe:
  - Entspannungsübungen trainieren
  - Stressorenanalyse / »typische« Stressoren erkennen
  - eigene Stressreaktionen beobachten / auch Eskalation
  - Bewertungen hinterfragen

5. Abend

- Transferkontrolle
- Stressreaktionen, kurz- und langfristig
- kurzfristige Erleichterung (KE)
- Aktivierungsübungen
- Entspannung: Kurzentspannung und AT_1
- Hausaufgabe:
  - Stressorenliste auf Interventionszeitpunkt durchgehen
  - Stressreaktionenliste ergänzen
  - Beispiele für kurzfristige Erleichterung aussuchen
  - KE üben
  - Entspannungsübungen trainieren

6. Abend

- Transferkontrolle
- Handlungsproben zu den ersten zwei Techniken der KE
- Kurzfristige Erleichterung: weitere Techniken
- Entspannung: Kurzentspannung und AT_2
- Hausaufgabe:
  - Handlungsproben in der Realität erproben
  - KE üben
  - weitere Handlungsproben vorbereiten/erarbeiten
  - Entspannungsübungen trainieren

7. Abend

- Transferkontrolle
- Handlungsproben zur kurzfristigen Erleichterung
- Entspannung: Atemtechniken
- Hausaufgabe:
  - KE üben
  - Entspannungsübungen trainieren

8. Abend

- Transferkontrolle
- Langfristige Veränderung
- Zufriedenheitserlebnisse als Belastungsausgleich
- Entspannung: Beliebige Kombination
- Hausaufgabe:
  - Stressoren systematisch verändern
  - Zufriedenheitserlebnisse praktizieren

▶

9. Abend

- Transferkontrolle
- Soziale Unterstützung
- Entspannung: Konzentrative Entspannung und Musikentspannung oder Fantasiereise
- Hausaufgabe:
  - Beobachtung und Umsetzung der besprochenen Kontaktmöglichkeiten
  - Entspannungsübungen trainieren

10. Abend

- Transferkontrolle
- Einstellungsänderung (oder Problemlösung)
- Entspannung: beliebige Kombination
- Hausaufgabe:
  - eigene stressinduzierende Einstellungen aufspüren und hinterfragen bzw. verändern (oder Problem beschreiben und Zieldefinition)
  - Entspannungsübungen trainieren

Optional:

11. Abend

- Transferkontrolle
- Einstellungsänderung (oder Problemlösung)
- Entspannung: beliebige Kombination
- Hausaufgabe:
  - Kombination von Entspannungsübungen trainieren
  - Einstellungsänderung (Problemlösung), Handlungsplan ausführen

12. Abend

- Transferkontrolle
- Ausblick: persönliche Lernfortschritte bisher und weitere Ziele
- Kursfeedback
- Entspannung: beliebige Kombination
- Hausaufgabe:
  - Umsetzung eines persönlichen Handlungsplanes (evtl. Tr/Th oder Lernpartner kontaktieren)

10.2 Stressbewältigungstraining in 2 × 2 Tagen

Vorschlag für die Inhalte eines Stressbewältigungstrainings (offenes Seminar im Institut für Mensch und Management) mit einer Dauer von zwei Wochenenden (2 Tage Grundkurs und 4 – 8 Wochen später 2 Tage Aufbaukurs).

I. Grundkurs

- Stress: Ursachen und Auswirkungen
- Welche Rolle spielen Bewertungen?
- Analyse der eigenen Belastungssituationen (Stressoren)
- Individuelle Stressreaktion
- Psychosomatik
- Training der muskulären Entspannung nach Jacobson
- Atemübungen
- Aktivierungsübungen
- Kurz- und langfristige Techniken zur Stressbewältigung
- Erarbeiten und Trainieren kurzfristiger Erleichterungstechniken
- Praktisches Training zur Stressbewältigung in akuten Situationen (z. B. Spontanentspannung, positives Denken, Wahrnehmungslenkung) an persönlichen Beispielen (Handlungsproben)

II. Aufbaukurs

- Erfahrungsbericht zum praktischen Training im Übungsintervall
- Langfristige Auswirkungen von Stress
- persönliche Bewertungen/Einstellungen
- Autogenes Training und verwandte Methoden
- Praktisches Training der autogenen Übungen, kombiniert mit Muskelentspannung
- Langfristige Techniken
- Systematische Problemlösung
- Zeitmanagement
- Praktisches Training zur Erhöhung der allgemeinen Belastbarkeit (z. B. Genusstraining, Zufriedenheitserlebnisse)
- Einstellungsänderung

10.3 Betriebsinternes Stressbewältigungstraining: Detaillierter Ablaufplan für 3–4 Tage (evaluiert, siehe Neutzner, 2009)

Zielsetzung	Inhalt	Material + Methoden	Dauer
1. Halbtag			
Transparenz und Motivation herstellen	▪ **Seminareröffnung** ▪ Vorstellung Tr ▪ Offenheit ▪ Praxisbezug betonen, individuellen Ansatz erläutern ▪ Tagungsregeln festlegen	▪ Flip	20 Min.
Umschalten	▪ Ankommübung	▪ Text für Tn/Kl	15 Min.
Gegenseitiges Kennenlernen und Reflexion über persönlichen Stress Erfassen der spontan genannten Stressoren der Tn	▪ Vorstellung der Tn/Kl: »Ich und Stress« Stress-Poster: Tn/Kl malen Symbol auf Flips und erklären dessen Bedeutung in Zusammenhang mit Stress ▪ parallel zu Schilderung: S-O-R-K-Karten schreiben und diese in einer Pause in S-O-R-K-Analyse auf Moderationstafel für den nächsten Halbtag	▪ Flip ▪ Stifte ▪ Klebeband ▪ Moderationskarten ▪ Bsp.: Abbildung Seite 19	45–60 Min. je nach Tn-Zahl
Erwartungscheck und Transparenz herstellen	▪ **Erwartungen** der Tn/Kl bzgl. Kurs abfragen	▪ Moderationskarten	30 Min.
	▪ **Seminarüberblick** und Zeitplanung	▪ Tagesablaufplan	
	Pause		15 Min.
Kennenlernen der muskulären Entspannung	Kurzinformation über Sinn und Notwendigkeit von Entspannung geben		20 Min.
	▪ 1. Entspannungsübung (konzentrative Entspannung und PMR) durchführen und besprechen	▪ CD-Player ▪ Decken/Matten	60 Min.
2. Halbtag			
Kennenlernen von Aktivierungsübungen	▪ Aktivierungsübung für die Nackenmuskulatur und den oberen Rücken durchführen	▪ in der Stuhlrunde	10 Min.

Zielsetzung	Inhalt	Material + Methoden	Dauer
Wissen über Relevanz von Stress allgemein und in der Zielgruppe	**Stresstheorie** ▨ Bedeutung von Stress und Stressmanagement in der Prävention und Gesundheitsförderung: aktuelle Studien ▨ Bedeutung stressbedingter Arbeitsausfälle	▨ Folien ▨ z. B.: aktuelle Daten zu Arbeitsausfallzeiten in der Zielgruppe	20 Min.
Stressbegriff erläutern; S-O-R-K als Analyse- und Copingschema erarbeiten	**Das S-O-R-K-Stress-Konzept** ▨ Definition von Stress (Selye, Lazarus) ▨ (Stressoren, Einstellungen mit Typ-A-Reaktionen und Folgen) ▨ Herleitung des Begriffs »Stress« **S-O-R-K-Analyseschema erarbeiten mit geclusterten Karten vom Vortag**	▨ Folien ▨ Flip: primäre, sekundäre, tertiäre Bewertung ▨ Bsp.: Abb. Seite 19	45 Min.
	Kleine Entspannungsübung, z. B. Atemtechnik	▨ im Stehen	15 Min.
	Pause		15 Min.
Wissen über den biologischen Sinn des Stressmechanismus, über Stressreaktionen und Folgeschäden	Stressablauf ▨ Was passiert bei Stressbelastungen? (Urzeit / moderner Mensch)	▨ Folien	15 Min.
	Körperlicher Ablauf der Stressreaktion ▨ Wirkung von Stress auf den Körper ▨ Vier Verhaltensebenen ▨ Emotionen, Kognitionen ▨ Aktivierungs-/Erholungsmuster und Stressverläufe (Aktivismus, erlernte Hilflosigkeit)	▨ Folien ▨ Flip ▨ Arbeitsblätter Signale auf den 4 Ebenen	45 Min.
	▨ Überforderungsreaktionen, »Stress-Erkrankungen«	▨ Folien	
zur Aktivierung	▨ Meridian-Klopfmassage		10 Min.
Analyse eigener Stresssignale und -gefährdung	Stress-Analyse ▨ Wie erkennt man bei sich Stress-Signale und Anzeichen von Überforderung? ▨ Die richtige Stressdosis	▨ Arbeitsblätter ▨ Austausch mit Partner	30 Min.
	▨ Konzentrative Entspannung + PMR (Kurzform)		30 Min.

▶

Zielsetzung	Inhalt	Material + Methoden	Dauer
3. Halbtag			
Erfassen der bisher von Tn praktizierten Copings	**Stressbewältigung** **Coping im Alltag** ▪ Sammeln und Einordnen der bisherigen Copings der Tn ▪ Kleingruppen besprechen ihren Umgang mit Stress und schreiben Copings auf Moderationskarten ▪ Kennzeichnen »kritischer Copings« ▪ Einordnen der Moderationskarten kurz-/langfristige Strategien	▪ Kleingruppen ▪ Moderationswände ▪ Karten	45 Min.
Wissen über Möglichkeiten, Eskalation zu vermeiden, und über den geeigneten Interventionszeitpunkt. Erlernen einiger Techniken hierzu	**Stressbewältigung** ▪ Ziele: Deeskalation, Erregungsniveau senken, ▪ Methoden/Ansätze (S-O-R-K; kurzfristig-langfristig)	▪ Folien (Ansatzpunkte der Stressbewältigung Kurzfristige und langfristige Strategien)	15 Min.
Erlernen von Techniken der kurzfristigen Erleichterung	Kurzfristige Erleichterungstechniken mit Übungen ▪ Wahrnehmungslenkung (Fantasiereise, Atemzählen) ▪ Abreaktion ▪ Spontanentspannung (Atmung, Ruhewort) ▪ Positive Selbstgespräche – Selbstermunterung – Selbstinstruktion ▪ Umstrukturieren (halbvolles Glas; Jede Träne …)	▪ Besprechen der vorbereiteten Moderationskarten ▪ Einordnen der Tn-Strategien und Ergänzen durch Tr ▪ Chinesische Legende ▪ Comic-Folien	30 Min.
	Pause		15 Min.
Erlernen von Techniken der kurzfristigen Erleichterung	**Selbstgespräche** ▪ Wirkung von Gedanken auf Körper/Psyche ▪ Reflexion der Stress-Bilder: Welche Gedanken gehen mir durch den Kopf?	▪ Zitronenversuch ▪ Kühlcontainer ▪ Lernpartnerschaft ▪ A erzählt, B schreibt auf. Welche Gedanken wären stressmindernder?	60 Min.
	Blitzlicht: ▪ Heute war für mich wichtig	▪ Blitzlicht	10 Min.
	Dreistufenatmung, Atemzählen, kleine Fantasiereise		30 Min.

Zielsetzung	Inhalt	Material + Methoden	Dauer
4. Halbtag			
	Meridian-Klopfmassage/Feldenkrais im Sitzen		30 Min.
	▪ Wiederholung letzter Halbtag		15 Min.
Kurzfristige Techniken in konkreten Stresssituationen praktisch anwenden	**Handlungsketten – Einsatz der kurzfristigen Erleichterungen** ▪ Demo am Rollenspiel »Wartezimmer« ▪ Demo am Flip : »Warteschlange im Supermarkt« – der richtige Interventionszeitpunkt – je früher, desto besser – Verweis auf Stressablauf (Vortag)	▪ Rollenspiel ▪ Flip »Warteschlange«	30 Min.
	Pause		15 Min.
Eigene Handlungsproben entwickeln	▪ Eigene positive und negative Handlungsketten aufzeigen und besprechen	▪ KG	60 Min.
Intensivierung PMR Kennenlernen des AT	**Entspannung** ▪ Konzentrative Entspannung ▪ Kurzform PMR ▪ Autogenes Training ▪ Wirkung und Aufbau ▪ Komplexe Übungseinheit	▪ CD	45 Min.
5. Halbtag			
	▪ Pilates oder Yoga		20 Min.
Wissen über Möglichkeiten, Stress langfristig zu bewältigen	Langfristige Techniken ▪ Überblick: Problemlösung, Einstellungsänderung, Entspannung, soziale Unterstützung, Belastungsausgleich ▪ Reduziertes Erregungsniveau durch Entspannungsmethoden	▪ Folien ▪ Zuordnen der Copings der Tn	30 Min.
	Blitzentspannung		15 Min.

▶

Zielsetzung	Inhalt	Material + Methoden	Dauer
Wissen über berufs- und personenspezifische Bewertungsmuster Einstellungsänderung kennenlernen und anwenden	**Einstellungsänderung:** ■ Positive und negative Konsequenzen der eigenen Einstellung Beispiele : Ich kann nicht …, Ich muss … Immer … ■ Entstehung innerhalb der Lebensgeschichte, irrationale Einstellungen (Schwarz-Weiß-Denken, Katastrophieren, Generalisieren) ■ Hinterfragen von Einstellungen: Was bringt mir diese E.? Was würde geschehen, wenn ich diese E. ändere? Wo schadet mir diese E.? Wie ist diese E. entstanden?	■ Vorbereitete Karten ■ Folien ■ Arbeit in KG ■ Karten	60 Min.
	Pause		15 Min.
Wissen über Entspannungsmethoden	■ Methoden der Entspannungsregulation ■ Entspannung: PR mit Ruhebild	■ Übersicht Methoden	60 Min.
6. Halbtag			
	Pilates oder Yoga oder Rückenschule		30 Min.
	■ Wiederholung letzter Halbtag		10 Min.
Bedeutung von sozialer Unterstützung erfassen Überprüfung des eigenen sozialen Netzwerks	Langfristige Techniken **Soziale Unterstützung** ■ Soziale Unterstützung und Gesundheit ■ Forschungsergebnisse ■ Geschlechtsunterschiede	■ Übersicht Methoden ■ Übungsblatt: Soziale Unterstützung ■ KG oder Lernpartnerschaft	45 Min.
	Pause		15 Min.
Kennenlernen von effizienten und praktischen Methoden zur Erhöhung der Belastbarkeit Mit einfachen Mitteln genießen lernen	**Belastungsausgleich** ■ Geschichte: Wenn ich noch einmal leben könnte … ■ WAS? Belastungsausgleich: Was tue ich? Was wollte ich schon immer mal tun? ■ WIE? Genuss und Achtsamkeit ■ Genuss-Regeln ■ Genuss-Übung	■ Text des Gedichts von Borges ■ Anleitung Koppenhöfer: Die kleine Schule des Genießens ■ Evtl. kleiner individueller Spaziergang: mit allen Sinnen wahrnehmen	30 Min. 45 Min.

Zielsetzung	Inhalt	Material + Methoden	Dauer
Erfassen der Zufriedenheit der Tn	**Feedbackrunde**	Offene Runde	15 Min.
	Bei drei Tagen: ▨ Abschluss und Transfer		
siehe 8. Halbtag	siehe 8. Halbtag	siehe 8. Halbtag	
7. Halbtag			
Persönlichen Übungsplan entwickeln	Langfristige Techniken **Wirkung von Entspannung (-straining)** ▨ Übersicht: Entspannungsmethoden (Ebenen, Einordnung)	▨ Folien ▨ Flip	30 Min.
	Entspannungsübung nach Wahl		30 Min.
	Pause		15 Min.
Anwendung der systematischen Problemlösung an einem für Tn relevanten Bp	▨ Systematische Problemlösung als Alternative 1	▨ Folien ▨ Flip ▨ Kleingruppenarbeit	100 Min
Wissen über Gesundheitspsycholog. Ansätze und Reflexion der eigenen Ressourcen	Alternative 2: Zusatzmodul Gesundheitspsychologische Ansätze ▨ Methoden in Prävention und Gesundheitsförderung ▨ Resilienz und Salutogenese	▨ Folien ▨ Flip ▨ Kleingruppenarbeit ▨ Ressourcenkorb	120 Min.
8. Halbtag			
	▨ Wiederholung letzter Halbtag		10 Min.
siehe 7. Halbtag	Zusatzmodul Gesundheitspsychologische Ansätze ▨ Gesundheitsfördernde Einstellungen ▨ Lebensstil und Gesundheit	▨ Folien ▨ Flip ▨ Kleingruppenarbeit oder Lernpartnerschaft	60 Min.
Persönlichen Transfer planen und unterstützen	Transfer ▨ Back Home ▨ Helping people change (Mini-Coaching)	▨ Unterstützung für den Transfer	60 Min
	▨ Ausführungs- und Barriereplan ▨ Brief an mich selbst	▨ Arbeitsblatt Briefbögen und adressierte Kuverts	30 Min
Entspannung und Ausklang	▨ Abschlussübung nach Wahl		30 Min.

10.4 Zielgruppenspezifisches Stressbewältigungstraining, z. B. »Stressbewältigung im Polizeidienst« (evaluiert, siehe Bruns, 1986)

Verhaltenstrainingsprogramm für Polizeibeamte, das ein Stressbewältigungstraining mit dem Training von Kommunikationsfertigkeiten in stressreichen Situationen verbindet. Das Verhaltenstraining für die Polizei dauert für Gruppen mit 6 – 8 Teilnehmern bei zwei Kursleitern 3 × 1 Woche, jeweils unterbrochen durch zwei Wochen Berufsausübung. Nach etwa 6 – 9 Monaten besuchen die Teilnehmer zusätzlich ein spezielles einwöchiges Kommunikationstraining. Die Verhaltensübungen werden an speziell für die Zielgruppe erarbeiteten Situationsbeispielen durchgeführt.

Dieses Programm kann natürlich auf andere Zielgruppen übertragen werden. Bei einem so umfangreichen Programm empfiehlt sich eine Pilotstudie (Feldbeobachtung) vorab, um das Training maßschneidern zu können.

Neben den im Folgenden aufgeführten Lernzielen werden täglich mit den Teilnehmern Entspannungs- und Aktivierungsübungen durchgeführt.

1. Woche

1. Motivationsphase	▪ Begrüßung durch Tr/Th ▪ Vorstellungsrunde ▪ Erwartungsabfrage ▪ Gruppen und Seminarregeln festlegen ▪ Transparenz: Tr/Th erläutert Seminarziele und Ablauf
2. Stresstheorie	▪ Stressdefinition ▪ Stress früher und heute
3. Stressanalyse	▪ Individualität von Stress erarbeiten ▪ Erstellen von individuellen Stressorenlisten ▪ Besprechen persönlicher Stressoren mit Lernpartnern ▪ Zusammentragen der Ergebnisse (Flip) im Plenum ▪ Erarbeiten und Erklärung des S-O-R-K-Modells ▪ Analyse der eigenen Stressorenliste: Was lässt sich ändern?
4. Stresstheorie	▪ Stressreaktionen durch Biofeedbackgerät verdeutlichen ▪ psychische und physiologische Reaktionen ▪ zwei Gruppen tragen eigene Stressreaktionen zusammen und diskutieren, Ergebnisse werden im Plenum gesammelt ▪ Erklärung der vier Verhaltensebenen

	▪ Überlegung, welche Reaktionen der Einzelne (auf den vier Ebenen) bei sich wahrnimmt ▪ Stresskreisläufe erläutern
5. Stressdosis; Stress und Leistung	▪ Individualität von Stressoren erarbeiten ▪ Auswirkungen von Stress auf Leistung, Strukturierung der persönlichen Stressorenliste: Intensität und Häufigkeit
6. Wissen über die Organismus- variable	▪ Erläuterung und Diskussion von Bewertungen ▪ Gedanken über persönliche Bewertungen
7. Stress- bewältigung	▪ allgemeine Sammlung von Stressbewältigungsmethoden ▪ Was sind meine eigenen bisher praktizierten Stressbewältigungsmethoden ▪ Diskussion der Ergebnisse ▪ Gruppierung in positive und negative Methoden ▪ Diskussion langfristiger Wirkungen ▪ Bewertung der eigenen Bewertungsmethoden ▪ Bewältigungsmöglichkeiten dem S-O-R-K-Modell zuordnen
8. Kurzfristige Erleichterung	▪ Erarbeiten und Vorstellen der Methoden der kurzfristigen Erleichterung (KE) ▪ Demonstration einer Handlungsprobe durch Tr/Th und einen Tn/Kl ▪ den richtigen Interventionszeitpunkt besprechen ▪ Tn/Kl überprüfen ihre Stressorenliste auf ein mögliches Situationsbeispiel für eine Handlungsprobe zur KE ▪ Tn/Kl besprechen ihre Handlungsproben in Lernpartnerschaften ▪ alle Tn/Kl führen Handlungsproben durch
9. Hausaufgaben nach der ersten Woche	▪ Fremd- und Selbstbeobachtung ▪ auf Erfahrungsaustausch zu Beginn der zweiten Woche vorbereiten ▪ regelmäßig Entspannungsübungen durchführen (Kassette) ▪ Inhalte der Handlungsproben in vivo erproben

Entspannungs- und Aktivierungsübungen werden täglich zweimal durchgeführt.

2. Woche

1. Fortsetzung der Rollenspiele zur kurzfristigen Erleichterung	▪ Transferkontrolle von Woche 1 und Zwischenzeit ▪ allgemeine Rückmeldung ohne Seminarbezug ▪ besprechen, wie in der Seminarpause Tn/Kl mit der Stressliste, den Techniken und der Entspannung umgegangen sind ▪ thematische Wiederholung der bisherigen Trainingsinhalte ▪ Fortsetzung der Handlungsproben zur KE

▶

2. Systematische Problemlösung	■ Vorstellen der systematischen Problemlösung
	■ Tn/Kl erarbeiten am eigenen Beispiel die Problemlösung in Einzelarbeit
	■ eine Beispiellösung in der Gruppe vorstellen und diskutieren
	■ in Lernpartnerschaften:
	■ gemeinsame Problembeschreibung
	■ Lösungsmöglichkeiten erarbeiten
	■ Bewertung der Lösungsmöglichkeiten im Plenum
3. Einstellungsänderung	■ Tr/Th erläutert, was Einstellungen (Bewertungen) sind
	■ Zusammenhang von Bewertungen und S-O-R-Modell thematisieren
	■ persönliche Stressorenliste auf eigene Bewertungen hin prüfen
	■ Vorstellung der 5 Schritte zur Einstellungsänderung anhand eines vorgegebenen neutralen Beispiels durch Tr/Th
	■ exemplarische Durchführung einer Einstellungsänderung eines Teilnehmerbeispiels durch Tr/Th
	■ Tn/Kl bearbeiten Schritt 1 anhand eines eigenen Beispiels aus der Stressorenliste
	■ Besprechung einiger Ergebnisse im Plenum
4. Hausaufgaben nach der zweiten Woche	■ Fremd- und Selbstbeobachtung
	■ auf Erfahrungsaustausch zu Beginn der dritten Woche vorbereiten
	■ regelmäßig Entspannungsübungen durchführen
	■ Inhalte der Handlungsproben in vivo erproben
	■ systematische Problemlösung in die Praxis umsetzen
	■ eigene Bewertung beobachten

Entspannungs- und Aktivierungsübungen werden täglich zweimal durchgeführt.

3. Woche

1. Einstellungsänderung	■ Transferkontrolle von Woche 2 und Zwischenzeit
	■ Durchführung von Einstellungsänderung mit Tn/Kl-Beispielen in zwei betreuten Kleingruppen
2. Kommunikation zur Stressbewältigung	■ Einführung, warum Kommunikation in der Stressbewältigung wichtig ist
	■ Übung »4 Ohren« durchführen
	■ Gesprächsbarrieren zwischen Sender und Empfänger sammeln
	■ Übung »Informationskette« durchführen
	■ Kennenlernen der Methode des kontrollierten Dialogs
	■ Regeln des aktiven Zuhörens kennenlernen und aktives Zuhören einüben
	■ Einführung in die Problemgesprächsführung

3. Hausaufgaben nach der dritten Woche	▪ Fremd- und Selbstbeobachtung
	▪ auf Erfahrungsaustausch zu Beginn der vierten Woche vorbereiten
	▪ regelmäßig Entspannungsübungen durchführen
	▪ Inhalte der Handlungsproben in vivo erproben
	▪ systematische Problemlösung in die Praxis umsetzen
	▪ eigene Bewertung beobachten
	▪ an der Einstellungsänderung weiterarbeiten
	▪ Transfer der Kommunikationstechniken zur Stressbewältigung durchführen

Entspannungs- und Aktivierungsübungen werden täglich zweimal durchgeführt.

4. Woche

1. Zielgruppenspezifisches Kommunikationstraining für Polizeibeamte zur Erhöhung der sozialen Kompetenz	▪ Transferkontrolle von Woche 1–3
	▪ Verhaltensbereiche
	▪ Kontakt zum Bürger
	▪ Umgang mit Belehrungen
	▪ Umgang mit Aggressionen

Entspannungs- und Aktivierungsübungen werden täglich zweimal durchgeführt

11. Effekte

Dem Nachweis der Effektivität von Stressbewältigungstrainings kommt eine besondere Bedeutung zu. Die Qualitätssicherung solcher Programme kann gerade vor dem Hintergrund immer knapper werdender Ressourcen im Gesundheitssystem den Einsatz von Mitteln rechtfertigen. Die Weiterentwicklung und Optimierung ist aber auch im Sinne eines Austausches zwischen Theorie und Praxis essenziell um die Professionalität der Trainingsprogramme zu gewährleisten. Auch für die Akzeptanz eines solchen Trainings aufseiten der Teilnehmer wird eine Messung und Bewertung der Effektivität vorausgesetzt.

Der vielseitige Einsatz von Stressbewältigungstrainings auch in der Verhaltensmedizin spricht für die positive Wirkung solcher Programme. Solche Trainings kommen zur Schmerzbewältigung ebenso zum Einsatz wie bei der Verbesserung des Krankheitsmanagements bei chronischen Erkrankungen oder der Verbesserung der Immunkompetenz bei HIV-Infektion. Nachgewiesene Wirkungen in diesen Bereichen sind eine Steigerung von Bewältigungskompetenzen, die Reduktion von Belastungen und die Minimierung von Beschwerden über physiologische Prozesse.

Auf der betrieblichen Ebene wurde in den USA vielfach eine Reduktion der Fehlzeiten, der Personalfluktuation und eine Steigerung der Identifikation mit der Organisation nachgewiesen.

Allerdings sind die angewandten Untersuchungsmethoden, Zielgruppen und Zeitaufwendungen schwer miteinander vergleichbar.

Auch Krankenkassenpräventionsprogramme (z. B. das IFT-Programm nach Kessler und das Programm von Kaluza, 1997) wurden auf Effektivität überprüft. Kaluza wies signifikante Trainingseffekte in Bezug auf kontrollierende Bewältigungsstrategien und das psychische Wohlbefinden nach. Während diese Effekte zunahmen, reduzierten sich resignativ-vermeidende Tendenzen.

Metaanalysen, die mehrere Evaluationsuntersuchungen einbeziehen, bestätigen darüber hinaus die positive Wirkung von Stressbewältigungstrainings auf das psychophysische Wohlbefinden sowie das selbstberichtete Bewältigungsverhalten.

Für das vorliegende Verhaltenstraining zur Stressbewältigung existieren insbesondere zwei Evaluationsuntersuchungen. Zum einen wurde das in Kapitel 10 beschriebene Stressbewältigungstraining für Polizeibeamte umfassend begleitend evaluiert (siehe Bruns, 1986). Zum anderen liegt eine aktuelle Evaluation des Programms vor, die im Rahmen der Durchführung des Seminars an der Bundesfinanzakademie erfolgte (siehe Neutzner, 2009).

Im Fokus der Arbeit von Bruns (1986) im Zusammenhang mit dem Programm für Polizeibeamte standen Fragestellungen hinsichtlich des Trainerverhaltens und Wirkungen des Programms auf die Teilnehmer. Zum Einsatz kamen ein am Max-Planck-Institut entwickelter Fragebogen zum Stress- und Bewältigungsverhalten, der SCOPE (Stress and Coping: Beschreibung der Stress/Coping-Skalen z.B. Brengelmann, 1993; siehe Literaturhinweise) und weitere Skalen zu Typ-A-Verhalten, physiologischen Beschwerden, Lebensqualität u. a. Hier Auszüge aus dieser Arbeit:

Teilnehmer des Trainings (gesunde Personen) waren jeweils acht Polizeibeamte, angeleitet von zwei von uns ausgebildeten und supervidierten Trainern (Multiplikatoren). Ein wesentlicher Trainingsbestandteil waren die eingeschobenen Transferphasen: drei Dienstwochen am Heimatort im Anschluss an jede Trainingswoche. So konnten die neuerworbenen Fähigkeiten unmittelbar in der Realität erprobt und anschließend – während des nächsten Trainingsblockes – problemorientiert diskutiert werden. Während der Praxisblöcke wurden Transferprobleme genau beobachtet, protokolliert und für die Gruppenarbeit nutzbar gemacht. Probleme und Bewältigungen wurden so nach jeder Praxisphase in der Gruppe analysiert und kritisch diskutiert; die Effektivität und die Praxisrelevanz der vermittelten Techniken konnten sofort und unmittelbar getestet werden.

Trainingskomponenten

Trainiert wurden:

→ Einführung in die Thematik »Stress«
→ Erarbeitung des nötigen Wissens zur Stressbewältigung
→ Stressanalyse
→ Kurzfristige Erleichterung
→ Langfristige Veränderung
  - Entspannung: progressive Relaxation, autogenes Training, Atemtechniken
  - Einstellungsänderung

- Problemlösetechniken
- Kommunikation zur Stressbewältigung

Zur Trainerbeurteilung

Die Teilnehmer haben die Trainer anhand der vier Skalen »Direktive Kompetenz«, »Sympathie«, »Aktivität« und »Ruhe« beurteilt.

Es zeigte sich, dass direktive Trainer, die gleichzeitig »sympathisch« auftraten und aktiv waren, sowohl von Trainingsteilnehmern bevorzugt wurden als auch den Trainingsfortschritt effektiver unterstützten, als nicht direktive Trainer. Offensichtlich sollen Trainer Ruhe und Gelassenheit ausstrahlen, ohne dabei inaktiv zu sein. Aktivität und Ruhe sind hier nicht als konträre Eigenschaften zu verstehen, sondern als Kombination unabhängiger Verhaltensweisen.

Im Einzelnen:

Direktives, »sympathisches« und »ruhiges« Trainerverhalten ging mit einer Reduzierung von Stressverhaltensweisen einher. »Direktive Kompetenz« und »Aktivität« waren günstige Trainereigenschaften zur Förderung von »Selbstbestimmung und Besonnenheit«. »Ruhige« Trainer schafften es eher, »Soziale Hemmung« zu beseitigen.

Direktive Trainer waren kompetenter, Verdrängung zu reduzieren und die Interpretation von Kummer, Sorgen und Schwierigkeiten im Leben in optimistischere Bahnen zu lenken. Personen, die von direktiven Trainern trainiert wurden, waren erfolgreicher darin, mehr Freiheitsgrade im Leben zu entdecken und eine höhere Eigenverantwortlichkeit bzw. Selbstwirksamkeit bezüglich Ablauf und Gestaltung des eigenen Lebens zu entwickeln.

Außerdem waren sie erfolgreicher darin, Typ-A-Verhaltensweisen zu verringern und die Lebensqualität zu verbessern.

Sie waren – zusammenfassend – erfolgreicher darin, resignativ-rigide Interpretationen von Belastungen zu modifizieren. Sie förderten selbstbestimmtes und rationales Verhalten und reduzierten dysfunktionale Wahrnehmungen besser als nicht direktive Trainer.

»Sympathische« Trainer reduzierten eher ungünstige Belastungswahrnehmungen wie etwa »Schwierigkeiten im Leben« und Belastungsinterpretationen wie z. B. Typ-A-Belastungsinhalte.

Aktive Trainer waren besonders effektiv darin, Konfliktlösungsfertigkeiten zu steuern, Verdrängung zu reduzieren, Optimismus, Menschenkenntnis und Einfühlungsvermögen zu fördern. Die von aktiven Trainern trainierten Personen widmeten ihrem Gegenüber im Gespräch mehr Aufmerksamkeit, waren dabei weniger unsicher und erfuhren auch weniger Ablenkung. Diese Personen konnten ihre Lebensqualität im Beruf und in der Familie besser steigern als andere. Die anhand der Skala »Typ-A-Belastung« beschriebenen Reaktionen und Verhalten wurden erfolgreich reduziert.

Ruhige und gelassene Trainer reduzierten besonders geschickt sozial dysfunktionale Verhaltensweisen wie Schweigsamkeit, Redehemmung und Unsicherheit im Gespräch und förderten soziale Aufmerksamkeit. Die von ruhigen Trainern trainierten Personen sahen mehr Freiheitsgrade im Leben und orientierten sich eher an optimistischen Interpretationen der Realität.

Zu Effekten für die Teilnehmer

Tn berichteten über eine Reihe von verbesserten Fertigkeiten zur Bewältigung von Stresssituationen. Sie fühlten sich insgesamt leistungsfähiger und entspannter, hatten mehr Selbstvertrauen in die eigenen Fähigkeiten, fühlten sich sicherer und kompetenter, und belastende Situationen wurden von ihnen souveräner und kontrollierter bewältigt.

Am deutlichsten waren die Effekte im Bereich der »*Sozialen Zurückhaltung*« festzustellen. Die Tn reduzierten ihre emotionale und soziale Zurückhaltung, sie artikulierten mehr Gefühle und private Dinge, als sie dies vor dem Training getan hatten, und sie verbargen und unterdrückten spontane Gefühle und Empfindungen weniger.

Über ärgerliche und unangenehme Dinge waren sie eher bereit zu sprechen. Probleme wurden angegangen anstatt unterdrückt. Unangenehme Gefühle wurden nicht mehr »in sich hineingefressen«, sondern dem Gegenüber moderat mitgeteilt, und die damit zusammenhängenden Probleme und Ursachen wurden aktiv angegangen.

Auch im Bereich der »*Sozialen Hemmung*« und der »*Sozialen Initiative*« zeigte sich ein deutlicher Trend in Richtung gesteigerter sozialer Aktivität. Die Teilnehmer berichteten, dass sie weniger Schwierigkeiten hatten, Zugang zu fremden Personen zu finden, und leichter neue Leute kennenlernten. In Diskussionen und Alltagsgesprächen fiel es ihnen leichter, sich einzubringen, sie trauten sich eher zu, das Wort zu ergreifen, und gingen angstfreier an Vorträge heran. Kontaktfreude und soziale Sicherheit nahmen zu. Sie akzeptierten sich eher und waren von ihrer eigenen Attraktivität eher überzeugt.

Bei kurz- und langfristigen *Stressreaktionen* zeigten sich folgende Ergebnisse: Die Tn berichteten über bessere Fertigkeiten zur Entspannung,

konnten eher abschalten und trauten sich gleichzeitig höhere Leistungsfähigkeit, größere Ausdauer und verbesserte Konzentration zu. Durch Sorgen und Probleme induzierter Schmerz nahm ab, Ärger und Wut führten
in geringerem Ausmaß zu körperlichen Beschwerden, und unangenehme
Körpergefühle verringerten sich deutlich. Sie waren eher in der Lage, unter
Druck Verantwortung zu übernehmen, und erlebten hohe Anforderungen
nicht mehr als so große Belastung.

Das Training reduzierte deutlich die *Reizbarkeit*. Trainierte Polizeibeamte reagierten seltener gereizt und aggressiv. Sie waren besser in der
Lage, auch mit ihnen unangenehmen Personen kontrolliert umzugehen.

Zur Interpretation *negativer Lebenserfahrungen* (Bewertung):

Tn sahen deutlich positiver in die Zukunft, irrationale Zukunftsängste
verringerten sich, und zukünftige Problemsituationen konnten angstfreier
angegangen werden. Stressinduzierende Einstellungen wurden durch reali-
tätskonformere und selbstförderliche Kognitionen ersetzt.

Ihr Vertrauen in das persönliche Bewältigungspotenzial wurde deutlich größer, und sie entdeckten für sich einen größeren Handlungsspielraum.

Insbesondere im *Typ-A-Skalenbereich* ließen sich signifikante Verbesserungen beobachten. Die Lebensqualität wurde als deutlich gesteigert berichtet, es eröffneten sich mehr Freiheitsgrade im Leben.

Einige Beschwerden im vegetativen Bereich wurden deutlich reduziert.

Für die Arbeit von Bruns (1986) kann man Folgendes zusammenfassen.

Am deutlichsten waren die Effekte bei Personen mit Typ-A-Verhaltens-
mustern. Unspezifische vegetative Reaktionen und Reizbarkeit verminder-
ten sich, während die soziale Sicherheit und Aktivität bei diesen Personen
zunahmen. Insbesondere waren eine Reduktion der Stressreaktionen sowie
die Restrukturierung der Wahrnehmung und der Interpretation negativer
Lebenserfahrung zu beobachten.

Das bedeutet z. B.:
Tn/Kl

→ artikulierten mehr Gefühle und private Belange (emotionale Zurückhaltung, auch Stress)
→ gingen Stressprobleme direkter an
→ konnten besser körperlich und psychisch entspannen
→ konnten besser abschalten
→ beobachteten bessere Konzentrations- und Leistungsfähigkeit
→ hohe Anforderungen wurden nicht mehr so belastend bewertet

→ wurden optimistischer

→ irrationale Zukunftsängste reduzierten sich

→ zukünftige Problemsituationen konnten angstfreier angegangen werden

→ fühlten sich weniger hilflos (Vertrauen in das persönliche Bewältigungspotenzial wurde größer)

→ Reizbarkeit und Aggression nahmen ab.

Die Evaluationsuntersuchung von Neutzner (2009) richtete sich mit den Fragestellungen auf weitere Aspekte. Hier wurde die Wirksamkeit des Programms hinsichtlich seiner Zieldefinitionen (vgl. Kapitel 1.1) untersucht. Darüber hinaus wurden differenzielle Veränderungen von Bewältigungsprofilen der Teilnehmer im Sinne einer inhaltlich positiven Erweiterung nachgewiesen und zahlreiche explorative Ergebnisse festgehalten.

Von durch die Autorin ausgebildeten und erfahrenen Trainerinnen des Instituts für Mensch und Management wurden zwei gleich strukturierte, 3,5-tägige Blockseminare entsprechend dem vorliegenden Verhaltenstraining zur Stressbewältigung an der Bundesfinanzakademie durchgeführt. Die insgesamt 16 Teilnehmer setzten sich aus Führungskräften der Finanzämter zusammen. Ihnen wurden im Verlauf des Seminars sowie vier Wochen im Anschluss daran verschiedene Erhebungsinstrumente vorgelegt. Zum Einsatz kamen der Stressverarbeitungsfragebogen (SVF 120) von Janke, Erdmann, Kallus und Boucsein (2008), speziell konstruierte Skalenfragen sowie verschiedene Arbeitsblätter und ein umfassender Evaluationsbogen.

Die Ergebnisse in Bezug auf die Zielsetzungen des Programms sprechen für nachweisbare Effekte des Stressbewältigungstrainings. Für Stressbewältigungsstrategien, die eine Stress reduzierende Wirkung entfalten, fand ein tendenziell vermehrter subjektiv eingeschätzter Einsatz statt. Besonders Entspannung wurde zur Stressbewältigung nach dem Besuch des Seminars signifikant häufiger eingesetzt. Auch die subjektive Einschätzung der Fähigkeiten, mit Stress generell besser umzugehen, erhöhte sich bei gleichbleibender Stressbelastung signifikant.

Auf den untersuchten Ebenen der Stressreaktion, kognitiv, emotional, muskulär und vegetativ, beschrieben die Befragten verschiedene Veränderungen, die sie in der Zeit nach dem Seminar erlebt hatten. Besonders auffällig waren diese bei den kognitiven und emotionalen Stresssignalen. So nahmen beispielsweise kognitive Stresssignale wie Leistungsstörungen eher ab, während positive Selbstinstruktionen vier Wochen nach dem Seminar weitaus häufiger als Reaktion auf Stress genannt wurden als zu

Beginn des Seminars. Der Großteil der Teilnehmer beschrieb auch eine Veränderung der emotionalen Stressreaktion, die insbesondere durch den Einsatz interner und aktiver Reaktionskontrolle erreicht wurde. Die Einflussnahme auf muskuläre und vegetative Stresssymptome fiel in den subjektiven Beschreibungen hingegen weniger ins Gewicht.

Im Bezug auf langfristige Stressfolgen wurde von den untersuchten Teilnehmergruppen nur eine geringe Einflussnahme berichtet, was aber auf den relativ kurzen Zeitraum von vier Wochen zwischen den Erhebungen zurückgeführt werden kann.

Laut der Teilnehmer wurden verschiedene Elemente des Seminars in den Alltag übernommen. So waren die Entspannungs- und Atemübungen deutlich an der Spitze der Aufzählungen. Ebenso konnten Strategien der Situations- und Reaktionskontrolle erfolgreich in die tägliche Praxis übertragen werden. Im Mittel gab die beteiligte Personengruppe an, die im Seminar gesteckten persönlichen Ziele zu etwa 50% erreicht zu haben, was gerade bei einigen komplexen Zielstellungen wie der Veränderung von langjährigen Einstellungen als äußerst zufriedenstellend bewertet wurde.

Anhand von individuellen Bewältigungsprofilen, die mithilfe des Stressverarbeitungsfragebogens erstellt wurden, konnte auch eine differenzielle Wirkung des Stressbewältigungsseminars festgestellt werden. So blieb das Profil von Personen, die zu Beginn des Trainings bereits ein ausgeprägtes und breites Bewältigungsrepertoire aufwiesen, also bereits vielseitige und hilfreiche Stressbewältigungsstrategien einsetzten, relativ stabil. Die Profile der Personen, die zu Beginn des Trainings jedoch ein einseitig ausgeprägtes Repertoire an Strategien aufwiesen, d. h. vermehrt zu ungünstigen Bewältigungsstrategien neigten, näherten sich einem ausgeprägten und breiten Profil an. Das heißt, gerade Personen mit einem gering ausgeprägten Bewältigungsrepertoire profitierten von dem Seminar. Eine solch gemischte Gruppenzusammensetzung für die Seminare empfiehlt sich aus Gesichtspunkten des Modelllernens. Die Personen mit Verbesserungspotenzial in ihren Bewältigungsprofilen können Strategien, Beispiele und Anregungen von den Teilnehmern mit bereits vielfältigem Repertoire für sich nutzen.

Über die Ergebnisse zu einer Wirksamkeit des Stressbewältigungsseminars hinaus ergab die Untersuchung an den teilnehmenden Finanzbeamten auch zahlreiche Hinweise zu Inhalten des Programms. Hier ergab sich immer wieder die Betonung der Individualität von Stressempfinden und der persönlichen Bedeutsamkeit verschiedener Bewältigungsmethoden von als stressreich empfundenen Situationen.

Von den Teilnehmergruppen wurden maßgeblich Stressoren aus den

Bereichen der äußeren Anforderungen und der sozialen Beanspruchungen genannt. Gerade durch den Arbeitskontext, den die verschiedenen Teilnehmer gemeinsam haben, entsteht eine stärkere Gewichtung von arbeitsbedingten Stressoren in der Analyse dieses spezifischen Seminars.

Zahlreiche Strategien der Stressbewältigung wurden vier Wochen nach dem Seminar auf die Frage hin genannt, welche kurz- und langfristigen Strategien die Teilnehmer als besonders hilfreich für sich selbst einstufen würden. Kurzfristig wurde besonders die Spontanentspannung als effektiv bezeichnet, und langfristig wurden ein Belastungsausgleich, Situationskontrolle und eine gelassene innere Haltung als besonders hilfreich bewertet.

Die Teilnehmer äußerten sich in ihren Rückmeldungen sehr positiv über die Dozentinnen und das Seminar insgesamt. Auch Rahmenbedingungen wie die Gruppensituation und die Atmosphäre spielten eine Rolle in den Urteilen. Die Anwendbarkeit der Seminarinhalte im Alltag wurde differenziert bewertet, zum größten Teil aber mit hoher Zufriedenheit. Das uneinheitliche Bild der Bewertung hier spricht dafür, dass die Befragten bereits erste Erfahrungen mit der Umsetzung im Alltag gemacht hatten.

Für die Kursteilnehmer bildete gerade die Mischung aus Theorie und Praxis den Vorzug des Seminars. Übungen und Praxiseinheiten wurden besonders direkt nach dem Seminar als nützlich beurteilt. Einige Wochen später rücken die theoretischen Aspekte ebenso in den Vordergrund der positiven Beurteilung. Weiter wurde besonders die Berücksichtigung der Individualität der Teilnehmer in ihrem Stresserleben positiv hervorgehoben.

Insgesamt wurden an dem Seminar nur sehr wenig Kritik geübt und kaum Anregungen zur Verbesserung gegeben. Die individuellen Vorlieben für einzelne Übungen, die zum Ausdruck gebracht wurden, sprechen für die Konzeption des Programms, ein vielseitiges Angebot an Möglichkeiten der Stressbewältigung zu geben, damit jeder das Passende für sich findet. Auffallend häufig wurde allerdings der Wunsch nach einem Vertiefungsseminar oder Follow-up-Termin genannt.

Ergänzend zu den bisherigen Ergebnissen wurden auch Barrieren bei der Umsetzung der Seminarinhalte in den Alltag erfasst. Hier fielen Aspekte der Umgebung (z. B. Zeitmangel, äußere Umstände) gegenüber personeninternen Begründungen (z. B. Motivation, Einstellung) deutlich verstärkt ins Gewicht. Es wurde die Abhängigkeit von persönlichem Stressmanagement von externen Strukturen deutlich.

Aus der Arbeit von Neutzner (2009) lässt sich **zusammenfassend** ableiten, dass das vorliegende Verhaltenstraining zur Stressbewältigung hinsichtlich der überprüften Zielsetzungen wirksam ist. Darüber hinaus profitieren die Teilnehmer am meisten, die zu Beginn des Seminars ein einseitig ausgeprägtes Repertoire an Bewältigungsstrategien aufweisen. Besonders positiv gestalten sich für die Teilnehmer die Mischung aus Theorie und Praxis und die Einbeziehung ihres individuellen Stresserlebens in die Kursinhalte. Der Wunsch nach Vertiefungsveranstaltungen sowie die Nennung von Schwierigkeiten bei der Umsetzung von Seminarinhalten in den Alltag durch externe Bedingungen sprechen für eine vertiefte Transferplanung im Zusammenhang mit dem Seminar.

Literatur in Auswahl

Für Trainer

Beschreibung von Stressbewältigungstrainings:

Brengelmann, J.C. (1988). Stressbewältigungstraining 1: Entwicklung. Frankfurt: Peter Lang (Beschreibung des 1. Stressbewältigungstrainings für die Polizei)

Kaluza, G. (2005). Stressbewältigung. Trainingsmanual zur psychischen Gesundheitsförderung. Heidelberg: Springer Verlag

Kaluza, G. (2007). Gelassen und sicher im Stress. Berlin: Springer

Meichenbaum, D.W. (1995). Kognitive Verhaltensmodifikation. Weinheim: Beltz

Meichenbaum, D. (2003). Intervention bei Stress: Anwendung und Wirkung des Stressimpfungstrainings. Bern: Huber

Wagner-Link, A. (1987). Stressmanagementtraining und Training positiven Verhaltens. In: J.C. Brengelmann, L.v. Rosenstiel & G. Bruns (Hrsg.). Verhaltensmanagement in Organisationen. Frankfurt: Peter Lang

Wagner-Link, A. (1995). Anti-Stress-Training. In: S.K.D. Sulz (Hrsg.). Das Therapiebuch: Erfahrene Psychotherapeuten berichteten, wie sie Therapie machen. München: CIP-Medien, 221–238

Wagner-Link, A. (2001). Kommunikation als Verhaltenstraining. Stuttgart: Klett-Cotta

Stresstheorie:

Bamberger, Prof. Dr. C. (2007). Stress-Intelligenz. München: Knaur Verlag

Berufsverband Deutscher Psychologinnen und Psychologen (2008). Psychische Gesundheit am Arbeitsplatz in Deutschland

Biener, K. (1993). Stress: Epidemiologie und Prävention. Bern: Huber

Brengelmann, J.C. (1993). Erfolg und Stress. Weinheim: Beltz, PVU

Brengelmann, J.C., Bruns, G., Olszewski, H. (1985). Stress im Polizeidienst. München: Max-Planck-Institut für Psychiatrie

Brengelmann, J.C. (1988). Messung und Theorie individueller Stress- und Bewältigungsreaktionen. In: J.C. Brengelmann (Hrsg.). Stressbewältigungstraining 1: Entwicklung (122–151). Frankfurt am Main: Peter Lang

Burisch, M. (2005). Das Burnout-Syndrom: Theorie der inneren Erschöpfung. Berlin: Springer

Cooper, C.L. (1983). Stress research. Chichester, New York: John Wiley & Sons

DAK (2007). DAK-Gesundheitsreport 2007. Berlin: DAK

Damasio, A. (1994). Decartes' Irrtum. Fühlen, Denken und das menschliche Gehirn. München: List

Dunckel, H. & Zapf, D. (1986). Psychischer Stress am Arbeitsplatz. Köln: Bund

Fengler, J. (2002). Helfen macht müde. Stuttgart: Klett-Cotta

Franke, A. (2006). Modelle von Gesundheit und Krankheit. Bern: Huber

Friedman, M. & Roseman, R. H. (1974). Type A behavior and your heart. New York: Alfred A. Knopf

Fuchs, E. & Flügge, G. (2002). Psychosoziale Belastung hinterlässt Spuren im Gehirn. Zeitschrift für Medizinische Psychologie, 10, 99 – 105

Holmes, T. H. & Rahe, R. H. (1967). The Social Readjustment Rating Scale. Journal of Psychosomatic Research, 11, 213 – 218

Holsboer, F. (1999). Stress und Hormone. Spektrum der Wissenschaft 5, 97 – 100

Hüther, G. (1997). Biologie der Angst. Wie aus Stress Gefühle werden. Göttingen: Vandenhoeck & Ruprecht

Kanner, A. D., Kafry, D. & Pines, A. (1978). Conspicious in its absence: the lack of positive conditions as a source of stress. In: Journal of Human Stress 4 (4), 33 – 39

Kaspers, F. A. & Scholz, O. B. (2002). Stressbewältigung in der Verhaltensmedizin. Verhaltenstherapie und Verhaltensmedizin, 23 (4), 437 – 462

Kirschbaum, C. & Hellhammer, D. (1999). Hypothalamus-Hypophysen-Nebennierenrindenachse. In: N. Birbaumer, F. E. Weinert (Hrsg.) et al. Enzyklopädie der Psychologie. Themenbereich C Theorie und Forschung, Serie 1 Biologische Psychologie, Band 3 Psychoendokrinologie und Psychoimmunologie, 79 – 140. Göttingen: Hogrefe

Kohlmann, W.-C. (1997). Stressbewältigung und Persönlichkeit: Flexibles versus rigides Copingverhalten und seine Auswirkungen auf Angsterleben und physiologische Belastungsreaktionen. Bern: Huber

Lazarus, R. S. (1966). Psychological stress and the coping process. New York: McGraw-Hill

Lazarus, R. S. & Launier, R. (1982). Stressbezogene Transaktionen zwischen Personen und Umwelt. In: J. R. Nitsch (Hrsg.). Stress. Theorien, Untersuchungen und Maßnahmen, 213 – 259. Bern: Huber

Leatz, C. A. & Stolar, M. W. (1993). Carreer success/personal stress: How to stay healthy in a high-stress environment. New York: McGraw-Hill

Litzcke, S. M.& Schuh, H. (2007). Stress, Mobbing und Burnout am Arbeitsplatz. Berlin: Springer

Maaz, A., Winter, M. H.-J. & Kuhlmey, A. (2007). Der Wandel des Krankheitspanoramas und die Bedeutung chronischer Erkrankungen (Epidemiologie, Kosten). In: B. Badura, H. Schellschmidt & C. Vetter (Hrsg.). Fehlzeiten-Report 2006 (5 – 23). Heidelberg: Springer

Meichenbaum, D. & Jaremko, M. (1983). Stress reduction and prevention. New York: Plenum

Nitsch, J. R. (1981). Stress, Theorien, Untersuchungen, Maßnahmen. Bern: Huber

Pines, A. M., Aronson, E. & Kafry, D. (2007). Ausgebrannt: Vom Überdruss zur Selbstentfaltung. Stuttgart: Klett-Cotta

Psychosomatic Research, 11 (1), 213 – 218

Rensing, L. et al. (2006). Mensch im Stress. Psyche, Körper, Moleküle. Heidelberg: Spektrum

Sapolsky, R. M. (1998). Warum Zebras keine Migräne kriegen. München: Piper

Scheerer, K. R. (1985). Stress und seine Ursachen. In: K. R. Scheerer, H. G. Wallbot, F. J. Tolkmitt & G. Bergmann (Hrsg.). Die Stressreaktion. Physiologie und Verhalten. Göttingen: Hogrefe

Selye, H. (1981). Geschichte und Grundzüge des Stresskonzepts. In: J. R. Nitsch (Hrsg.). Stress, Theorien, Untersuchungen, Maßnahmen. Bern: Huber

Siegrist, J. (2005). Medizinische Soziologie. München: Elsevier

Theorell, T., Harms Ringdahl, K., Ahlberg Hutten, G., Westin, B. (1991). Psychosocial job factors and symptoms from the locomotore system – a multicausal analysis. Scand. J. Rehabil. Med. 23, 165 – 173

Tieste, O. (2003). Der Tod durch Überarbeitung: Arbeits- und sozialversichungsrechtliche Hintergründe. Materialrechtliche, epistemologische und betriebliche Rahmenbedingungen des Karoshi-Phänomens in Japan und Deutschland. Frankfurt am Main: Peter Lang

Vögele, C. (1993). Psychosozialer Stress und Herz-Kreislauf-Erkrankungen. Spektrum der Wissenschaft, 5, 100 – 106

Wagner-Link, A. (2009). Frauen und Männer. Gender in der Psychotherapie. Pabst Science Publishers

WHO (2009). Facts related to chronic diseases. Retrieved 06.01.2010 from http://www. who.int/dietphysicalactivity/publications/facts/chronic/en/print.html

Zales, M.R. (Ed.) (1985). Stress in health and disease. New York: Brunner/Mazel Publishers

Kurzfristige Erleichterung:

Brunner, G.H. (1994). Entschärfen negativer Selbstaussagen. In: S.K.D. Sulz (Hrsg.). Das Therapiebuch: Erfahrene Psychotherapeuten berichten, wie sie Therapie machen. München: CIP-Medien, 152 – 159

Meichenbaum, D.H. (1983). Methoden der Selbstinstruktion. In: K.H. Kanfer & A.P. Goldstein (Hrsg.). Möglichkeiten der Verhaltensänderung. München: Urban und Schwarzenberg, 407 – 450

Vopel, K.W. (2006). Die zehn Minuten Pause: Mini-Trancen gegen Stress. Salzhausen: isko press

Entspannungstraining:

Bernstein, D.A. & Borkovec, T.D. (1997). Entspannungstraining. Stuttgart: Klett-Cotta

Brechtel, Ch. (1995). Wege zur Entspannung: Muskuläres Tiefentraining (MTT). Bubenreuth: TPM

Brenner, H. (1990). Autogenes Training Oberstufe – Wege in die Meditation. Stuttgart: TRIAS

Brenner, H. (2002). Progressives Entspannungstraining. Lengerich: Pabst Science Publishers

Carrington, P. (1999). Das große Buch der Meditation. München: Heyne

Grassberger, D. (2002). Autogenes Training. München: Gräfe & Unzer

Gröninger, S. & Stade-Gröninger, J. (2007). Progressive Relaxation: Indikation – Anwendung – Forschung – Honorierung. Stuttgart: Klett-Cotta

Hoffmann, B. (1996). Handbuch des Autogenen Trainings. München: dtv

Hofmann, E. (1999). Progressive Muskelentspannung. Göttingen: Hogrefe

Jacobson, E. (1996). Entspannung als Therapie. Stuttgart: Klett-Cotta

Lazarus, A. (2006). Innenbilder, Imagination in der Therapie und als Selbsthilfe. Stuttgart: Klett-Cotta

Linden, M. (1993). Entspannungstraining. In: M. Linden & M. Hautzinger (Hrsg.). Verhaltenstherapie. Berlin: Springer, 135 – 138

Kabat-Zinn, J. & Kesper-Grossmann, V. (2004). Die heilende Kraft der Achtsamkeit. Buch und 2 CDs. Freiburg: Arbor

Lysebeth, A. (1999). Yoga für Menschen von heute. München: Goldmann

Middendorf, I. (1990). Der erfahrbare Atem. Eine Atemlehre. Paderborn: Junfermann

Müller, E. (1995). Auf der Silberstraße des Mondes: Autogenes Training mit Märchen zum Entspannen und Träumen. Frankfurt am Main: Fischer

Müller, E. (2005). Du spürst unter deinen Füßen das Gras. Sonderausgabe. Autogenes Training in Phantasie- und Märchenreisen. Frankfurt am Main: Fischer

Ohm, D. (1982). Progressive Muskelrelaxation. Report Psychologie, 1992 (1), 27–43

Reinhardt, B. (1998). Die große Rückenschule. Erlangen: Perimed Fachbuch

Schultz, I. H. (2003). Das Autogene Training. Stuttgart: Thieme

Stevens, J. O. (2006). Die Kunst der Wahrnehmung: Übungen der Gestalttherapie. Gütersloh: Gütersloher Verlagshaus

Vaitl, D. & Petermann, F. (2004). Entspannungsverfahren. Das Praxisbuch. Weinheim: Beltz PVU

Vaitl, D. & Petermann, F. (Hrsg.) (1993). Handbuch der Entspannungsverfahren. Band 1: Grundlagen und Methoden. Weinheim: Psychologie-Verlags-Union

Problemlösung:

D' Zurilla, T. & Goldfried, M. (1971). Problem solving and behaviour modification. Journal of Abnormal Psychology, (78), 107–126

Goldfried, M. R. & Goldfried, A. P. (1976). Kognitive Methoden der Verhaltensänderung. In: F. H. Kanfer & A. P. Goldstein (Hrsg.). Möglichkeiten der Verhaltensänderung, 62–83. München: Urban & Schwarzer

Grawe, K. et al. (1980). Interaktionelle Problemlösungsgruppe. In: A. Kämmerer (1983). Die therapeutische Strategie. Münster: Aschendorff

Kaiser, A. & Hahlweg, K. (1996): Kommunikations- und Problemlösetraining. In: J. Margraf (Hrsg.). Lehrbuch der Verhaltenstherapie, Band 2. Berlin: Springer

Margraf, J. (1996). Habit Reversal Training. In: J. Margraf (Hrsg.). Lehrbuch der Verhaltenstherapie, Band 1. Berlin: Springer

Seiwert, L. J. (1987). Das 1 × 1 des Zeitmanagements. Speyer: Gabal

Seiwert, L. H. (2008). Das Boomerang-Prinzip. Mehr Zeit fürs Glück. GU-Verlag

Einstellungsänderung:

Baumann, U. & Perrez, M. (2005). Klinische Psychologie – Psychotherapie. Bern: Huber

Beck, A. T. (2001). Kognitive Therapie der Depression. Weinheim: Psychologie Verlagsunion

Ellis, A. & Hoellen, B. (1997). Die Rational-Emotive Verhaltenstherapie – Reflexion und Neubestimmungen. Stuttgart: Klett-Cotta

Ellis, A. (2008). Grundlagen und Methoden der Rational-Emotiven Verhaltenstherapie. Stuttgart: Klett-Cotta

Farelly, F. & Brandsmam, J. M. (2009). Provokative Therapie. Berlin: Springer

Keßler, B. H. & Hoellen, B. (1982). Rational-emotive Therapie in der klinischen Praxis: Eine Einführung. Weinheim: Psychologie Verlagsunion

Meichenbaum, D. & Novaco, R. (1978). Stress inoculation: A preventive approach. In: C. D. Spielberger & I. D. Sarason (Eds.). Stress and anxiety, Vol. 5. Washington, D. C.: Hemisphere, 317–330

Reimann, S. & Pohl, J. (2006). Stressbewältigung. In: B. Renneberg & P. Hammelstein (Hrsg.). Gesundheitspsychologie, 217–227 Berlin: Springer

Revenstorf, D. (1994). Psychotherapeutische Verfahren, Band II: Verhaltenstherapie. Stuttgart: Kohlhammer

Schelp, T., Maluck, D. & Gravemeier, R. (1997). Rational-emotive Therapie als Gruppentraining gegen Stress: Seminarkonzepte und Materialien. Bern: Huber

Schultz, I. H. (1991). Das autogene Training. Stuttgart: Thieme

Schwarzer, R. (1997). Optimistische Kompetenzerwartung: zur Erfassung einer personellen Bewältigungsressource. Diagnostica, 40, 105–123

Soziale Unterstützung:

Belle, D. (1982). Lives in stress: Women in depression. Beverly Hills, CA: Sage

Berkman, L. F. & Syme, L. (1979). Social networks, host resistance, and mortality: A nine-year follow-up study of Alameda County residents. American Journal of Epidemiology, 1979; 109, 186 – 204

Carmelli, D., Swan, G. E. & Rosenman, R. H. (1985). The relationship between wives' social and psychologic status and their husbands' coronary heart rate disease. American Journal of Epidemiology, 122, 90 – 100

Evans, O. & Steptoe, A. (2001). Social support at work, heart rate, and cortisol: A self-monitoring study. Journal of Occupational Health Psychology, 6, 361 – 370

House, J. (1988). Work, Stress and Social Support. New York: Addison-Wesley

House, J. S., Robbins, C. & Metzner, H. (1982). The association of social relationships and activities with mortality: Prospective evidence from the Tecumseh community health study. American Journal of Epidemiology, 1982; 116, 123 – 140

Kandel, D. B. & Ravels, V. (1985). The stressfulness of daily social roles for women: Marital, occupational and household roles. In: Journal of Health and Social Behaviour, 26, 64 – 78

Knoll, N. & Kienlie, R. (2007). Fragebogenverfahren zur Messung verschiedener Komponenten sozialer Unterstützung: ein Überblick. Zeitschrift für Medizinische Psychologie, 16, 57 – 71

Knoll, N. & Schwarzer, R. (2005). Soziale Unterstützung. In: R. Schwarzer (Hrsg.). Gesundheitspsychologie, 333 – 349. Göttingen: Hogrefe

McGrath, E., Keita, G. P., Strickland, B. & Russo, N. F. (1993). Frauen und Depression, Bergheim: Mackinger

Medalie, H. J. & Goldbourt, U. (1976). Angina Pectoris among 10 000 men: II. Psychosocial and other risk factors as evidenced by a multivariate analysis of a five year incidence study. American Journal of Medicine, 60, 910 – 921

Moreno, J. L. (1996, 3. Aufl.). Die Grundlagen der Soziometrie. Wege der Neuordnung der Gesellschaft. Opladen: Leske + Burich

Raphael, B. (1977). Preventive intervention with recently bereaved. Archives of General Psychiatry, 34, 1450 – 1454

Röhrle, B. (1994). Soziale Netzwerke und soziale Unterstützung. Weinheim: Psychologie Verlagsunion

Schröder, A. & Schmitt, B. (1988). Soziale Unterstützung. In: Bruderl (Hrsg.), Theorien und Methoden der Bewältigungsforschung. Weinheim: Juventa

Siegrist, J. (2008). Soziale Ungleichheit und Gesundheit. Bern: Huber

von Holst, D. & Scherer, K. R. (1988). Stress. In: K. Immelmann et al. (Hrsg.). Psychobiologie. Stuttgart: G. Fischer (Kap. 9: Soziale Unterstützung)

Belastungsausgleich:

Koppenhöfer, E. (1996). Therapie und Förderung genussvollen Erlebens und Handelns. In: M. Zielke & N. Mark (Hrsg.). Fortschritte der angewandten Verhaltensmedizin. Berlin: Springer

Koppenhöfer, E. (2005). Kleine Schule des Genießens. In: V. Köllner & M. Broda (Hrsg.). Praktische Verhaltensmedizin, 76 – 80. Stuttgart: Georg Thieme

Lutz, R. & Koppenhöfer, E. (1987). Genuss und Genießen. Zur Psychologie des genussvollen Erlebens und Handelns. Weinheim: Beltz

Nöldner, W. (1990). Gesundheitsverhalten in Freizeit und Urlaub. In: R. Schwarzer (Hrsg.). Gesundheitspsychologie. Göttingen: Hogrefe

Prävention und Gesundheitspsychologie:

Bengel, J., Strittmatter, R. & Willmann, H. (2001). Was erhält Menschen gesund? Antonovsky's Modell der Salutogenese – Diskussionsstand und Stellenwert. Köln: Bundeszentrale für gesundheitliche Aufklärung

Faltmaier, T. (2005). Gesundheitspsychologie. Stuttgart: Kohlhammer

Haisch, J., Hurrelmann, K., Klotz, T. (2006). Medizinische Prävention und Gesundheitsförderung. Bern: Huber

Höfling, S. & Giesecke, U. (Hrsg.) (2001). Gesundheitsoffensive Prävention. München: hrsg. von der Hanns-Seidel-Stiftung

Hurrelmann, K., Klotz, T. & Haisch, J. (2009). Lehrbuch Prävention und Gesundheitsförderung. Bern: Huber

Hurrelmann, Laaser, U. & Razum, O. (2006). Weinheim: Handbuch Gesundheitswissenschaften. Weinheim: Juventa

Kobasa, S. C., Maddi, S. R. & Kaan, S. (1984). Hardiness and Health: A prospective study. Journal of Personality and Social Psychology, 42, 168–177

Schwarzer, R. (2004). Psychologie des Gesundheitsverhaltens: Einführung in die Gesundheitspsychologie. Göttingen: Hogrefe

Schwarzer, R. (2005). Enzyklopädie der Psychologie (Gesundheitspsychologie, Band 1). Göttingen: Hogrefe

Wagner-Link (2003). Prävention und die seelische Gesundheit. In: S. Höfling & O. Gieseke: AOK (Hrsg.). Politische Studien: Gesundheit im Alltag. München: Hanns-Seidel-Stiftung

Wagner-Link, A. (2007). Das Leben und das Leid der Anderen als Beruf. Belastungen und Gesundheitsressourcen von Psychotherapeuten. In: J. G. Gostomzyk & M. C. Enke, (Hrsg.) (2007). Menschen für Gesundheit. Die Gesundheitsberufe. Wolnzach: Medienhaus Kastner

Arbeit mit Gruppen:

Corey, G. et al. (2003). Group techniques. Pacific Grove. Cal.

Dziewas, H. (1980). Instrumentelle Gruppenbildung als Voraussetzung des individuellen Lernprozesses. In: K. Grawe (Hrsg.). Verhaltenstherapie für Gruppen, 27–55. München: Urban und Schwarzenberg

Hinsch, R. & Pfingsten, U. (1998). Gruppentraining sozialer Kompetenzen (GSK). Weinheim: Beltz

Meier, R. (2005). Praxis Weiterbildung: Personalentwicklung, Bedarfsanalyse, Seminarplanung, Seminarbetreuung, Transfersicherung, Qualitätssicherung, Bildungsmarketing, Bildungscontrolling. Offenbach: Gabal

Schwäbisch, L. v. Siems, L. (1974). Anleitung zum sozialen Lernen für Paare, Gruppen und Erzieher. Reinbek: Rowohlt

Yalom, I. (2007). Theorie und Praxis der Gruppenpsychotherapie. Ein Lehrbuch. Stuttgart: Klett-Cotta

Effekte:

Brengelmann, J. C., Peterander, F. & Schindler, L. (1985e). Stressmanagementtraining. Unveröffentlichtes Manuskript, München: MPI für Psychiatrie, Psychologische Abteilung

Fuchshuber, A. (2008). Positiver Umgang mit Stress – wie Selbstmanagement gelingen kann. Verhaltenstherapie & Verhaltenstraining, 29 (1), 3–18

Bruns, G. (1986). Stress und Coping. Erste Evaluierung eines Stressbewältigungstrainings. Universität Bielefeld, Psychologische Diplomarbeit

Janke, Erdmann, Kallus und Boucsein (2008). Stressverarbeitungsfragebogen (SVF 120). Göttingen: Hogrefe

Kaluza, G. (1997). Evaluation von Streßbewältigungstrainings in der primären Prävention – eine Meta-Analyse (quasi-)experimenteller Feldstudien. Zeitschrift für Gesundheitspsychologie, V (3), 149–169

Kaluza, G. (2002). Förderung individueller Belastungsverarbeitung: Was leisten Stressbewältigungsprogramme? In: B. Röhrle (Hrsg.). Prävention und Gesundheitsförderung. Bd. II. Tübingen: Dgvt

Neutzner, L. (2009). Evaluation eines Stressbewältigungstrainings: Überprüfung der Wirksamkeit des Trainings »Positiver Umgang mit Stress« (unveröffentlichte Diplomarbeit). Universität Bamberg

Für Teilnehmer geeignet:

Ceh, J. (1991). Entspannen jederzeit! Techniken zur besseren Stressbewältigung. München: mvg

Cooper, C.L. (1991). Stressbewältigung: Person, Familie, Beruf. München: Urban & Schwarzenberg

Fontana, D. (1991). Mit dem Stress leben, Bern: Huber

Hilton, J. (2006). Stress, nein danke! London: Octopus Publishing Group Ltd

Juli, D. & Engelbrecht-Greve, M. (1994). Stressverhalten ändern lernen. Reinbek: Rowohlt

Kaleko, M. (1994). Heute ist morgen schon gestern. München: dtv

Lindemann, H. (1986). Überleben im Stress. Autogenes Training. München: Heyne

Litzcke, S.M. & Schuh, H. (2007). Stress, Mobbing und Burn-out am Arbeitsplatz. Berlin: Springer

Maslach, C. & Leiter, M.P. Die Wahrheit über Burnout – Stress am Arbeitsplatz und was Sie dagegen tun können. Heidelberg, Wien, New York: Springer

Rodden-Ram, R. (1993). Was kann ich tun bei Überforderung und Dauerstress? München: BLV

Seiwert, L.J. (1987). Das 1 × 1 des Zeitmanagements. Speyer: Gabal

Selye, H. (1974). Stress. München: Piper

Stevenson, J.H. (1991). Kunst der Wahrnehmung. München: Chr. Kaiser

Tausch, R. (1996). Hilfen bei Stress und Belastung. Reinbek: Rowohlt

Vester, F. (1991). Phänomen Stress. Stuttgart: Deutsche Verlags-Anstalt

Vopel, K.W. (1992). Die zehn Minuten Pause: Mini-Trancen gegen Streß. Salzhausen: iskopress

Vopel, K.W. (1995). Höher als die Berge, tiefer als das Meer. Phantasiereisen für Neugierige. Salzhausen: iskopress

Wagner-Link, A. (2000). Lustvoll arbeiten. Mehr Spaß im Job, mehr Zeit für gesunden Ausgleich. Broschüre aus der Techniker Krankenkasse. Schriftenreihe zur gesundheitsbewussten Lebensführung. Hamburg: Techniker Krankenkasse

Wagner-Link, A. (2009). Aktive Entspannung und Stressbewältigung. Ehningen: Expert.

Wagner-Link, A. (2009). Der Stress: Stressoren erkennen, Belastungen vermeiden, Stress bewältigen. Hamburg: Techniker Krankenkasse. Schriftenreihe zur gesundheitsbewussten Lebensführung. Hamburg: Techniker Krankenkasse

Kleine Auswahl von zur Meditation geeigneter Musik:

Serie »Musik zur Ruhe«: »Stille« (Bach, Brahms, Dvořák, Elgar, Jarre u.a.). Hamburg, 1985, Polydor 415 908-1

Hamel, Peter Michael: »Transition«, Meditationsmusik. E. R. P.-Musikverlag, München, Nr. 64/65

Vetter, Michael: »Overtones«, Voices & Tambura. Wergo Spectrum, Mainz, 1993, SM 1038/39

Deuter:

- »Ecstasy/Silence is the answer«. E. R. P.-Musikverlag, München, 1983, Nr. 049/050 oder 2001-Versand, Nr. 42 014
- »Sands of time«

Kitaro:

- »Silk Road«. E. R. P.-Musikverlag, Habsburgerplatz 2, 80 801 München, Nr. 051/052 oder 2001-Versand, Nr. 42 014
- »The best of Kitaro«

Horn, Paul: »Inside the great pyramid«. E. R. P.-Musikverlag, München, 1983, Nr. 060/061 oder 2001-Versand, Nr. 42 014

Bollmann, Christian: »Drehmomente«. Neue Meditative Musik. Network Medien-Cooperative, 2001-Versand

TK (Techniker Krankenkasse), »Atementspannung: Stopp dem Alltagsstress«

Für Fantasiereisen geeignet:

Buntrock, Martin, mentalis Verlag:

- »Traumreise« (2009)
- »Spaziergang am Bach« (2009)
- »Meer« (2007)
- »Wolkenflug« (2009)
- »Ausruhen am Bach« (2001)

Nature Recordings: Bamboo Waterfall, Wind Chimes and Bells, Nature recordings

Universum der Träume: Spezielle Entspannungsmusik von Thomas Eichenbrenner (Audio CD – 1997)

Flugtraum von Walter Berger (Audio CD – 1998)

Zeit für Entspannung – Vivaldi (2 CD) von Diverse und Vivaldi (Audio CD)

www.klett-cotta.de / lebenlernen

Angelika Wagner-Link
Kommunikation als Verhaltenstraining
Arbeitsbuch für Therapeuten, Trainer und zum
Selbsttraining

Leben lernen 118. 272 Seiten, broschiert. ISBN 978-3-608-89644-2

Mit dem verhaltenstherapeutisch orientierten Buch kann
Kommunikation systematisch verbessert und geschult
werden. Fünf Verhaltensbereiche sind hier, mit vielen
Beispielen, Fragebögen und Übungen, repräsentiert:
Kontakt aufnehmen, Durchsetzen und Fordern, Selbst-
darstellung und Präsentation, Kommunikation in Beziehungen, Kommunikation bei Aggressionen und Konflikten. Nicht nur Psychotherapeuten und Trainer können
das in der Praxis erprobte Konzept mit Gewinn einsetzen,
sondern alle, die an ihrer Kommunikationsfähigkeit
arbeiten wollen.

Halko Weiss / Michael E. Harrer / Thomas Dietz
Das Achtsamkeits-Buch

Mit einem Vorwort von Jürgen Kriz. 303 Seiten, gebunden mit
Schutzumschlag. ISBN 978-3-608-94558-4

Achtsamkeit bringt eine neue Qualität in Ihr Leben —
durch mehr Sensibilität, Konzentration und Offenheit.

Leben
LERNEN
Klett-Cotta

www.klett-cotta.de / lebenlernen

Gudrun Görlitz

**Körper und Gefühl in der Psychotherapie –
Erlebnisorientierte Basisübungen**

Leben Lernen 120. 277 Seiten, broschiert. ISBN 978-3-608-89026-6

**Körper und Gefühl in der Psychotherapie –
Aufbauübungen**

Leben Lernen 121. 315 Seiten, broschiert. ISBN 978-3-608-89021-1

In verschiedenen therapeutischen Schulen beginnt sich
die Erkenntnis durchzusetzen, dass Reden allein in der
Psychotherapie nicht genügt. Häufig gibt der Körper
mehr Informationen preis als der Verstand und zugleich
»lernt« der Körper leichter als der Intellekt. Dieser Einsicht
tragen Basis- und Aufbaubuch Rechnung.

Gudrun Görlitz

Selbsthilfe bei Depressionen

Klett-Cotta Leben! 149 Seiten, broschiert, mit zahlreichen
Abbildungen und Tabellen. ISBN 978-3-608-86106-8

Dieses Buch zur Selbsthilfe weist depressiven Menschen
Wege aus dem Teufelskreis von Niedergeschlagenheit,
Selbstabwertung und Rückzug. Es bietet ihnen wirksame
Hilfe und Übungen für neue Lebensfreude.

**Leben
LERNEN
Klett-Cotta**